Alessandro Cortesi, Marco Pietro Giovannoni,
Pietro Domenico Giovannoni

Giorgio La Pira

DOMINIKANISCHE QUELLEN UND ZEUGNISSE
herausgegeben von
Thomas Eggensperger OP
Ulrich Engel OP
Institut M.-Dominique Chenu Berlin

DOMINIKANISCHE QUELLEN UND ZEUGNISSE

Band 25

Alessandro Cortesi,
Marco Pietro Giovannoni,
Pietro Domenico Giovannoni

Giorgio La Pira

Evangelium und politisches Engagement

Aus dem Italienischen übersetzt von Gabriele Stein

FREIBURG · BASEL · WIEN

Titel der Originalausgabe:
Giorgio La Pira. Vangelo e impegno politico
ISBN: 978-88-6434-391-4

www.herder.de
Umschlagkonzeption: Verlag Herder
Satz: Barbara Herrmann, Freiburg
Herstellung: GGP Media GmbH, Pößneck
Printed in Germany
ISBN Print 978-3-451-39251-1
ISBN E-Book (PDF) 978-3-451-83252-9

Giorgio La Pira auf Reisen.

Inhalt

Erster Teil: Leben

Zweiter Teil: Textauswahl

Giorgio La Pira – Bürgermeister und Dominikaner: Ein historischer Überblick zur Einführung

Thomas Eggensperger / Ulrich Engel

Das Verhältnis von Staat und Kirche in Italien war bereits im 19. Jahrhundert äußerst wechselhaft und spannungsgeladen. Im Jahre 1861 nahm Viktor Emmanuel II. von Piemont den Titel „König von Italien“ an, und Italien wurde zu einem liberal-parlamentarischen Staat. Im Jahre 1870 war die Einheit komplett, denn als letztes Territorium wurde der Kirchenstaat an Italien angeschlossen. Der italienische Nationalstaat war geschaffen, Rom wurde dessen Hauptstadt. Die neue Situation wurde von Papst Pius IX. nur mit großer Mühe akzeptiert. Da er aber an dem politischen Geschehen nichts verändern konnte, verbot er mit dem Schreiben „Non expedit“ die aktive Teilnahme der italienischen Katholiken an der Politik und an den Parlamentswahlen. Eine solche Entscheidung war eigentlich die natürliche Folge des Konflikts, der sich in Italien abspielte: Es war der Streit zwischen den aufgeklärten Liberalen und den papsttreuen Katholiken. Dies ging sogar so weit, dass Papst Pius IX. (1846–1878) sich an ausländische Mächte wandte, um sich die ungeliebte italienische Monarchie vom Halse zu schaffen – allerdings ohne Erfolg. Unter seinem Nachfolger Papst Leo XIII. (1878–1903) begann zwar der Versuch einer vorsichtigen Annäherung zwischen Papst und König, aber erst Papst Pius X. (1903–1914) nahm das strikte Verbot des *Non expedit* (1874, Pius IX.) zurück und erlaubte den katholischen Christen im Jahre 1905 die aktive und passive Teilnahme an den Parlamentswahlen. Damit zogen auch bekennende Katholiken in das Parlament ein und das Verhältnis von Kirche und Staat bekam eine neue Dimension.

Nach dem Ersten Weltkrieg gründete der Priester Luigi Sturzo (1871–1959) den *Partito Popolare*. Einerseits sollte dies eine katholische Partei sein, aber andererseits von der Kirche selbst unabhängig bleiben. Unter anderem fehlte deshalb im Namen das Prädikat „christlich". Man wollte auf diese Weise den Charakter der Volkspartei betonen. Ihr Programm war recht aufgeschlossen: Förderung der Landbevölkerung, Landreformen, Frauenwahlrecht, Dezentralisierung des Staates. Innerhalb der Partei gab es sehr unterschiedliche Flügel. So fanden sich darin sowohl nationalkonservativ Gesinnte als auch Vertreter von katholischen Arbeiterorganisationen. Damit existierte neben den Liberalen und den Sozialisten bald jene „Volkspartei" als dritte wichtige politische Gruppe im Parlament. In einigen Punkten hatten die Katholiken und Sozialisten die gleichen Interessen (Landbevölkerung, Arbeiterschaft). Aber anstatt in diesen wichtigen Fragen zusammenzuarbeiten, betrachtete man sich als Konkurrenz und bekämpfte sich. Die eigentlichen Gegner – und das waren die Faschisten – konnten sich unaufhaltsam strukturieren und schließlich die Macht übernehmen. In der ersten Regierung des Faschistenführers Benito Mussolini wirkte der *Partito Popolare* sogar noch in der Regierung mit. 1926 wurde die Partei Don Sturzos – wie alle oppositionellen Parteien – verboten und es kam zu einem Einparteienstaat. Mussolini schloss mit dem Hl. Stuhl drei Jahre später die Lateranverträge ab. Dabei wurden die Souveränität und Regierungsgewalt des Papstes über den „Staat der Vatikanstadt" seitens Italiens anerkannt. In Italien avancierte die katholische Religion zur Staatsreligion. Außerdem wurde die kirchliche Eheschließung zivilrechtlich anerkannt (mit der Konsequenz, dass eine zivile Ehescheidung nicht möglich war). Von der kirchlichen Hierarchie und den Priestern wurde politische Neutralität gefordert.

Die Päpste Pius XI. (1922–1939) und Pius XII. (1939–1958) verhielten sich in Zukunft vertragsgemäß politisch neutral, Pius XII. besonders hinsichtlich des Zweiten Weltkriegs. Viele Katholiken standen im krassen Widerspruch zu den Faschisten (u. a. Sturzo), ohne aber damit etwas zu erreichen. Mit dem Ende des Zweiten Weltkriegs formierte sich Italien neu. Es war die große Stunde der antifaschistischen Parteiungen, die sich – jeweils als aus der „resistenza" kommend betrachteten – um die politische Neuorientierung des Landes bemühten. Dabei konstituierten sich folgende Parteien: Die Liberalen (Einaudi), die Kommunisten (Togliatti), die Sozialisten (Nenni) und der *Partito d'Azione* (der sich bald wieder auflöste). Bereits während der faschistischen Zeit versuchte man, den politischen Katholizismus wiederzubeleben. Daraus entstand unter der Federführung von Alcide de Gasperi (1881–1954) die vierte große Partei, die *Democrazia Cristiana.* Sie war gewissermaßen die Nachfolgepartei des *Partito Popolare*, d. h. sie war demokratisch-konservativ und bestand aus Katholiken. Inhaltlich lehnte sie sich an die alten Forderungen des *Partito Popolare* an, d. h. Engagement für Bauern und Kleinunternehmer, Kontrolle des Großkapitals und Dezentralisierung der Verwaltung. Ein großes Anliegen de Gasperis war zudem die aktive Europapolitik. Trotz des Bekenntnisses zum Katholischen sollte gemäß den Wünschen der Christdemokraten der praktische Einfluss von Kirche und Kurie möglichst geringgehalten werden. Interessant ist die Reaktion der Kurie in dieser Zeit. Der Vatikan war in der Akzeptanz dieser Partei zunächst zurückhaltend, denn offensichtlich erhoffte man sich anfangs eher einen autoritären katholischen Staat wie in Spanien (Franco) oder Portugal (Salazar). Von dieser Zeit an wird die *Democrazia Cristiana* bis Anfang der 1990er Jahre die italienische Politik entscheidend prägen.

Die „Democrazia Cristiana“ und der junge Giorgio La Pira

Das also ist die Tradition, in die Giorgio La Pira einzuordnen ist.[1] Geboren wurde er am 9. Januar 1904 in Pozallo (Provinz Ragusa) auf Sizilien. Er stammte aus einfachen Verhältnissen. Bereits in jungen Jahren siedelte er zu seinem Onkel nach Messina um, um dort in die Schule zu gehen. In Messina absolvierte er zunächst eine Lehre als Kaufmann. Anschließend entschloss er sich, die Universität zu besuchen. So machte er sein Abitur und begann das Studium der Rechtswissenschaften in Messina. 1926 wechselte er an die Universität Florenz. Die Stadt Florenz sollte ihn nicht mehr loslassen. Nach dem Erwerb des *laureato* wurde er 1927 in Florenz Dozent für Römische Rechtsgeschichte. Bereits in dieser Zeit war er kirchlich aktiv. Er begeisterte sich für das Konzept der „Azione Cattolica“, einer internationalen Bewegung von engagierten Laien. Er unterstützte die Gründung des *Istituto Secolare dei Missionari della Regalità di Cristo* (Agostino Gemelli OFM, 1878–1959), die ihn mit der „Vinzenzkonferenz“ und der franziskanischen Mentalität vertraut machte (welcher er zeitlebens verbunden blieb). Sein Engagement galt dabei von Anfang an den Armen. Schwierig wurde es für ihn unter der sich zunehmend autoritär gebärdenden faschistischen Herrschaft Mussolinis. Den Faschismus lehnte der Katholik ab. Unter anderem wegen mehrerer von ihm verfasster Artikel in der Zeitschrift *Principi* (Supplement der Sonntagszeitung *Vita Cristiana*) musste er sich zeitweilig sogar bewusst versteckt halten. So logierte er unter anderem bei seinem Freund

---

1 Zum Folgenden s. auch Th. Eggensperger, *Giorgio La Pira – Bürgermeister in der Mönchzelle. Christdemokrat und Repräsentant des politischen Katholizismus im Nachkriegs-Italien*, in: *Orientierung* 59 (1995), S. 201–204.

Monsignore Giovanni Montini (dem späteren Papst Paul VI.) in den Räumen des Vatikans. Während des Krieges schon beteiligte sich La Pira an den Planungen einer neuen demokratischen Verfassung. Nach der Befreiung Roms 1944 hielt er Vorlesungen an der Lateranuniversität und bekannte sich zu einer demokratischen Verfassung.

Es ist also kein Wunder, dass dieser Mann 1946 in der jungen *Democrazia Cristiana* eine politische Karriere beginnen konnte. Zunächst brauchte Italien eine neue Verfassung. La Pira gehörte jener Kommission an, welche die Verfassung auszuarbeiten hatte. Aufgrund der doch unterschiedlichen Ausrichtungen der Parteien war eine solche nicht einfach zu formulieren. Auch La Pira trug das Seine dazu bei: Er schlug nämlich vor, den Text der Verfassung wie folgt beginnen zu lassen: „Im Namen Gottes gibt sich das Volk die gegenwärtige Verfassung …“ Das geschah zwar auf der Grundlage der Frömmigkeit des Abgeordneten La Pira, aber hätte zum einen die konfessionelle Bindung des Staates bedeuten können, zum anderen wäre das Bündnis mit den Linken und Liberalen zusammengebrochen. Auf dringendes Anraten hin zog La Pira seinen gutgemeinten, aber in diesem Falle politisch naiven Vorschlag wieder zurück.

Das Zweckbündnis der antifaschistischen Parteien *Comitati di Liberazione nazionale* (CLN) brach sehr bald auseinander, sodass letzten Endes zwei Blöcke, nämlich die Linke und die *Democrazia Cristiana*, übrigblieben. 1946 entschieden sich die Italiener bei einem Referendum für die Republik (proklamiert am 18. Juni 1946), infolge dessen der letzte italienische König Umberto II. abdanken musste. Der erste italienische Staatspräsident wurde im gleichen Jahr der Liberale Enrico de Nicola. Auffallend bei den Überlegungen zur italienischen Verfassung war der Wunsch, die zwischen Kurie und Mussolini geschlossenen Lateranverträge in die Verfassung zu übernehmen. Dabei kam es zu einer Koalition zwischen der *Democrazia Cristiana* und ausgerechnet den Kommunisten. Es heißt, dass die persönlich gute Beziehung zwischen dem Kommunistenführer Palmiro Togliatti und dem Christdemokraten La Pira dabei sehr hilfreich gewesen sei.

Am 1. Januar 1948 trat die neue Verfassung schließlich in Kraft, und der erste Ministerpräsident nach den Parlamentswahlen wurde Alcide de Gasperi. Giorgio La Pira avancierte zum Unterstaatssekretär im Arbeitsministerium. Der ihm vorgesetzte Arbeitsminister war sein christdemokratischer Freund Amintore Fanfani (geb. 1908). Der ihm zugewiesene Posten erwies sich als für La Pira maßgeschneidert. Nun konnte er auf einer ganz anderen Ebene sein soziales Engagement ausdehnen. Grundlage seiner sozialen Aktivitäten war auf jeden Fall seine persönliche tiefe Religiosität.

Zu seinen Aufgaben im Arbeitsministerium gehörte u. a. auch das Gespräch mit den Arbeitern und die Verhandlungen mit den Gewerkschaften. Für den Professor muss diese Zeit eine persönliche, wichtige Erfahrung gewesen sein, sowohl was die praktische Seite als auch was die spirituellen Implikationen betraf. Bald schon stellte sich La Pira auf die Seite der Armen und Marginalisierten. Nicht umsonst nannte man ihn, den Christdemokraten, auch den „weißen Kommunisten". Obgleich Christdemokrat und bekennender Katholik, pflegte er ganz unbefangen Kontakt zu kirchlich Abständigen und Kommunisten. Gerade bei den linken Ideologien sah er häufig Parallelen zu seiner eigenen sozialen Weltanschauung. La Pira blieb nicht lange in Rom. Im Jahre 1951 wurde er von seinen Freunden gedrängt, *sindaco* (Bürgermeister) in Florenz zu werden. Er wurde mit einer guten Mehrheit vom Gemeinderat gewählt und residierte künftig im Palazzo Vecchio zu Florenz. Der Palast wurde auf Jahre hin sein Arbeitsplatz.

Sein Wohn- und Lebensort blieb ebenfalls der gleiche, nämlich eine bescheidene Zelle im Dominikanerkonvent San Marco zu Florenz. Dieser Konvent, der bereits im ausgehenden 15. Jahrhundert durch seinen berühmt-berüchtigten Prior, Girolamo Savonarola, von sich reden machte, war für La Pira bereits seit Jahren sein Domizil. Aus persönlicher Überzeugung hatte sich La Pira dem damals sogenannten III. Orden der Dominikaner angeschlossen. Heute nennt man diese Lebensform „Dominikanische Laiengemeinschaft“. Dabei handelt es sich um eine Gemeinschaft von Laien, also Frauen und Männer, verheiratet oder unverheiratet, die ein aktives Leben in der Gesellschaft führen, ihre Existenz aber ganz bewusst im Geist des Ordensgründers Dominikus von Guzmán verankern. Normalerweise leben die Mitglieder der Gemeinschaft mit ihrer Familie, aber auch alleine. Die Entscheidung La Piras, als Dominikaner des III. Ordens innerhalb des Dominikanerklosters San Marco zu leben, ist ungewöhnlich. Seine ersten Erfahrungen mit Dominikanern hatte er bereits im Zuge eines Auslandsstipendiums gemacht, als er sich nämlich bei den Dominikanern in Wien (Postgasse) einquartiert hatte, um dort vorrangig die deutsche Sprache zu erlernen.

„Sindaco“ in Florenz und Dominikaner

Es waren wohl mehrere Phänomene, die La Pira am Dominikanerorden beeindruckten. Im Rahmen seiner gesellschaftspolitischen Arbeit stieß er selbstverständlich immer wieder auf den mittelalterlichen Dominikanertheologen Thomas von Aquin. Für die damalige Katholische Soziallehre war der Aquinate eine wichtige methodische Grundlegung. Neben dieser intellektuellen Begeisterung fand La Pira bei den Dominikanern den Ort, welchen er für seine spirituelle Praxis brauchte. Das Chorgebet, die tägliche Eucharistiefeier und die Betrachtung waren für ihn unverzichtbar. Zu seiner Frömmigkeit gehörte auch die persönliche Armut. Seine Bescheidenheit war sprichwörtlich, und es gibt eine Reihe von Geschichtchen und Anekdoten über sie, welche den Vergleich mit dem Franziskus von Assisi („Il Poverello") nahelegen. Die Kommunität von San Marco hat die Zelle La Piras bis heute im damaligen Zustand erhalten, sodass man einen Einblick bekommt in das ärmliche Quartier, welches der Professor und Abgeordnete sich ausgesucht und als Bürgermeister von Florenz beibehalten hatte.

Nicht immer zur Freude bestimmter Kreise führte La Pira dann in Florenz eine Reihe von Maßnahmen durch, um die allgemein verbreitete Armut und Arbeitslosigkeit zu bekämpfen. Sehr deutlich setzte er persönliche Zeichen. Es lag ihm nichts an Luxus, und so war er bekannt dafür, seine Kleidung und Gebrauchsgegenstände großherzig wegzuschenken. Aber auch als Amtsträger, als *sindaco,* konnte er seinen Einfluss politisch geltend machen. Das galt sowohl für basale Veränderungen (Freimilch für Schüler und Frühstück für Pendler am Hauptbahnhof) als auch für größere, nachhaltigere und damit kostenintensivere Projekte (Förderung des sozialen Wohnungsbaus; *case minime*).

Daneben traf er allerdings auch sehr viel heiklere Entscheidungen: Zur Bekämpfung der Wohnungsnot bei ärmeren Schichten ließ er einmal einen leerstehenden Industriekomplex beschlagnahmen und quartierte Arme und Obdachlose darin ein. Nicht ohne Raffinesse berief sich La Pira auf die bestehende Rechtslage. So existierte ein altes Gesetz, dass im Falle von Erdbebenkatastrophen die Gemeinde ermächtigt sei, Wohnraum zwangsweise für Betroffene zu requirieren. La Pira erklärte auf dieser Basis den aktuellen Wohnungsmangel als einer Erdbebenkatastrophe vergleichbar und verfügte entsprechend.

Im Jahre 1953 machte La Pira mit einer anderen spektakulären Aktion von sich reden. Der Anlass war die drohende Schließung des Industriebetriebes *Pignone* in Florenz. Die Geschäftsführung hatte es sich recht leicht gemacht und wollte ca. 2.000 Arbeiter entlassen. La Pira ließ seine Beziehungen spielen und bat seinen Freund Amintore Fanfani, inzwischen Innenminister in Rom, dem verantwortlichen Industriellen (der sich ins Ausland absetzen wollte) den Reisepass abzunehmen. Nachdem die Aktionäre die Auflösung der Firma beschlossen hatten, eskalierte die Krise. Die Arbeiter besetzten die Firma *Pignone*. La Pira zeigte seine Solidarität mit der Aktion durch seine persönliche Anwesenheit vor Ort im Rahmen einer Eucharistiefeier, die auf dem Firmengelände abgehalten wurde. Die endgültige Entscheidung fiel ebenfalls auf Betreiben La Piras: Er drängte seinen Freund Enrico Mattei, welcher Direktor der staatlichen ENI-Chemiewerke war, Anteile der Firma zu übernehmen. Dies geschah dann auch. Die meisten Arbeitsplätze konnten erhalten bleiben.

Es ist verständlich, dass die eigenwilligen Aktionen des Christdemokraten La Pira bei Parteifreunden auf Kritik stoßen mussten. Der vergleichsweise rigorose Stil des *sindaco* beunruhigte die freie Wirtschaft.

Welche Position hatte überhaupt die „Democrazia Cristiana" der beginnenden 1950er Jahre? Ohne Zweifel war sie zu jener Zeit der entscheidende Machtfaktor in Italien. De Gasperi war bis Juli 1953 ununterbrochen in acht verschiedenen Kabinetten Ministerpräsident geblieben. Dennoch gab es innerhalb der Partei sehr unterschiedliche Strömungen. Beunruhigend war der kontinuierliche Schub nach rechts. Aufgrund dessen schlossen sich im Jahre 1952 eine Reihe von Christdemokraten in der Gruppe *Iniziativa democrática* zusammen. Die führende Rolle in dieser parteiinternen Strömung (*corrente*) spielten Amintore Fanfani und Aldo Moro

(1916–1978), der spätere Ministerpräsident Italiens, der 1978 entführt und ermordet wurde. Ihre Ausrichtung war bewusst antikapitalistisch und antiliberalistisch und suchte einen alternativen Weg, basierend auf christlichen Werten.

Die Positionen der *Democrazia Cristiana* waren also keineswegs eindeutig. Nicht umsonst gab es eine Reihe von *correnti* innerhalb der Partei. Es verwundert nicht, dass die Politik La Piras von bestimmten Parteifreunden aus dem rechten Lager kritisiert wurde. Allerdings überrascht, dass selbst dem Bürgermeister grundsätzlich Wohlgesonnene wie de Gasperi, Fanfani, aber auch der alte Gründungsvater des *Partito Popolare*, Luigi Sturzo, irritiert waren. Don Sturzo warf La Pira „Etatismus" vor, also einen nicht duldbaren Eingriff des Staates in Privatgut. Sturzo verwies darauf, dass die Maßnahmen La Piras letzten Endes auf „Staatssozialismus" und „Bastard-Marxismus" hinausliefen. La Pira verteidigte sich und begründete seine Handlungsweise mit der konkreten ökonomischen und politischen Situation der Stadt Florenz, mit der er sich als Bürgermeister mit einem christlichen Gewissen auseinanderzusetzen habe.

Politisch brisanter als der Disput mit Sturzo war der Rücktritt zweier liberaler Ratsherren, die das „seltsame" Vorgehen La Piras in ökonomischen Fragen nicht mehr akzeptieren konnten. Die Folge war eine ernste Rathauskrise. In einer denkwürdigen Rede auf der Gemeinderatssitzung am 24. September 1954 reagierte er auf die Entscheidung der Liberalen: Immerhin konnte La Pira die beunruhigten Ratsherren im Palazzo Vecchio überzeugen und seine Arbeit fortsetzen.

Internationale Begegnungen

In den 1950er und 60er Jahren kristallisierte sich innerhalb der *Democrazia Cristiana* eine Öffnung nach links heraus, die bereits durch die *iniziativa democrática* vorbereitet worden war. Nach dem Ende der de Gasperi-Ära blieben die Christdemokraten entweder die alleinregierende Partei, oder sie gingen verschiedene Koalitionen ein. Ab 1954 war Fanfani insgesamt sechsmal Ministerpräsident, ab 1963 hatte dieses Amt Aldo Moro fünfmal inne. Allein diese beiden Namen machen schon deutlich, wie Italien durch die *Democrazia Cristiana* über Jahrzehnte vom „politischen Katholizismus" geprägt wurde. Gleichzeitig ist dank der christdemokratischen Politik sowohl ein rasanter wirtschaftlicher Aufschwung zu beobachten als auch das starke Interesse für die Angliederung an Europa. Der Preis, den die Partei dafür bezahlen musste, war ihr Arrangement mit dem Großkapital. Die italienischen Arbeitnehmer auf der anderen Seite dienten als im Vergleich zu Westeuropa billige Arbeitskräfte. Ohne dieses Arrangement wäre das „Wirtschaftswunder" Italien aber wohl kaum möglich gewesen. Dennoch, die klassische Wählerschaft der *Democrazia Cristiana*, beispielsweise die Landbevölkerung, distanzierte sich von der unternehmerfreundlichen Haltung der Partei, was schließlich an den Abstimmungsergebnissen deutlich wurde. Anfang der 1960er Jahre versuchte vor allem der Generalsekretär der Christdemokraten, Aldo Moro – übrigens ab 1973 ebenfalls als Laie Mitglied des Dominikanerordens[2] –, eine Wende einzuleiten: Man öffnete sich nach links. So kam es zu einem denkwürdigen Centro-Sinistra-Bündnis zunächst unter Fanfani, ab 1963 dann unter Moro. Aldo Moro und seine Koalitionspartner (vor

---

2 Alessandro Cortesi, *Aldo Moro OPL (1918–1978)*, in: *Wort und Antwort* 54 (2013), S. 179–183.

allem die Sozialisten der PSI) nutzten die Wirtschaftsblüte, um auf dieser Grundlage die Sozialpolitik Italiens zu reformieren. So verbesserte man die Alters- und Krankenversicherung, förderte den sozialen Wohnungsbau und das Schulwesen.

Obgleich sich die *Democrazia Cristiana* möglichst offen gab, ist dennoch festzustellen, dass Giorgio La Pira innerhalb seiner Partei eine etwas exotische Pflanze gewesen ist. Neben seinen Aktivitäten als Bürgermeister versuchte er auch eine theoretische Reflexion sowohl der sozialen Frage als auch der Probleme des Friedens. Bemerkenswert sind diesbezüglich die Kongresse, die er in Florenz durchführte. La Pira bekannte sich zu seinem Pazifismus und mahnte öffentlich die Gefahr der Entwicklung von Nuklearwaffen an. 1952 fand in Florenz der erste von La Pira initiierte „Kongress für den Frieden und eine christliche Zivilisation" statt. La Pira hatte die Idee eines „Friedenskonzils aller Nationen". Dazu bedurfte es zuallererst der entsprechenden Bewusstseinsbildung. Für La Pira war es klar, dass eine solche auf der religiösen Ebene zu geschehen habe. Diesem ersten internationalen Kongress schlossen sich weitere Tagungen an: „Gebet und Poesie", „Kultur und Offenbarung" und schließlich im Jahre 1955 der „Weltkongress der Bürgermeister". Vor allen Dingen die letzte Tagung, an der beispielsweise die Stadtoberhäupter von Moskau und Peking teilnahmen, war geprägt von dem Versuch, dem allseits präsenten „Kalten Krieg" zwischen West und Ost eine Alternative entgegenzusetzen.

Aus dem gleichen Grund begann La Pira internationale Kontakte als Vermittler zu knüpfen. 1957 organisierte er in Florenz die sogenannten „Mittelmeergespräche", in denen er zusammen mit Vertretern aus Südeuropa, Nahost und dem Maghreb versuchte, außerhalb des offiziellen Rahmens seinen Beitrag zur Befriedigung der dortigen Situation (Suezkrise 1956) zu leisten. Es folgten Reisen nach Marokko, Israel und Jordanien. Sehr deutlich setzte sich La Pira für die Rechte der Palästinenser ein.

Es ist dabei kaum verwunderlich, dass La Piras weltpolitische Weitsicht kritischen Rückfragen ausgesetzt war. Immerhin hatte er sein Mandat im Grunde nur als Kommunalpolitiker erhalten. Zweifellos war es nicht der persönliche Ehrgeiz, der La Pira zur internationalen Politik drängte. Zu gegebenem Anlass (18. Juni 1964 im Zuge der Haushaltsdebatte) verteidigte er seine Position: Der Sindaco von Florenz sei nicht nur Buchhalter und Verwalter, sondern vielmehr angesichts der großen Veränderungen bei der Konstruktion des neuen Städteraumes (*civiltà spaziale*) Bewahrer des historischen und kulturellen Erbes. Stadt und Nation gehören in einen engen Zusammenhang, die eine ließe sich nicht von der anderen trennen. Gerade der Blick auf dieses Verhältnis begründete doch die christlichen Nationen Europas (einschließlich Russlands) und der Mittelmeerländer (Israel, arabische Staaten). La Pira verwies auf die „Harmonie im Konzert der Städte und Nationen", deren größter Feind der Nationalismus und Rassismus sei.

Besuch in Moskau und bei Hô Chí Minh

Ein weiteres Anliegen La Piras war das Gespräch mit den kommunistischen Regimes. 1959 besuchte er unter großen Protesten vieler Parteifreunde die Sowjetunion, 1965 sogar Nordvietnam. Dabei wurde er von Hô Chí Minh persönlich empfangen. Aus eigener Initiative entwickelte er einen Friedensplan, welcher in Nordvietnam grundsätzlich mit Interesse aufgenommen wurde. Nach der Rückkehr La Piras versuchte er, die US-Amerikaner zu diesem Plan zu überreden. Dort allerdings war offensichtlich niemand an einer solchen Lösung interessiert, sodass die Überlegungen in der Versenkung verschwanden. In

Italien wurde er daraufhin von seiner Partei kaltgestellt, denn durch seine eigenwilligen Gespräche wurde er zur Persona non grata. Nach diesem Desaster zog er sich aus der Politik zurück und betätigte sich wieder als Professor: Erst viele Jahre später rehabilitierte ihn die Partei und er konnte 1976 (im Alter von 72 Jahren) wieder als Abgeordneter der *Democrazia Cristiana* in das Parlament von Rom einziehen. Am 5. November 1977 starb Giorgio La Pira im Alter von 73 Jahren.

Eine vielschichtige Gestalt

La Pira war ein Vertreter des politischen Katholizismus in Italien. Seine Strategie als Politiker basierte auf der Katholischen Soziallehre, La Piras Mitgliedschaft in der *Democrazia Cristiana* lag daher nahe. Trotzdem blieb er ein unbequemer Parteigänger. Neben seiner politischen Ader war er gleichzeitig erfüllt von einer tiefen persönlichen Frömmigkeit. Seine Spiritualität war die eines engagierten katholischen Laien, wie sie nicht untypisch ist für die Nachkriegszeit. Und zu guter Letzt war er Dominikaner. Das Priestertum hat er für sich nicht beansprucht, obwohl für ihn (als bewusst ehelos Lebender) die Priesterweihe faktisch kein Problem gewesen wäre. La Pira verstand sich sehr bewusst und sehr überzeugt als dominikanischer Laie in der Welt. Die ersten Schritte zur Seligsprechung sind in Rom bereits eingeleitet und gehen ihren Lauf.

Zu diesem Buch

An erster Stelle gilt unser Dank den drei Autoren des vorliegenden Buches: Alessandro Cortesi OP, Marco Pietro Giovannoni und Pietro Domenico Giovannoni. Sie haben die hier veröffentlichten Texte La Piras ausgewählt, thematisch geordnet und mit einleitenden Kommentaren zeitgeschichtlich verortet. Wir sind dankbar für die Möglichkeit, den so entstandenen Band in unserer Reihe „Dominikanische Quellen und Zeugnisse“ in einer leicht angepassten Fassung veröffentlichen zu können! In der kirchlichen wie auch in der politischen Welt Italiens ist Giorgio La Pira ein bedeutender Name. Im deutschsprachigen Raum ist er kaum bekannt. Die Publikation der Textsammlung soll dazu beitragen, den in vielerlei Hinsicht originellen Politiker und Laien-Dominikaner hierzulande stärker ins Bewusstsein zu heben. Das im italienischen Original etwas umfangreichere Buch wurde im Frühjahr 2021 im Verlag Edizioni Nerbini (Florenz) publiziert. Herzlich danken wir den verantwortlichen Verlagsmitarbeiterinnen und -mitarbeitern für die unkomplizierte Überlassung der Übersetzungsrechte. Ohne die fachlich höchst kompetente und engagierte Übertragung des Textes hätte das Buch den deutschsprachigen Buchmarkt nicht erreicht. Deshalb gilt unserer Übersetzerin, der Kölner Philologin Gabriele Stein, unser herzlichster Dank!

Zu danken haben wir zudem dem Verlag Herder, vor allem in Person seines Lektors Clemens Carl, für die akribische und zugleich unkomplizierte Betreuung des Bandes. Bei unserem Studentischen Mitarbeiter im Institut M.-Dominique Chenu Berlin, Sidney Kaufmann, bedanken für uns für die Hilfe bei der redaktionellen Bearbeitung des Manuskripts.

Berlin, am 18. Februar 2022, dem Gedenktag des der Stadt Florenz sehr verbundenen Giovanni da Fiesole, des Malers Fra Angelico,

Thomas Eggensperger OP
Ulrich Engel OP

Einleitung

> Ich habe einen Professor aus Sizilien gut gekannt. Er trug eine Brille und die weißen Strümpfe der Dominikaner, und irgendjemand nannte ihn den „Bolschewik des Evangeliums", und er wurde oft zur Zielscheibe der bissigen Kritik und der Ironie und der Geringschätzung der Wohlmeinenden: Mir kam er vor wie ein Weiser mit einem reinen Geist [...]. Er hielt es für das Dringlichste, dem Volk die Hoffnung wiederzugeben: Er sah im Armen einen Unterdrückten und im Reichen einen, der innerlich nicht frei ist. Er verstand seine Zeit und er ahnte die Zukunft voraus.

Diese Beschreibung La Piras stammt aus der Feder des bekannten italienischen Journalisten Enzo Biagi.[1] La Piras Zeugnis ist auch heute noch eine Herausforderung: in einer Zeit, die in vielerlei Hinsicht vor Aufgaben steht, mit denen sich auch der Professor in seinem Leben konfrontiert sah und die er aus einer Perspektive des Glaubens und in Solidarität mit dem Weg der ganzen Menschheit zu bewältigen suchte.

Zu seiner Zeit musste er sich mit dem Faschismus auseinandersetzen, der – nicht ohne die Unterstützung der Kirche Pius' XI., die davon überzeugt war, das neue Regime im Zaum halten und letztendlich dem Idealmodell eines katholischen Staates anpassen zu können – im Italien der 1930er

---

1 E. Biagi, *L'albero dai fiori bianchi*, Mailand (Rizzoli) 1994, S. 192.

Jahre an die Macht gekommen war. Doch der Faschismus vertrat ein Menschen- und Gesellschaftsbild, das die Würde und Freiheit jeder menschlichen Person negierte, betrieb eine populistische Demagogie und verfolgte eine imperialistische und rassistische Politik. Auf all das reagierte La Pira hellsichtig und unter Berufung auf das Evangelium und sein Studium der Rechtswissenschaften und gelangte so – früher als große Teile der katholischen italienischen Geisteswelt – zu einem radikalen Antifaschismus, der zur Grundlage eines soliden demokratischen Glaubens werden sollte.

Er erlebte die dramatischen Ereignisse des Zweiten Weltkriegs mit und war Zeuge der Schrecken der Schoah. Als Mitglied der Verfassunggebenden Versammlung war er maßgeblich an der Ausarbeitung einer demokratischen Architektur des Staates beteiligt und trug dazu bei, die künftige demokratische Republik um den heiligen und ewigen Wert der menschlichen Person herum zu entwerfen.

Als junger Student kam er nach Florenz und nahm schon in den ersten Jahren Anteil am Leid der Armen in der Stadt. Die Stadt Dantes und Savonarolas, Michelangelos, Galileos und Amerigo Vespuccis wurde für ihn zum Offenbarungsort einer persönlichen Berufung, die sich auf die gesamte Menschheit erstreckte: die Berufung, den Menschen die weiten Horizonte des christlichen Humanismus zurückzugeben. Nach dem Krieg wurde er auf das Drama der Arbeitslosigkeit und der verschiedenen Formen der Armut aufmerksam und bewies seine Nähe zu den Betroffenen durch die Ausarbeitung und Erprobung eines politischen Handelns, das geeignet war, die Ursachen der sozialen Ungerechtigkeit im Einklang mit der neuen Verfassung der Republik zu beseitigen.

Während seiner langen Amtszeit als Bürgermeister von Florenz (1951–1965) befasste er sich mit der Frage nach dem Leben in den Städten: Experimentierfeldern eines pluralistischen und friedlichen Miteinanders, das angestrebt werden sollte, indem man über Grenzen und Gräben hinweg Beziehungen anknüpfte. In einer Zeit, in der das Reisen beschwerlicher war als heute, besuchte er Menschen und Orte und überschritt die Barrieren der Spaltung der Welt und der Völker, um Worte und Wünsche des Friedens zu überbringen.

Zutiefst im biblischen Glauben verwurzelt entwickelte er die Idee von einer besonderen göttlichen Sendung der von Abraham abstammenden Völker: dass Juden, Christen und Muslime dazu berufen seien, in der Geschichte, rund um das Mittelmeer, Beziehungen des Dialogs und des Friedens zu leben und damit prophetisch auf einen Weg hinzuweisen, der der gesamten Menschheit bestimmt war.

La Pira – sizilianischer Christ, Bürgermeister von Florenz, Prophet der Abrüstung und des Friedens und Pilger auf den Spuren des heiligen Franziskus – war im Kontext des 20. Jahrhunderts ein Zeuge des Evangeliums, der eine luzide Glaubensorientierung mit einem ebenso klaren Engagement für die Armen und für eine Welt zu verbinden wusste, in der die Waffen zu Pflugscharen geschmiedet und Wege der Abrüstung und des Friedens gebahnt werden würden.

In diesem Sinne ahnte La Pira – wie Biagi sehr treffend beobachtet hat – die Zukunft voraus und so wird die neuerliche Lektüre seiner Texte, Reden, Ansprachen und unzähligen Briefe zu einer Gelegenheit, in einer Welt, die sich, wenngleich unter anderen Vorzeichen, vor ähnliche Herausforderungen gestellt sieht, die eine oder andere Orientierung zu finden.

La Pira erntete Kritik für die scheinbare Naivität seiner Ansichten und dafür, dass er so unumwunden von einem unvermeidlichen Frieden und einem nunmehr unmöglichen Krieg sprach, bewies aber in Wirklichkeit ein außerordentliches Geschick, wenn es darum ging, eine utopische Vision mit konkreten Entscheidungen und Handlungen zu vereinbaren. Die Erinnerung an sein Wirken als Bürgermeister von Florenz ist bis heute lebendig und präsent, und zu der Messe, die alljährlich an seinem Todestag, dem 5. November, in San Marco gefeiert wird, strömen einfache Menschen aller Glaubensrichtungen und Kulturen zusammen, die in seinem Zeugnis den Keim einer Brüderlichkeit und Schwesterlichkeit erkennen, die die gesamte Menschheitsfamilie in derselben Friedenssehnsucht eint.

Leitmotiv seines Denkens war das, was er selbst „den Pfad Jesajas" nannte: Die Geschichte der Welt ist dem Strom eines Flusses vergleichbar, der, angetrieben von der Gnade, seiner Mündung – dem Frieden und der Einheit der Völker – entgegenfließt. Wer diesen Fluss befährt, muss sich in seinem konkreten historischen Engagement von der Utopie des Friedens leiten lassen.

Diese Landmarken, an denen sich Giorgio La Pira orientierte, erinnern an die Botschaft von Papst Franziskus, der uns angesichts eines von globaler Ungerechtigkeit geprägten und Ungleichheit stiftenden Wirtschaftssystems, der Rückkehr der Faschismen und eines Aufschwungs der Populismen, sozialer und religiöser identitärer Abschottung und einer von Rassensuprematie geprägten Welt dazu aufruft, uns als Brüder und Schwestern gemeinsam auf den Weg zu machen. Das Zeugnis der Glaubenden muss jedweden Exklusivismus überwinden und darauf ausgerichtet sein, den Lebensplan aufzugreifen, den Gott, der Schöpfer, für die gesamte Menschheit entworfen hat.

Das alles brachte La Pira durch den Verweis auf eine Hoffnung zum Ausdruck, die über alle Widerstände und Enttäuschungen der Gegenwart hinaus Bestand hat: *spes contra spem*. Diese Hoffnung brauchen wir heute, wenn wir unserer Verantwortung gerecht werden und mit einer Vielfalt an Menschen und Völkern im Kontext unserer schwierigen Gegenwart gemeinsam auf dem Pfad Jesajas unterwegs sein wollen.

Es war die zentrale Intention des vorliegenden Buchs – das aus der intensiven und leidenschaftlichen Zusammenarbeit mehrerer Verfasser hervorgegangen ist –, allen, die sich mit den wichtigsten Schriften Giorgio La Piras und seinem Wirken und Engagement näher vertraut machen wollen, eine Überblicksdarstellung an die Hand zu geben.

An La Piras Worte und Taten zu erinnern kann – gerade mit Rücksicht auf die Grundausrichtung seines Lebens – kein rein historiographisches Unterfangen sein, sondern wirft im heutigen Kontext existentielle Fragen auf, die alle, die sich ihm nähern, und, wie wir hoffen, auch die Leserschaft des hier vorgelegten Texts unmittelbar angehen. Wir würden uns wünschen, dass diese Arbeit dazu beitragen kann, eine Erfahrung bekannt zu machen, die von spiritueller Weitherzigkeit und von zivilgesellschaftlichem Engagement und Verantwortungsbewusstsein zeugt. Möge die Beispielhaftigkeit, mit der Giorgio La Pira Brücken gebaut und Mauern niedergerissen hat, vielen als Inspiration dienen, sich auf den Pfad Jesajas zu wagen und unserer Zeit *in spe contra spem* Wege der Humanisierung und des Friedens zu bahnen.

Am 5. November 2021, dem 44. Todestag Giorgio La Piras,

Alessandro Cortesi OP
Marco Pietro Giovannoni
Pietro Domenico Giovannoni

Erster Teil:
Leben

1 | Giorgio La Pira: eine biographische Skizze (1904–1977)

Kindheit und erste Ausbildung in Messina

Giorgio La Pira kam am 9. Januar 1904 als zweites Kind der Eheleute Gaetano und Angela Occhipinti in Pozzallo zur Welt. Pozzallo, das damals zur Provinz Syrakus gehörte, ein Fischerstädtchen im äußersten Südosten Siziliens und damit praktisch im Zentrum des Mittelmeers gelegen, hatte dem kleinen Giorgio über die Elementarschulbildung hinaus nichts zu bieten; deshalb ging er 1914 mit nur zehn Jahren nach Messina, wo er bei der Familie seines Onkels Luigi Occhipinti lebte. Der Onkel handelte mit Wein, Tabak und Spirituosen, und Giorgio wurde von klein auf zur Mitarbeit im Familienbetrieb herangezogen, wo er seinen lebhaften Verstand und die nach und nach an der Schule erworbenen Fähigkeiten einsetzte. 1917 machte er seinen Abschluss an der berufsvorbereitenden Schule „Antonello“ und schrieb sich an der kaufmännischen Fachoberschule „Antonio M. Jaci“ ein, um Buchhalter zu werden. Sein Onkel Luigi, ein antiklerikaler Freimaurer, bot seinem Neffen keinerlei christliche Bildung und drängte ihn auch nicht, in die Kirche zu gehen.

Das Messina der Kindheit und Jugend Giorgio La Piras war von den sichtbaren, demographischen, sozioökonomischen und moralischen Folgen des Erdbebens von 1908 gezeichnet, das zu den verheerendsten seismographischen Ereignissen des 20. Jahrhunderts zählte, die Stadt zerstört und Tausende von Todesopfern gefordert hatte.

La Pira gehörte einer Gruppe lebhafter junger Leute an – zu erwähnen wären etwa Salvatore Quasimodo, Salvatore Pugliatti, Giuseppe Raneri, Aldo Denti und Francesco Carrozza –, die auch eine Zeitung herausgab, den *Nuovo Giornale Letterario*. Die jungen Mitglieder dieses Kreises begeisterten sich für die italienische Intervention im Ersten Weltkrieg, die ihnen – mit der Befreiung der bislang „unerlösten" Gebiete Trient und Triest von der österreichischen Herrschaft – als unabdingbare und heroische Vollendung der politischen Einigung Italiens galt. Ihre politische Leidenschaft, die von einem unbestimmten, aber starken Nationalismus und von Argwohn gegenüber dem liberalen Parlamentarismus durchdrungen war, ging Hand in Hand mit einem faszinierten Interesse an der künstlerischen Avantgarde und der futuristischen Bewegung: Die junge Gruppe aus Messina unterhielt Beziehungen zu Lionello Fiumi, Filippo de Pisis und Giuseppe Villaroel, bedeutenden Mitgliedern der literarischen Avantgarde der Stadt, sowie zu herausragenden Vertretern des sizilianischen Futurismus wie Guglielmo Jannelli, Luciano Nicastro und Giuseppe Rino.[1]

Nach dem Krieg finden wir alle diese Jugendlichen in der Opposition gegen das „liberale" Italien vereint, das ihrer Meinung nach im Niedergang begriffen und nicht in der Lage ist, sich der Zukunft zu öffnen und der spirituellen Essenz des Volkes – seiner eigentlichen Daseinsberechtigung – politische Substanz zu verleihen.

---

1 Vgl. G. Miligi, *Gli anni messinesi e le „parole di vita" di Giorgio La Pira*, Messina (Intilla Editore) 1995; L. Furnari, *Percorsi politici e letterari. Giorgio La Pira a Messina*, in: M. Saija (Hg.), *Giorgio La Pira dalla Sicilia al Mediterraneo*, Messina (Trisform) 2005, S. 87–142.

1922 ist La Pira, der als ganz junger Mann einige antiklerikale Einstellungen vertreten hatte, wieder durch und durch Katholik. Die katholische Lehre und insbesondere die päpstlichen Weisungen sind die Maßeinheit, mit der er Entstehung und Aufstieg des Faschismus beobachtet und beurteilt. La Pira, der mit dem demokratischen Katholizismus des von Don Luigi Sturzo gegründeten *Partito Popolare* nichts anfangen kann, sieht in der von Mussolini versprochenen Revolution weniger ein politisches Projekt als vielmehr die Chance auf eine spirituelle und kulturelle Wiederherstellung Italiens. Seine spätere Freundschaft mit Guido Ghersi, einem sizilianischen Politiker des *Partito Popolare*, war weder ein Indiz für ein etwa gereiftes Vertrauen in den Wert der Demokratie an sich noch Ausdruck einer Würdigung gewisser Teilaspekte der liberalen Kultur.

Der Faschismus schien in einigen Punkten mit der Haltung des kirchlichen Lehramts des 19. und 20. Jahrhunderts übereinzustimmen: zum einen mit der Kritik an der Heuchelei eines liberalen Systems, das seine Bürger trotz tiefgreifender sozioökonomischer Ungleichheiten nur auf rechtlicher Ebene gleichstellte, und mit der Polemik gegen den Individualismus des politischen und wirtschaftlichen Liberalismus; zum anderen mit der entschiedenen Ablehnung des bolschewistischen Kommunismus, mit der Deutung der Gesellschaft als Organismus, in dem die Beziehungen zwischen dem Individuum und den sozialen Körperschaften ein harmonisches Ganzes bilden sollten, und mit der Betonung des moralischen Gewichts von Werten wie Tradition, Autorität und Hierarchie. Alles in allem schien der Faschismus in der Lage, ein ähnliches Staatsmodell wie jenes umzusetzen, welches das päpstliche Lehramt entworfen hatte und das unter Pius XI. schließlich in die Formel vom Sozialen Reich Christi gefasst werden sollte.

So konnte es geschehen, dass La Pira den Mussolini des „Marschs auf Rom" für den Demiurgen eines neuen Italien hielt, das, je katholischer, desto authentischer und ein möglichst getreuer politischer Arm des vatikanischen Orakels war – und dass er umgehend enttäuscht wurde, als Mussolini an der Spitze einer Koalition aus Faschisten, Liberalen und *Popolari* das Amt des Ministerpräsidenten übernahm: Der aufgehende Stern am italienischen Politikhimmel hatte darauf verzichtet, das katholische und faschistische Italien zum historischen Gegenstück des unlängst von Lenin geschaffenen atheistischen und bolschewistischen Russland zu machen.[2]

Gleichzeitig machten sich die tiefen Bedürfnisse der lapiraschen Sensibilität und Innerlichkeit in einem langsamen, aber dichten und stringenten Weg der Revision und Wiederaneignung des christlichen Glaubens bemerkbar.

Eine entscheidende Rolle auf diesem Weg spielte sein Italienischlehrer an der „Jaci-Schule" Federico Rampolla del Tindaro; obwohl selbst nicht gläubig, war er doch in der Lage, die Signale des einzigartigen inneren Lebens seines Zöglings zu deuten, und brachte ihn mit Personen wie seinem Bruder, dem Priester und Philologen Mariano Rampolla, und dem palermitanischen Studentenseelsorger Msgr. Onofrio Trippodo in Kontakt, die La Piras geistliches Leben zu fördern wussten, indem sie ihn bei seiner intellektuellen Suche und bei der Lektüre spiritueller und theologischer Autoren (Vico, Bossuet, Lamennais, Blondel, Fornari) begleiteten, deren

---

2 La Piras Verhältnis zum Faschismus beschreibt P. D. Giovannoni, *Giorgio La Pira e la civiltà cristiana tra fascismo e democrazia (1922–1944)*, Brescia (Morcelliana) 2008; zum hier besprochenen Zeitabschnitt vgl. insbes. S. 19–47.

Kenntnis ganz sicher nicht in allen kirchlichen Kreisen verbreitet war.[3]

Mariano Rampolla del Tindaro wird La Pira mit dem jungen Nationalassistenten des katholischen Studentenverbandes Msgr. Giovanni Battista Montini, dem späteren Papst Paul VI., bekannt machen, mit dem er sein Leben lang in intensivem Kontakt stehen sollte.[4] Und Federico Rampolla del Tindaro verdankt der junge La Pira jene Weichenstellung, die für sein späteres Leben so entscheidend werden sollte: Sein Lehrer nämlich war es, der ihm nach der bestandenen Buchhalterprüfung 1921 vorschlug, sich privat auf das Abitur am humanistischen Gymnasium vorzubereiten und die Hochschulreife nachzuholen, um sich danach an der Juristischen Fakultät der Universität Messina einschreiben zu können.

---

3 Zu den Beziehungen zwischen Federico Rampolla und Msgr. Onofrio Trippodo vgl. F. Mercadante, *Prefazione*, in: G. La Pira, *Lettere a Salvatore Pugliatti (1920–1939)*, Rom (Edizioni Studium) 1980, S. 20–26; zu den Beziehungen zwischen Mariano Rampolla, Msgr. Onofrio Trippodo, Montini und La Pira vgl. S. Garofalo (Hg.), *Una rara amicizia. Giovan Battista Montini e monsignor Mariano Rampolla del Tindaro. Carteggio 1922–1944*, Rom (Edizioni Studium) 1990, S. 39–45; fünf Briefe von La Pira an Federico Rampolla – drei vom Sommer 1922 und zwei von 1923 – sowie ein ebenfalls aus dem Jahr 1923 stammender Brief an Mariano Rampolla sind ediert in: Miligi, *Gli anni messinesi e le „parole di vita" di Giorgio La Pira*, S. 205–216, 265–270 u. 271–273.

4 Vgl. G. La Pira – G. B. Montini, *Scrivo all'amico. Carteggio (1930–1963)*, hg. v. M. C. Rioli u. G. E. Bonuria, Brescia (Edizioni Studium) 2019.

Ostern 1924 und die „zweite“ florentinische Ausbildung

Ein Höhepunkt in La Piras spirituellem Werdegang war die Teilnahme an der Osterliturgie des Jahres 1924. Nach der Eucharistiefeier und dem Empfang der heiligen Kommunion hatte er ein mystisches Erlebnis:

> *Anno 1924* mit klarstem Verstand / und offenster Seele / in Erwartung eines Kommens, zu dem die Hoffnung unablässig hinstrebte und der Glaube sich unablässig erhob. / Und immer mit Demut. / Mit 20 Jahren – Zeit des Lichts und Beginn der Vereinigung mit dem Meister.[5]

So schildert La Pira jene Eucharistie in der ersten der 25 Notizen auf der ersten Seite seiner Ausgabe der *Digesta Iustiniani*, mit denen er ab 1924 sein Leben lang immer wieder Momente „festhielt“, die ihm wesentlich erschienen. Das Osterfest des Jahres 1924 erwähnt er auch in einem Brief, den er im September 1933 an seinen Freund Salvatore Pugliatti schrieb:

> Ich werde nie jenes Ostern 1924 vergessen, als ich den Eucharistischen Jesus empfing: Ich fühlte eine so vollkommene Unschuld durch meine Adern strömen, dass ich den Gesang und das unbändige Glück nicht zurückhalten konnte.[6]

Die Wiederannäherung an die Sakramente fällt mit der Entscheidung zusammen, sich Gott zu weihen, ohne ins Kloster zu gehen oder Priester zu werden. Denn La Pira ist davon

---

5 Zitiert nach G. La Pira, *Note autobiografiche 1924–1974 scritte sulla prima pagina dei „Digesta Iustiniani“*, in: *Index per Giorgio La Pira romanista*, Neapel (Jovine Editore) 2009, S. 7.

6 La Pira, *Lettere a Salvatore Pugliatti (1920–1939)*, S. 138.

überzeugt, dass er sein Apostolat in der Welt entfalten muss: als ein Laienapostolat, das er sich aber von Anfang an nicht als Einzelweg vorstellt – daher seine Zugehörigkeit zum Dritten Orden der Dominikaner. Die Spiritualität dieses Ordens hatte er durch den Dominikanerpater Enrico de Vita kennengelernt, der in einer Pfarrei am Stadtrand des noch nicht vollständig wiederaufgebauten Messina tätig war, wo viele Familien in Baracken lebten.

1925 ist La Pira bereits in der FUCI, dem italienischen katholischen Studentenbund, aktiv und Mitglied eines Zirkels, der sich den Akademiker und Juristen Contardo Ferrini, Verkörperung eines für die Nöte der Ärmsten aufmerksamen Laienapostolats, als Vorbild gewählt hatte.

1926 geht La Pira mit Professor Emilio Betti, seinem Doktorvater, bei dem er über *Die Erbfolge ohne und gegen Testament im römischen Recht* promoviert, nach Florenz; seine Dissertation wird 1930 veröffentlicht.

Mit der toskanischen Hauptstadt fühlt er sich von Anfang an eng verbunden, wie er selbst an seine Verwandten schreibt.[7] Und er bindet sich auch in akademischer Hinsicht: Kaum promoviert, übernimmt er hier seinen ersten Lehrauftrag und ist von 1934 bis 1976 ordentlicher Professor an der Universität Florenz.

---

7 Am 31. Mai 1926 schreibt er an Onkel und Tante in Messina: „Was soll ich Euch von Florenz sagen? Es ist eine wunderschöne Stadt, eine herrliche, einzigartige Blume, eine Kunststadt wie ein Schloss mit tausend Türmen, mit abwechslungsreichen, sanften und großartigen Linien. Sie ist wahrhaftig die Heimat Dantes" (G. La Pira, *Lettere a casa*, hg. v. D. Pieraccioni, Mailand (Vita e Pensiero) 1981, S. 21; dt. Fassung großenteils zitiert nach: Alfons Thome, *Die Leiden der Völker begriffen: Giorgio La Pira, Christ und Politiker,* Trier (Paulinus) 1990, S. 25).

Für das Studienjahr 1926/1927 erhält er eine Assistenz in römischem Recht und im Folgejahr einen Lehrauftrag in römischer Rechtsgeschichte. 1928 geht er außerdem nach Wien und München, um seine juristischen Studien zu vervollkommnen. Im August desselben Jahres reist La Pira nach Konstanz zum Kongress des *Katholischen Akademikerverbandes* (der deutschen katholischen Studentenvereinigung), wo er mit Pater Agostino Gemelli zusammentrifft.

Als er auf Einladung des Franziskanerpaters in Castelnuovo Fogliani in der Provinz Piacenza an Exerzitien teilnimmt, wird La Pira am 20. August 1928 eines der ersten elf Mitglieder des neugegründeten „Pio Sodalizio dei Missionari della Regalità di Cristo", dem er bis zu seinem Tod angehören wird. Die Begegnung mit Pater Gemelli wird La Piras Leben, seine Spiritualität sowie sein Denken und Handeln zutiefst prägen. Die *Missionare vom Königtum Christi* und Pater Gemelli werden ihn durch Lektürevorschläge, regelmäßige Einkehrtage und durch das Ablegen des Keuschheits- und des Armutsgelübdes beeinflussen und La Pira zumindest bis Ende der 1930er Jahre in seinem Glauben an die Durchführbarkeit von Gemellis Plan bestärken, das faschistische Regime, soweit irgend möglich, zu „katholisieren". Das 1929 zwischen der Kirche und dem italienischen Staat geschlossene Konkordat schien eine erste belastbare Bestätigung dieses Kurses zu sein.

Zur selben Zeit aber – Mitte der 1920er bis Mitte der 1930er Jahre – scheinen im Denken des jungen La Pira zwei „Regungen" aufeinanderzutreffen und miteinander zu verschmelzen: das Staunen über die Schönheit der Stadt Florenz als Spiegel der Schönheit der Theologie und das Staunen über die „architektonische" Schönheit des römischen Rechts. Tatsächlich ist La Piras Spiritualität, wie seine Reden, Briefe und Gebete bezeugen, entschieden von der Dimension der

Schönheit geprägt. Am 21. Februar 1927 schrieb er in einem Brief an Professor Betti:

> In einem Punkt will ich Sie beruhigen, darin nämlich, dass ich das Ziel, das ich mir vornehmen soll (und mir bereits vorgenommen habe), klar vor mir sehe: Das Studium des römischen Rechts liegt mir – wie Sie wissen – besonders am Herzen: Es ist mehr als ein Studium im landläufigen Sinne und wird, so möchte ich sagen, zum Mittel meiner eigentlichen inneren Bildung. Es besitzt einen überaus großen ideellen Wert und stellt den charakteristischen Wesenszug meiner Person dar.[8]

An Salvatore Pugliatti sollte er fünf Jahre später, am 11. Dezember 1933, Folgendes schreiben:

> Das römische Recht muss in einer Weise gelehrt werden, die diese symmetriereichen Perspektiven deutlich macht: Nur dann hat unsere Lehre eine erzieherische Funktion von großer Bedeutung. Es wäre schön, wenn wir dem Rechtsstudium diesen Anhauch der Schönheit verleihen könnten, der von der bloßen Technik emporträgt zur Sicht auf ein einheitliches Panorama. Wir müssen in unseren Studien diese Wissenslichter kreisen lassen, die die Studien unserer Vorfahren so anziehend gemacht haben.[9]

Das römische Recht war für La Pira ein Vehikel der Aufmerksamkeit für das Leben der Menschen, wobei diese Aufmerksamkeit auf den Versuch abzielte, alle Dimensionen des personalen und des sozialen Lebens wahr werden und reifen zu lassen. La Pira interessierte das Recht als ein „lebendiges“

---

8 E. Betti – G. La Pira, *Il carteggio Betti-La Pira*, hg. v. G. Crifò, Florenz (Polistampa) 2014, S. 373–374.
9 La Pira, *Lettere a Salvatore Pugliatti (1920–1939)*, S. 145.

Phänomen:[10] Es interessierte ihn insofern, als es auf den Nutzen der Menschen hingeordnet war, die er in ihrer Einzigartigkeit und dennoch nicht isoliert, sondern immer im Verhältnis zueinander betrachtete. Er verstand das Recht als ein Mittel, das Zusammenleben aller organisch und geordnet zu gestalten und eine Stadt und eine internationale Gemeinschaft aus solidarischen Beziehungen aufzubauen, wie es dem transzendenten und sozialen Charakter der Würde der menschlichen Person entsprach.

Doch der tiefste Grund seiner Beziehung zu Florenz ist vielleicht weder in der Schönheit noch in der Universität, sondern in der Entschlossenheit und Fähigkeit des sizilianischen Professors zu suchen – einer Entschlossenheit und Fähigkeit, die sich schon in den ersten Jahren abzeichneten und von seinem Drang zum Apostolat herrührten –, das existentielle Alltagsgewebe der Stadt durch die Beteiligung an unzähligen Vereinen zu durchdringen: den Bildungsaktivitäten der Katholischen Aktion, der Betreuung einer Gruppe junger Studenten, der er den Namen „Ut unum sint" gab, oder auch den Vinzenzkonferenzen, die ihn mit der volkstümlichsten und wahrhaftigsten Seele der Stadt Florenz in Berührung brachten.[11]

Hinzu kamen einige florentinische Persönlichkeiten, die in seiner christlichen Lebenserfahrung, seiner Sensibilität und seiner Kultur eine große Rolle spielten. Eine von ihnen

---

10 Vgl. P. Catalano, *Introduzione alla lettura del carteggio (Principi lapiriani e sviluppi di un „diritto romano vivente"*, in: Fondazione Giorgio La Pira – Comitato per le celebrazioni del quarantesimo anniversario della morte di La Pira, *Diritto romano vivente. „Caro Catalano …" 1967–1975. Cinque lettere e quattro telegrammi di Giorgio La Pira*, Florenz (Polistampa) 2017, S. VIII–XIX.

11 Vgl. P. D. Giovannoni, *Giorgio La Pira e la civiltà cristiana tra fascismo e democrazia (1922–1944)*, S. 48–62 u. 217–258.

war der Pfarrer von Santo Stefano in Pane im Stadtviertel Rifredi, Don Giulio Facibeni, Gründer der „Madonnina del Grappa“, eines pfarrlichen Missionswerks, das sich um die Nöte der Kriegswaisen und -witwen kümmerte und auf dem Boden einer dörflichen Gemeinde entstanden war, die die erste Industrialisierung der Stadt in ein Arbeiterviertel verwandelt hatte.

Wenn Don Facibeni einen Glauben bezeugte, der durch die Liebe zu den Armen und durch das konkrete Vertrauen auf die Vorsehung transparent geworden war, so spiegelte der Kardinal Elia dalla Costa (1872–1961, ab 1931 Erzbischof von Florenz) eine Kirche wider, die auf eine essentielle, authentische Pastoral ausgerichtet, nicht zu Zugeständnissen an das faschistische Regime bereit und imstande war, mutige Entscheidungen zu treffen: etwa die, bei Hitlers Staatsbesuch die Türen und Fenster des erzbischöflichen Palais zu schließen, und vor allem die, ein Netzwerk zum Schutz der rassistisch verfolgten Juden zu organisieren.

Auch im Haus des Pfarrers von San Michelino in der Via dei Servi geht La Pira ein und aus; Don Raffaele Bensi ist nur wenig älter als er und sein Beichtvater und aufrichtiger Freund. Über ein halbes Jahrhundert lang war Don Bensis Haus ein echter Knotenpunkt des kulturellen und kirchlichen Lebens von Florenz und der schüchterne Priester Zuhörer und Begleiter für Hunderte vor allem junger Florentiner, unter ihnen auch Lorenzo Milani.

Und schließlich gehörten auch die Dominikaner des Klosters San Marco zum Kreis jener Personen, die La Pira aus nächster Nähe begleiteten. Gerade in der dominikanischen Spiritualität fand La Pira die sichere Bezugsgröße eines Engagements, das seinem inneren Drang zu entsprechen vermochte, alle Aktivitäten mit der kontemplativen und apostolischen Dimension des christlichen Lebens zu durchwirken. In den ausgehenden 1920er und beginnenden 1930er Jahren greift er in seinen Schriften immer häufiger auf den dominikanischen Wahlspruch *Contemplata aliis tradere* zurück, um die Synthese seiner Lebensentscheidungen zu beschreiben. Die Erneuerung seines Beitritts zum Dritten Orden der Dominikaner und sein Entschluss, in einer Zelle im Kloster San Marco zu leben, sind ebenso wie seine Mitarbeit an der von den Brüdern von San Marco herausgegebenen Zeitschrift „Vita Cristiana" vor dem Hintergrund dieser Grundsatzentscheidung zu sehen.

Das San-Procolo-Werk und die „Principi"

Der Plan zum San-Procolo-Werk, das es sich – um das Zentrum der sonntäglichen Eucharistiefeier herum – zur Aufgabe macht, den Armen und Obdachlosen zu helfen, reift im Pfarrhaus von Don Bensi heran. Die Florentiner nannten die Initiative „Messe der Armen", und unter diesem Namen ist sie bis heute bekannt und wird Sonntag für Sonntag gefeiert.

Die Begegnung mit den Armen erlebt La Pira als eine Gelegenheit, sich selbst als arm zu erfahren und sich der Berufung und Würde eines jeden Menschenlebens sowie der unauflöslichen Verbindung zwischen der zeitlichen und der transzendenten Dimension, zwischen den alltäglichen Bedürfnissen des Leibes und dem Streben des Geistes bewusst zu werden. Später sollte sich die „Messe der Armen", wie wir noch sehen werden, zu einem Experimentierfeld des politischen Engagements für den Aufbau einer erneuerten und glaubwürdigen christlichen Zivilisation entwickeln.

Am Josefstag des Jahres 1927 dachte La Pira über die Gestalt des demütigen Zimmermanns aus Nazaret nach, und schon damals schrieb er:

> Es ist gut, unsere Seele den Ärmsten zuzuneigen; in der Armut der anderen auch die unsere zu erkennen; das ist ein Akt der Weisheit, der das menschliche Begehren mäßigt und uns unsere unsagbare Bedürftigkeit erkennen lässt: Und die Kinder an diese praktischen Erwägungen zu gewöhnen, ist für ihre Erziehung heilsamer denn je. Wenn die Nächstenliebe nicht (wie leider so oft) gespielt, sondern herzliche Anteilnahme an der gemeinsamen Not ist, dann formt sie die Seelen nach dem Vorbild Dessen, der der liebevolle Vater der Armen war und ist.[12]

Begleitet wurde diese ausgeprägte Praxis eines religiösen Apostolats von einer eigenständigen Reflexion, die ihrerseits durch einige Lektüren angeregt und bereichert wurde, die in dem künftigen Politiker La Pira tiefe Spuren hinterlassen sollten. Das Tagebuch September 1933 / März 1934 belegt, dass La Pira dabei war, eine ganzheitliche Sicht auf das Verhältnis zwischen Natur und Gnade, Geschichte und Offenbarung, natürlicher und übernatürlicher Welt, Person und Gesellschaft zu entwickeln. Zu seinen Hauptthemen gehört die Beziehung zwischen Gott, der die „Bewegung" der Gnade hervorbringt, und den Menschen, die berufen sind, „Zweitursachen" ebendieser Bewegung zu sein, die in konzentrischen Kreisen die gesamte menschliche Wirklichkeit erfasst, das heißt ausgehend vom Einzelnen auf die Familie, den Berufsstand, die Stadt, die Nation und die internationale Gemeinschaft übergreift.[13]

Zwischen 1934 und 1938 erlebt La Pira einen echten und eigentlichen Moment des Übergangs vom Apostolat der

12 La Pira, *Lettere a casa*, S. 51.

13 Vgl. P. D. Giovannoni, *Giorgio La Pira e la civiltà cristiana tra fascismo e democrazia (1922–1944)*, S. 62–71 u. 195–216.

Nächstenliebe zum Apostolat der Politik. Es handelt sich um einen in existentieller Hinsicht geradezu natürlichen, in spirituelle Hinsicht jedoch eher komplexen Prozess, und es ist der Mühe wert, hierüber einige Worte zu verlieren. Einerseits entspricht der Übergang zur „Politik“ dem inneren Drang, alles Tun in der – ausgesprochen kontemplativen – Dimension der Beziehung zum auferstandenen Christus zu vereinigen, die keine Gleichgültigkeit gegenüber der Sache der Armen, der Leidenden und der Verfolgten duldet; andererseits ist der Übergang das Resultat einer leidenschaftlichen intellektuellen Forschung, die er in erster Linie als Jurist und Experte für römisches Recht betreibt.

Was die universitäre Forschung und Lehre betrifft, sucht La Pira wie schon als Student weiter nach dem universalen Prinzip, das die menschliche Gesellschaft eint. Gerade dank der römischen Jurisprudenz der klassischen Antike, deren Argumentationsprozesse auf der aristotelischen Logik fußen, hatte La Pira in der Natur des Menschen und in seinen Zielsetzungen jenes einheitliche, einigende und universale Prinzip ausgemacht, das nicht nur dem römischen Recht (in seinen Augen ein nicht zu übertreffender Höhepunkt und Stützpfeiler jedes Rechts, das diesen Namen verdient), sondern auch dem Gesetz der Geschichte zugrunde liegt. Das unmittelbare und eingehende Studium der *Summa Theologiae* des heiligen Thomas ermöglicht ihm eine Vertiefung auf anthropologischer Ebene, die ihm als „Gerüst“ für seine theologischen Interessen dient.[14] Zu den Autoren seiner Jugend wie Vico, Bossuet, Lamennais und Blondel kommen nun die Schriften des Philosophen und Theologen Vito Fornari – Leiter der Nationalbibliothek in Neapel und Verfasser einer *Vita*

14 Vgl. V. Possenti, *La Pira tra storia e profezia. Con Tommaso maestro*, Genua (Marietti) 2004.

di Gesù Cristo, in der er die Weltgeschichte von Jesus Christus her deutet – sowie des Priesters Alphonse Gratry hinzu, den seine Bekehrung zum christlichen Glauben zur Ausarbeitung eines anthropologischen und sozialen Denkens veranlasst hatte, in dessen Zentrum eine einheitliche Sicht der zum Spirituellen hin geöffneten menschlichen Person steht. Es gibt keinen Kontinuitätsbruch zwischen dem Fachmann für römisches Recht La Pira und dem Apostel Jesu La Pira, weil gerade das römische Recht mit seiner naturrechtlichen Fundierung La Pira die „natürliche" Grundlage seines Menschen- und Gesellschaftsbildes liefert.

Nicht zufällig betrachtet er das Jahr 1934 als den Beginn seines politischen Wirkens: In der Eucharistiefeier mit den Armen der Stadt Florenz findet er auf sakramentale Weise jene Einheit „verwirklicht", der die relationale Dimension des Menschen und der Gemeinschaft entgegenstrebt, auf die das „römische Recht" als System hingeordnet ist.

Die korporatistische Neuordnung des faschistischen Staates 1937 und die Verabschiedung der antisemitischen Rassengesetze 1938 sind für La Pira zwei wichtige Gelegenheiten, die Rolle der Katholiken im öffentlichen, zwangsläufig politischen Raum einzufordern. In der von Giovanni Papini und Piero Bargellini – katholischen Intellektuellen, die das faschistische Regime unterstützten und die Annäherung Italiens an Hitlerdeutschland im Wesentlichen befürworteten – geleiteten Zeitschrift *Il Frontespizio* veröffentlicht La Pira zwei Beiträge, die zeigen, dass er nicht nur endgültig in der Politik angekommen, sondern dass in ihm überdies ein auf der Treue zum Evangelium gegründeter Antifaschismus herangereift ist.

In diesen beiden Artikeln, *Natura dell'uomo e ordine giuridico* und *Architettura del corpo sociale*, verwies er auf den geheiligten Wert der menschlichen Person, die jedweder politisch und rechtlich strukturierten gesellschaftlichen Konstruktion vor- und übergeordnet ist.[15] Kein wie auch immer gearteter Staat durfte an der einzig legitimen Grundlegung rütteln: dem Wert der menschlichen Person, der „freien Entfaltung der Persönlichkeit", der in Ehe und Familie verwirklichten „Hinneigung zu den anderen", der „Hinneigung zum Besitz der Dinge" und schließlich zur Gerechtigkeit. Es ging also darum, das Naturrecht als absolut vorgeordnet und den Staat als das Mittel zur Verwirklichung einer konkreten sozialen Gerechtigkeit zu erkennen. Eine auf die Achtung der menschlichen Person gegründete Gesellschaft durfte daher in keiner Weise die beiden fundamentalen Gesetze missachten, die in die Menschennatur hineingeschrieben sind: die „organische und hierarchische Solidarität des Menschengeschlechts" und die „gegenseitige verhältnismäßige Anziehung und Integration unter den Menschen". Die natürlichen Gliederungen der Gesellschaft – die Familie als die erste und grundlegende soziale Struktur, die Stadt, der Staat und die Gesellschaft der Staaten – folgten der Dynamik dieser beiden Gesetze. Die Berufung auf den absoluten Primat des Wertes der menschlichen Person und mithin die Kritik an jeder gesellschaftlichen und politischen Konstruktion, die auf einer vermeintlich in der Arbeiterklasse verkörperten wahren Menschheit, auf einer vermeintlich überlegenen Rasse oder auf einer vermeintlichen Überlegenheit des Staates gegenüber den Einzelnen basierte, waren eine unüberhörbare Warnung vor der antichristlichen Einstellung der kommunistischen, nationalsozialistischen und faschistischen Regime.

---

15 G. La Pira, *Natura dell'uomo e ordine giuridico*, in: *Il Frontespizio* IX (1937)7, S. 487–492; ders., *Architettura del corpo sociale*, in: *Il Frontespizio* X(1938)7, S. 424–429, heute in: G. La Pira, *Principi contro i totalitarismi e rifondazione costituzionale*, hg. v. U. de Siervo, Florenz (Firenze University Press) 2019, S. 5–10 u. 23–28.

La Piras Artikel führten zu einer heftigen und polemischen Reaktion vonseiten Giovanni Papinis, der sich ebenfalls in der Zeitschrift *Il Frontespizio* über die Katholiken lustig machte, die „priesterlicher als die Priester" seien und sich anmaßten, den großen Strategen – das heißt Mussolini, dem von der Geschichte die Aufgabe anvertraut worden sei, die Ereignisse zu steuern – Lektionen in Politik erteilen zu wollen.

Da sich *Il Frontespizio* also offenbar nicht in das Sprachrohr einer katholischen Kritik am faschistischen Regime verwandeln ließ – Letzteres war inzwischen zum „stählernen" Verbündeten Nazideutschlands geworden –, beschloss La Pira, auf eigene Rechnung zu handeln.

Die Zeiten wurden immer schwieriger: Seit Anwendung der Rassengesetze konnte sich niemand mehr über das zutiefst übergriffige, gewalttätige und kriegstreiberische Wesen des Faschismus hinwegtäuschen. La Pira ließ es sich – im Unterschied zur Mehrheit der italienischen Katholiken – nicht nehmen, sein Denken und Handeln in den Dienst der Regimekritik zu stellen: Er gründete eine eigene Zeitschrift mit dem vielsagenden Namen *Principi*, die als Beilage zu *Vita cristiana*, der Zeitschrift der Dominikaner von San Marco, erschien. Dem 1939 erstmals herausgegebenen Blatt war aufgrund der faschistischen Zensur nur ein kurzes Leben beschieden, und doch war es ein wichtiges Zeugnis für die Bemühungen des italienischen Katholizismus, sich der totalitären, rassistischen und bellizistischen Abdrift des Faschismus entgegenzustemmen.[16]

Mit Ausbruch des Zweiten Weltkriegs wird dem Florentiner Professor die Notwendigkeit bewusst, eine neue politische

16 Fondazione La Pira, *La Pira e gli anni di „Principi". La riflessione su Tommaso d'Aquino e la lotta alla dittatura*, Florenz (Cultura Nuova Editrice) 1993.

Klasse heranzubilden, die sich nach dem Zusammenbruch des Regimes in den Dienst des moralischen, politischen und wirtschaftlichen Wiederaufbaus Italiens stellen wird.

Er nimmt an den Treffen teil, die seit dem Frühjahr 1941 im Haus des Philosophiedozenten Professor Umberto Padovani in Mailand stattfinden: Die Intellektuellen, die dort zusammenkommen – überwiegend Angehörige der *Università Cattolica del Sacro Cuore* –, sind von dem Willen beseelt, die christlichen Grundlagen eines neuen Gesellschafts- und Staatsmodells zu definieren: Unter ihnen sind Giuseppe Dossetti, Amintore Fanfani, Giuseppe Lazzati, Gustavo Bontadini und Sofia Vanni Rovighi, um nur einige zu erwähnen. Zusätzlichen Auftrieb erhalten diese Versammlungen durch die weihnachtliche Rundfunkbotschaft Pius' XII. von 1942, in der der Papst die Katholiken dazu aufruft, aktiv am Aufbau der nahen Zukunft mitzuwirken.

Außerdem wird La Pira häufig zu den Versammlungen der FUCI und des *Movimento dei Laureati Cattolici* eingeladen und verfasst Artikel für die Presseorgane der beiden Organisationen, *Azione Fucina* und *Studium*; vor allem aber beginnt er die Zusammenarbeit mit dem *Osservatore Romano*. 1943 gehört er zu den Experten, die bei der Abfassung des „Codice di Camaldoli“ hinzugezogen werden, eines von katholischen Intellektuellen und Wissenschaftlern ausgearbeiteten Dokuments, das mit Fug und Recht als Manifest des politisch engagierten Katholizismus bezeichnet werden kann.

Viele Jahre später, 1974, schrieb La Pira im Rückblick auf jene Jahre:

> Das Denken des Aquinaten diente unserem Weg und unserer Hoffnung als Leuchte und Leitstern! Dank dieses Lichts konnten wir die in gewisser Hinsicht dunkelste Etappe der Weltgeschichte (die des „teuflischen Plans“

der „Endlösung" für das Volk Israel und die Völker der gesamten abrahamitischen Familie und der tausendjährigen Herrschaft des Hakenkreuzes und der arischen Rasse über alle Völker) mit einer gewissen intellektuellen und historischen Sicherheit durchschreiten und vom härtesten Winter zum ersten fernen Aufdämmern eines verheißungsvolleren Frühlings und Sommers der Weltgeschichte übergehen (dieses Bild stammt aus der berühmten Ansprache Pius' XII. über die historische Hoffnung vom 19. März 1958): jener in gewisser Hinsicht „messianischen" Zeit, auf die Jesaja hinweist (11,1 f.).[17]

In der Zeit der Rassenverfolgungen engagiert sich La Pira in dem von Kardinal dalla Costa initiierten und unter anderem von Pater Cipriano Ricotti vom Kloster San Marco koordinierten Hilfsnetzwerk für die jüdischen Familien. Hervorzuheben ist, dass gerade in diesen Jahren in La Pira die Ahnung einer „geheimnisvollen und göttlichen Verwandtschaft"[18] zwischen dem jüdischen und dem christlichen Glauben heranreift. Die 1951 in Florenz gegründete *Amicizia ebraico-cristiana* hat ebenso wie die theologische Beschäftigung mit dem „Geheimnis Israels" im Dialog mit dem toskanischen Theologen Divo Barsotti und später mit den sensibelsten Vertretern der europäischen Theologie ihren Ursprung in ebenjener traumatischen Erfahrung der Verfolgungen.[19]

---

17 G. La Pira, *Omaggio al Maestro*, in *La Badia* IV(1980), S. 12.
18 Vgl. L. Martini, *Premesse teologiche a una politica. Giorgio La Pira, il destino di Israele e la „geografia della grazia"*, in: ders. (Hg.), *Giorgio La Pira e la vocazione di Israele*, Florenz (Giunti) 2005, S. 147–221.
19 L. Martini, *Cristiani ed ebrei in dialogo a Firenze nel ‚900*, in: *L'identità religiosa di Firenze nel Novecento. Memoria e dialogo*, Florenz (Polistampa) 2002, S. 112–132.

Als Florenz 1943 von den Nationalsozialisten besetzt und nach La Pira gefahndet wird, versteckt sich dieser in Fonterutoli im Landhaus seines Freundes Jacopo Mazzei und später bei Freunden in Rom. Einer dieser Freunde ist Giovanni Battista Montini.

Zwischen 1940 und 1943 wurde La Pira immer deutlicher bewusst, dass die katholische Kultur einer gelasseneren und reiferen Auseinandersetzung mit der politischen Moderne bedurfte: Das Ziel bestand nach wie vor im Wiederaufbau einer neuen christlichen Gesellschaft – eines echten „Mittelalters“ –, die aber dort, wo es notwendig war, an die neuen Zeiten angepasst werden sollte, wie es übrigens auch Jacques Maritain in *Humanisme intégral* aufgezeigt hatte.[20]

Nach dem Ende der Einzelerfahrung der *Principi* beschäftigte sich La Pira mit zwei unterschiedlichen, aber voneinander abhängigen Forschungs- und Betätigungsfeldern: einerseits der Entwicklung eines eigenständigen gemeinschaftlichen Personalismus, der in *Il valore della persona umana*[21] (diese

---

20 Vgl. G. La Pira, *Finalità del diritto canonico e di ogni altro diritto,* in: *Bollettino di Studium* V(1939)5, S. 6; ders., *Sull'idea di giustizia,* in: *Azione Fucina* XIV(1941)7, S. 3; ders., *La fede e la vita. Relazione alla Sesta Settimana di Cultura Religiosa del Movimento Laureati di Azione cattolica, Camaldoli 26 agosto–2 settembre 1941*, in: *Studium* XXXVII(1941)10, S. 340–342; ders., *Cultura cristiana*, in: *Azione Fucina* XIV(1941)34, 20. Oktober 1941; ders., *Coscienza sociale cristiana*, in: *Bollettino di Studium* VII(1941)12, S. 3; ders., *Il diritto come esigenza sociale,* in: *Le attività delle associazioni universitarie di ACI*, Studienjahr 1942/43, Rom 1942, S. 87 ff., heute in: ders., *La casa comune. Una costituzione per l'uomo*, hg. v. U. de Siervo, Florenz (Cultura editrice) 1979, S. 69–77; ders., *Temi cristiani particolarmente sentiti. Prolusione al Convegno di zona delle associazioni universitarie di Azione cattolica dell'Italia Centrale, Firenze 30 aprile–2 maggio 1943*, in: *Azione Fucina* XVI(1943)9, 10. Mai 1943, S. 1.

21 G. La Pira, *Il valore della persona umana*, Mailand (Istituto di

Schrift war bereits im Sommer 1943 druckfertig, erschien jedoch erst 1947) seinen vollendeten Ausdruck finden sollte; und andererseits dem an die italienischen Katholiken gerichteten Aufruf, über die Grundlagen eines christlichen Wiederaufbaus der Gesellschaftsstruktur nachzudenken: eine Aufgabe, die nach dem Zusammenbruch des Faschismus am 25. Juli 1943 und während des Widerstands immer dringlicher werden sollte. Mithin ist es bezeichnend, dass die ausgereifteren Überlegungen, die La Pira zwischen 1943 und 1944 entwickelte und schließlich in *La nostra vocazione sociale*[22] und *Premesse della politica*[23] niederschrieb, in einigen seiner Artikel aus den Jahren 1941/42 bereits vorweggenommen waren.

Die Hinwendung zur aktiven Politik: der *Ente Comunale di Assistenza*, die Verfassunggebende Versammlung und das Arbeitsministerium

Die Jahre zwischen 1944 und 1950 sind ein entscheidender Abschnitt in La Piras Leben: Der Vorsitz im *Ente Comunale di Assistenza* (ECA), dem wichtigsten städtischen Sozialdienst von Florenz, seine Wahl in die Verfassunggebende Ver-

---

Propaganda Libraria) 1947; 2., hier zitierte Aufl.: Florenz (Libreria Editrice Fiorentina) 1954, 1962.

22 G. La Pira, *La nostra vocazione sociale*, Rom (AVE) 1945, 1964, 2004. Wir zitieren aus der letztgenannten, von M. de Giuseppe besorgten Ausgabe; eine weitere Ausgabe ist 1958 in Rocca di Papa (Edizioni per un Mondo Migliore) und Rom (Centro Internazionale Pio XII) erschienen.

23 *Premesse della politica* (Florenz [Libreria Editrice Fiorentina] 1945, 1954, 1978, 2004) enthielt La Piras gesammelte Vorlesungen, die er im Frühjahr 1944 in Rom bei einem vom ICAS (Istituto Cattolico di Attività Sociale) organisierten sozialen Orientierungskurs an der Lateranuniversität gehalten hatte.

sammlung und seine Regierungserfahrung als Untersekretär des Arbeitsministeriums im Kabinett de Gasperi V, das sich nach den Wahlen von 1948 gebildet hatte, beschäftigten den florentinischen Professor auf der Ebene nicht nur des konkreten Handelns, sondern auch der theoretischen, insbesondere verfassungsrechtlichen und wirtschaftlichen Vorüberlegungen. Außerdem darf man nicht vergessen, dass die Diskussion über die verfassungsrechtliche Bedeutung des Völkerrechts und der Beitritt der neuen Republik zum Atlantikpakt La Pira zwangen, sein Denken auch auf ausgesprochen internationale Fragen auszuweiten.

Der Vorsitz im Verwaltungsrat des ECA war La Piras erste öffentliche Verwaltungserfahrung, und er übte diese Funktion – was nicht ohne politisch-institutionelle Reibungen abging – bis zum Beginn seiner dritten Amtszeit in der obersten florentinischen Behörde ununterbrochen aus. Diese ungewöhnliche Ämterhäufung (eine Häufung nicht etwa von Posten und Zulagen, sondern von Verantwortung und Arbeit) weist darauf hin, dass diese Erfahrung für La Pira in zweifacher Hinsicht wichtig war: einerseits richtunggebend im Hinblick auf seine Tätigkeit als Bürgermeister von Florenz und andererseits ein nicht unwichtiges Mittel – eine Art soziale Superbehörde in Zeiten einer fortwährenden sozioökonomischen Krise – seines Verwaltungshandelns. Schon in seinen ersten Reden vor dem Verwaltungsrat erklärte La Pira, dass das soziale Handeln des *Ente* vom Grundprinzip der Verteilungsgerechtigkeit geleitet sein sollte:

> Dieses Eingreifen mittels ordentlicher und außerordentlicher Hilfen in Form von Geldern, Lebensmitteln, Kleidung oder Medikamenten wird nicht als „Wohltätigkeit“, sondern als ein Akt der Verteilungsgerechtigkeit betrachtet, die der Staat durch den ECA übt, um der schlecht

> durchdachten Struktur der derzeitigen gesellschaftlichen und wirtschaftlichen Verhältnisse gewissermaßen abzuhelfen [...] die Hilfsmaßnahme, die wir zugunsten der Bedürftigen ergreifen, ist ein Akt der Verteilungsgerechtigkeit; das heißt ein Akt, mit dem man dem, der ein Recht darauf hat, einen verhältnismäßigen Anteil am Gemeinwohl zuweist.[24]

Ein knappes Jahr später wurde La Pira in die Verfassunggebende Versammlung gewählt und zum Mitglied der „Kommission der 75" ernannt, die die neue Verfassung der Republik entwerfen sollte. Er gehörte der ersten Unterkommission an, deren besondere Aufgabe darin bestand, die allgemeinen Grundsätze, die Freiheitsrechte, die sozialen Rechte und ihre Förderung, die Beziehungen zur katholischen Kirche und die Beziehungen zu den anderen religiösen Konfessionen zu umreißen.

Über einen Großteil der Themen, mit denen sich die erste Unterkommission befasste, hatte La Pira seit Ende der 1930er Jahre geforscht, nachgedacht und geschrieben: die heilige und unverletzliche Würde des Menschen, den er nicht abstrakt, sondern in seinen alltäglichen konkreten Bedürfnissen und Sehnsüchten betrachtete; die Möglichkeit/Notwendigkeit eines staatlichen Eingreifens in das Wirtschaftsleben zwecks Ausräumung all dessen, was der vollen Entfaltung der Person im Wege stand; die Laizität des Staates und seine Beziehung zur katholischen Kirche.

Für La Pira war die Kommissionsarbeit eine in intellektueller wie spiritueller Hinsicht überaus intensive Erfahrung:

---

24 S. Nerozzi, *Politica sociale ed esperienza amministrativa. Giorgio La Pira dall'ECA al Ministero del Lavoro (1944–1950)*, in P. Roggi (Hg.), *L'attesa della povera gente. Giorgio La Pira e la cultura economica anglosassone*, Florenz (Giunti) 2005, S. 81.

Sein Mitwirken an der Niederschrift der Verfassung brachte ihn mit allen kulturellen und politischen Bereichen (Liberalen, Sozialisten, Kommunisten) des Landes ins Gespräch, die mit ihrem Widerstand zum Zusammenbruch des Faschismus beigetragen hatten.

La Pira arbeitete mit wichtigen Vertretern des Kommunismus und des Sozialismus wie Lelio Basso und Palmiro Togliatti, aber auch mit lieben Freunden wie Piero Calamandrei, die im *Partito d'Azione* eine maßgebliche Rolle spielten, und auf synergetische Weise mit Giuseppe Dossetti, Amintore Fanfani, Giuseppe Lazzati und Aldo Moro zusammen.[25] Die sogenannte „Dossetti-Gruppe" war eine Seele der *Democrazia Cristiana* und zeichnete sich besonders durch ihre Entschlossenheit aus, die in der italienischen Verfassung festgeschriebenen Forderungen nach sozialer Gleichheit umzusetzen: Forderungen, die nicht nur die institutionelle Architektur des Staates, sondern auch das soziale, politische und ökonomische Gefüge der neuen Republik zu verändern vermochten. Gemeinsam riefen Dossetti, La Pira, Fanfani und Lazzati die Zeitschrift *Cronache sociali* ins Leben, die ihnen als Plattform der politischen Reflexion und Kommunikation diente.

La Pira also war einer der Hauptakteure in jener Gruppe innerhalb der *Democrazia Cristiana*, die davon überzeugt war, dass zwischen der neuen Republik und dem alten, präfaschistischen liberalen Staat ein deutlicher Bruch vollzogen werden musste. Das damalige Verfassungsmodell hatte den Aufstieg des Faschismus nicht verhindern können und die Grenzen der liberalen Demokratien aufgezeigt, die keine ech-

25 Vgl. P. Pombeni, *Il gruppo dossettiano e la fondazione della Democrazia Cristiana (1938–1948)*, Bologna (Il Mulino) 1979; V. Peri, *La Pira, Dossetti, Lazzati. Nel silenzio la speranza*, Rom (Edizioni Studium) 1998.

te Demokratie der Beteiligung und der Förderung der Person und der Gemeinschaften hatten hervorbringen können, weil sie unfähig gewesen waren, Eigentum und Wohlstand fair zu verteilen und so die soziale Gleichheit zu gewährleisten.

Obwohl sie für unterschiedliche ideologische und politische Strömungen standen, hatten die Väter der italienischen Verfassung ein gemeinsames Anliegen: eine tragfähige Demokratie zu gründen, die sich nicht darauf beschränkte, eine abstrakte Gleichheit aller vor dem Gesetz zu garantieren, sondern geeignet war, die Freiheit und Gleichheit aller sicherzustellen. Mehr als jedes andere Zitat vermag Artikel 3 der italienischen Verfassung den Horizont der Väter der Republik und damit auch La Piras zu verdeutlichen:

> Alle Staatsbürger haben die gleiche gesellschaftliche Würde und sind vor dem Gesetz ohne Unterschied des Geschlechts, der Rasse, der Sprache, des Glaubens, der politischen Anschauungen, der persönlichen und sozialen Verhältnisse gleich. Es ist Aufgabe der Republik, die Hindernisse wirtschaftlicher und sozialer Art zu beseitigen, die durch eine tatsächliche Einschränkung der Freiheit und Gleichheit der Staatsbürger der vollen Entfaltung der menschlichen Person und der wirksamen Teilnahme aller Arbeiter an der politischen, wirtschaftlichen und sozialen Gestaltung des Landes im Wege stehen.

La Piras Beitrag zur Ausarbeitung der Verfassung bestand darin, dass er seine inzwischen gereiften und geordneten Überlegungen zum transzendenten Wert der menschlichen Person, zum Vorrang ihrer relationalen Natur vor dem Staat (dass also Familie, Kirche, Vereine, Städte nicht aus dem Staat, sondern aus der Gesellschaft hervorgehen) sowie zur Notwendigkeit des staatlichen Eingreifens in das wirtschaftliche und gesellschaftliche Leben zwecks Ausräumung all dessen, was Gleichheit und Freiheit und damit die effektive Beteiligung aller am demokratischen Leben des Landes zu rein abstrakten Begriffen macht, in die Versammlung einbrachte. Grundlage von alledem ist die Arbeit, das eigentliche Fundament der Republik und mithin ein Recht und zugleich eine Pflicht all ihrer Bürger. Der Staat hat mithin die Pflicht, die Freiheit zu fördern, um die Person von der Sorge um die grundlegenden Bedürfnisse zu befreien und so ihre ganzheitliche Entfaltung zu ermöglichen. Folglich ist es die Aufgabe des Staates und der Politik, Arbeit, Obdach, Wohlfahrt und Bildung zu gewährleisten.

Die italienische Verfassung stellte eine unauflösliche Verbindung zwischen der neuen Republik und der entstehenden internationalen Gemeinschaft her, zu deren Errichtung Italien dadurch beitragen würde, dass es „den Krieg als Mittel des Angriffes auf die Freiheit anderer Völker und als Mittel zur Lösung internationaler Streitigkeiten“ ablehnte, „unter der Bedingung der Gleichstellung mit den übrigen Staaten […] den Beschränkungen der staatlichen Oberhoheit zu[stimmte], sofern sie für eine Rechtsordnung nötig sind, die den Frieden und die Gerechtigkeit unter den Völkern gewährleistet“, und schließlich „die auf diesen Zweck gerichteten überstaatlichen Zusammenschlüsse“ förderte.

An der programmatischen Verbindlichkeit der Verfassung schieden sich die Geister, was dazu führte, dass sich Dossetti, Lazzati, Fanfani und La Pira von de Gasperis Linie distanzierten: Ihnen schien das Regierungshandeln allzu sehr vom Liberalismus geprägt und, was die programmatischen Werte der Verfassung betraf, allzu kompromissbereit.

Seine Beteiligung am Kabinett de Gasperi V, dem er von Mai 1948 bis Januar 1950 als Untersekretär des Arbeitsministeriums angehörte, stellte für La Pira eine grundlegende Erfahrung dar: Er musste nicht nur konkrete und schwierige Tarifverhandlungen führen, sondern sich überdies mit der neuesten Wirtschaftsliteratur, namentlich den Arbeiten von William Beveridge und John Maynard Keynes, und mit den konkreten Umsetzungen dieser wirtschaftspolitischen Strömungen in Großbritannien und den Vereinigten Staaten von Amerika auseinandersetzen. Aus dieser intensiven intellektuellen Anstrengung, die auch für einen Dozenten in römischem Recht nicht selbstverständlich war, und aus der konkreten Regierungsarbeit ging La Piras sicherlich berühmtester Artikel hervor, *L'attesa della povera gente*, dem nach zahlreichen Entgegnungen ein zweiter folgte: *La difesa della povera gente*. Beide Beiträge erschienen zunächst in den *Cronache sociali* und wurden später gemeinsam mit einer dichten und ebenfalls sehr bedeutsamen *Introduzione* zu einem eigenen Band zusammengefasst.[26] Die von La Pira vertretenen Standpunkte führten zu einer lebhaften nationalen Debatte über die Wirtschaftspolitik der Regierung und über die Frage, welche Rolle der Staat beim wirtschaftlichen Wiederaufbauprozess übernehmen sollte.

Die Differenzen zwischen der Dossetti-Gruppe und der Mehrheit der Führung der *Democrazia Cristiana* betrafen nicht nur die Wirtschafts-, sondern auch die Außenpolitik. Erstere war zwar nicht *tout court* gegen einen Beitritt zum Atlantikpakt, hätte sich aber für Italien eine größere außenpolitische Unabhängigkeit gewünscht. In den letzten Monaten

---

26 G. La Pira, *L'attesa della povera gente*, in: *Cronache sociali*, Nr. 1, 15. April 1950, S. 2–6; ders., *Difesa della povera gente*, in: *Cronache sociali*, Nr. 5–6, 1. Juli 1950, S. 1–9; außerdem in: ders., *L'attesa della povera gente*, Florenz (Libreria Editrice Fiorentina) 1952, 1977. S. auch P. Roggi, *I cattolici e la piena occupazione. L'attesa della povera gente di Giorgio La Pira*, 2. Aufl. mit neuen Dokumenten und einer neuen Einleitung, Mailand (Giuffré) 1998; ders. (Hg.), *L'attesa della povera gente. Giorgio La Pira e la cultura economica anglosassone.*

des Jahres 1948 wird im Nationalrat und in den Fraktionen der *Democrazia Cristiana* über die Zugehörigkeit zur NATO debattiert: Die Dossettianer vertraten mit Blick auf die historische Bedeutung des Mittelmeerraums die Auffassung, dass Italien sich seine internationale Eigenständigkeit bewahren müsse. Noch klarer waren die Ansichten des Präsidenten der Abgeordnetenkammer Giovanni Gronchi und ihm nahestehender Parlamentarier wie des florentinischen Delegierten Renato Cappugi: Sie waren gegen eine Weltpolitik, die von der Aufteilung in zwei entgegengesetzte Militärbündnisse bestimmt wurde.

Der Koreakrieg gibt La Pira erstmalig Gelegenheit, sich direkt in einer internationalen Angelegenheit zu äußern. Aus den Protokollen der Nationalratssitzung der *Democrazia Cristiana* vom 24. Januar 1951 wissen wir, dass Giorgio La Pira die Frage nach dem wirklichen Gewicht Italiens im internationalen Kontext zur Sprache brachte: Eine korrekte Analyse des Kampfs zwischen Kommunismus und Antikommunismus, so erklärte er, werde berücksichtigen müssen, dass auch in der Außenpolitik nicht nur das politische und das militärische, sondern zudem das wirtschaftliche, soziale, kulturelle und religiöse „Gewicht" eine Rolle spiele: Millionen von Menschen würden aufgrund ihrer persönlichen wirtschaftlichen Lage auf die Kräfte des internationalen Kommunismus vertrauen.[27]

Dieser Wortbeitrag zeigt bereits, welchen antikommunistischen Kurs La Pira national wie international einschlagen wird: Um den Kommunismus aufzuhalten, würde es nicht ausreichen, Machtstellungen zu erobern; vielmehr würde man im

27 Vgl. A. Giovagnoli, *I dossettiani dalla guerra di Corea al VII Governo De Gasperi*, in: Roggi (Hg.), *L'attesa della povera gente. Giorgio La Pira e la cultura economica anglosassone*, S. 169–191.

Inneren wie international gesellschafts- und entwicklungspolitische Maßnahmen ergreifen müssen, die verhindern konnten, dass die Arbeiterwelt und die Bevölkerungen der Schwellenländer in den Bannkreis der Sowjetunion gerieten.

Florenz als konstitutionelles Versuchslabor der nationalen Politik

1951 erklärte sich La Pira bereit, bei den Kommunalwahlen in Florenz als Spitzenkandidat der *Democrazia Cristiana* anzutreten. Am 5. Juli wählte ihn der neue Stadtrat mit einer Mehrheit zum Bürgermeister, die neben den Stimmen der DC auch Sozialdemokraten, Republikaner und Liberale umfasste; La Pira trat die Nachfolge des Kommunisten Mario Fabiani an, der in den vier vorangegangenen Jahren eine Linksregierung geführt hatte.

Unter La Pira wird die Stadt Florenz zu einem Versuchslabor der nationalen und internationalen Politik: La Pira wollte zeigen, dass das Modell des liberalen Staates, der die Ungleichheiten strukturell vervielfachte, überwunden und gleichzeitig die sozialkommunistischen Kräfte auf ihrem eigenen Terrain, der Politik der sozioökonomischen Umverteilung, geschlagen werden konnten. Die *Democrazia Cristiana* machte es sich zur Aufgabe, durch Taten – und nicht nur durch Parolen oder durch den zweckdienlichen Hinweis auf die päpstliche Verurteilung des Kommunismus – zu beweisen, dass eine vom Evangelium inspirierte Gesellschafts- und Wirtschaftspolitik möglich war. Nur dieser beschwerliche, enge, aber unvermeidliche Weg würde zum Sieg über den Kommunismus führen, der die Freiheit – vor allem die Religionsfreiheit – und damit die Würde des Menschen leugnete. Eine Wette, so könnte man sagen, die sich nur mittels einer Politik gewinnen ließ, die konkret und strukturell auf die „Erwartungen der Armen“ zu reagieren vermochte.[28]

La Pira hatte eine klare Vorstellung von der Stadt: Sie war eine Gemeinschaft und auf den Menschen zugeschnitten, dem, basierend auf dem Schutz und der Förderung der sozialen Rechte, das Recht – und die Freiheit – garantiert werden musste, seine Persönlichkeit voll zu entfalten, wie in der Verfassung der Republik vorgesehen. Die daraus resultierende Sozialpolitik, die ein direktes Eingreifen der öffentlichen Institutionen vorsah, rief auch im Innern seiner Partei Reaktionen und den Widerstand jener Kräfte hervor, die sich den Interessen der Unternehmer verschrieben hatten; Letztere verlangten eine Blankovollmacht in puncto Entlassungen und erwarteten außerdem, dass die Umsetzung einer wirklich integrativen Sozialpolitik auf unbestimmte Zeit verschoben wurde. Diesen Kräften erteilte der Bürgermeister nach dreijährigem Kampf am 24. September 1954 im Stadtrat eine Antwort, die an Deutlichkeit nichts zu wünschen übrigließ:

> Meine Herren Ratsmitglieder, ich erkläre Ihnen mit brüderlicher, aber entschiedener Festigkeit: Mir gegenüber haben Sie nur ein einziges Recht, nämlich, mir das Vertrauen zu entziehen! Aber Sie haben nicht das Recht, zu sagen: Herr Bürgermeister, kümmern Sie sich nicht um die, die Arbeit (weil sie entlassen wurden oder ohne Anstellung sind), Obdach (weil ihnen die Wohnung gekündigt wurde) oder Hilfe brauchen (Alte, Kranke, Kinder usw.). Dies ist meine grundlegende Pflicht: eine Pflicht, die keine Unterscheidungen duldet und die mir noch vor meiner Stellung als Oberhaupt der Stadt – und mithin

---

28 Vgl. L. Pagliai, *Per il bene comune: poteri pubblici ed economia nel pensiero di Giorgio La Pira*, Florenz (Polistampa) 2009.

> Oberhaupt der einen und solidarischen Stadtfamilie – mein Gewissen als Christ auferlegt: Was hier auf dem Spiel steht, ist das eigentliche Wesen der Gnade und des Evangeliums! Wenn einer leidet, habe ich eine präzise Verpflichtung: auf jede erdenkliche Weise und mit allen Mitteln, die die Liebe mir eingibt und das Gesetz mir bietet, zu intervenieren, damit dieses Leiden gemindert oder gemildert wird. Eine andere Verhaltensregel für einen Bürgermeister im Allgemeinen und für einen christlichen Bürgermeister im Besonderen gibt es nicht![29]

Das größte Problem, das es in den ersten Monaten seiner Amtszeit zu lösen galt, war die Wohnungsnot. Die Zahl der Kündigungen nahm spürbar zu: von 437 im Jahr 1950 auf 799 im Jahr 1951; 1952, so die Prognose, würden es über 1.000 sein. Der Stadtrat reagierte mit der Verabschiedung eines ambitionierten Programms für den städtischen Wohnungsbau; um in der Zwischenzeit Abhilfe zu schaffen, bat man einige Immobilieneigentümer, der Stadt vorübergehend eine Reihe leerstehender Wohnungen zu vermieten. Die negativen Antworten auf dieses von der Not diktierte Ersuchen veranlassten den Bürgermeister zu seiner ersten aufsehenerregenden Entscheidung: Er ließ die betreffenden Immobilien beschlagnahmen. Dabei berief sich La Pira auf ein Sondergesetz aus den Jahren, als Florenz die Hauptstadt Italiens gewesen war (1865–1871): eine Regelung, die diesmal jedoch nicht auf die städtebaulichen Erfordernisse der Hauptstadt eines neuen Königreichs, sondern auf die Bedürfnisse der Ar-

---

29 G. La Pira, *Una riflessione in Consiglio comunale sugli eventi di agosto*, in: *Giorgio La Pira Sindaco*, Bd. I: *1951–1954*, hg. v. U. de Siervo – Giorgio Giovannoni – Gianni Giovannoni, Florenz (Cultura Nuova Editrice) 1988, S. 454.

men angewandt wurde: „Das Problem einer Unterbringung der Obdachlosen" – so hieß es in der Verfügung – „erfüllt die Voraussetzungen für einen schwerwiegenden öffentlichen Notstand"[30].

Die Umsetzung der Pläne für den öffentlichen Wohnungsbau wurde durch die Notmaßnahmen nicht verlangsamt: Am 6. November 1954 konnte La Pira bei der Einweihung des neuen Stadtviertels Isolotto darauf verweisen, dass in weniger als zwei Jahren 1.005 Wohnungen fertiggestellt, 100 Gebäude mit 22 Geschäften und 10.700 Meter neue Straßen gebaut sowie 11.334 Meter Abwasserkanäle und 4.550 Meter Gasleitungen verlegt worden waren; hierzu hatte man drei Millionen Arbeitsstunden benötigt und insgesamt dreieinhalb Milliarden Lira (eine war von der Stadt, die anderen zweieinhalb im Rahmen des von Amintore Fanfani initiierten INA-Casa-Plans bereitgestellt worden) investiert. Die neue Richtung der von Keynes und Beveridge inspirierten Wirtschaftspolitik hatte ein konkretes Gesicht bekommen: ein auf den Menschen zugeschnittenes Wohnviertel.

Das Programm des Bürgermeisters bezog auch die Produktionsstätten der Stadt mit ein. Während seiner ersten Amtszeit brachte La Pira (nicht zuletzt mit dem Ziel, dass alle florentinischen Schulkinder als Ergänzung ihrer oft mangelhaften Ernährung täglich ein Glas Milch bekamen)[31] die Einrichtung der Milchzentrale, das kommunale Apothekennetzwerk, den Bau des neuen Obst- und Gemüsemarkts und den Wiederaufbau der während des Zweiten Weltkriegs zerstörten Brücken auf den Weg.

---

30 Vgl. U. di Tullio, *Le requisizioni di Giorgio La Pira. Analisi storicogiuridica*, Rom (Editrice La Parola) 1987.

31 Vgl. L. Pagliai, *Giorgio La Pira e il „piano latte". La funzione sociale della Centrale*, Florenz (Polistampa) 2010.

Das „Rückgrat“ der florentinischen und nationalen Wirtschaft aber, das für immer mit dem Namen La Pira verbunden sein wird, ist ohne Zweifel die metallverarbeitende Fabrik *il Pignone*, benannt nach dem Florentiner Stadtviertel, in dem sie ursprünglich ansässig war. Das Unternehmen hatte während des Krieges als Waffenhersteller expandiert und nach dem Zweiten Weltkrieg eher erfolglos einen Neuanfang in der Webstuhlproduktion versucht. Obwohl die Muttergesellschaft, die SNIA Viscosa, die Belegschaft im Januar 1953 bereits verkleinert hatte, kündigte sie im November des Folgejahres die Schließung der Produktionsstätten an, was zu sofortigen Protestkundgebungen der Arbeiter und zur Besetzung des Fabrikgeländes führte. Der Bürgermeister ergriff öffentlich ihre Partei: nicht nur, um das Recht auf Arbeit zu verteidigen, sondern zudem mit einer klaren Strategie für die Wirtschaft der Stadt gemäß den in *L'attesa della povera gente* beschriebenen Grundsätzen. Angesichts der Unnachgiebigkeit der SNIA Viscosa – der Konzern hielt die Aufträge, die die Regierung ihm zugesichert hatte, um die Schließung abzuwenden, für unzureichend – appellierte La Pira an sämtliche politischen Kräfte, an alle Einrichtungen der Republik und an alle italienischen Bischöfe, den Papst höchstpersönlich miteingeschlossen.

Nach langwierigen Verhandlungen wurde am 14. Januar 1954 der Vertrag unterzeichnet: Der von Enrico Mattei geführte *Ente Nazionale Idrocarburi* (ENI) würde sich als Mehrheitsaktionär am *Nuovo Pignone* beteiligen, einer Gesellschaft, die Turbinen für die Erdölgewinnung produzieren und viele Jahre lang das Flaggschiff der italienischen Staatsindustrie sein sollte. Das Unternehmen, das 1993 von General Electric und 2019 von Baker Hughes aufgekauft wurde, ist bis heute der wichtigste herstellende Betrieb von Florenz.

Ähnliche Kämpfe führte La Pira auch für die anderen lebenswichtigen Bestandteile der florentinischen Industrie, die ohne das Eingreifen des Stadtrats geschlossen oder erheblich verkleinert worden wären: den Automobilhersteller *Officine Galileo*, das metallverarbeitende Unternehmen *Fonderia delle Cure* und die Porzellanmanufaktur *Richard Ginori* in Sesto Fiorentino. Für dieses permanente und entschlossene Eingreifen erntete La Pira Kritik jedweder Art; der ungeheuerlichste Vorwurf war der, dass er „den Kommunisten in die Hände spielte". In diesem Zusammenhang ist ein Brief von Bedeutung, den er an Pius XII. schrieb:

> Wie kann ich an der Spitze einer Stadt stehen, in der das gesamte Industriesystem (die drei grundlegenden städtischen Industrien) zugrunde gerichtet wird oder man dies zumindest versucht hat? Die Flut der entlassenen Arbeiter und ihrer Familien kommt zu mir in den Palazzo Vecchio; zu mir, dem regierenden Bürgermeister; einem christdemokratischen Bürgermeister, glauben sie; sie kommen zu mir und bitten mich um Arbeit und Unterstützung! Und ich, was soll ich tun? Was ihnen sagen? „Wirtschaftliche Konjunktur"? Heiligster Vater, was für eine schmerzliche Lüge versteckt sich hinter diesen raffinierten Worten! „Rationalisierung!" Ich, der ich die wirklichen Arbeitskapazitäten der Unternehmen kenne: der ich das Geflecht aus Sittenlosigkeit und Niedertracht kenne, das sich oft hinter diesen scheinbar so schamhaften Worten verbirgt: übertünchte Gräber! [...] Ich kann das Unrecht nicht gutheißen, niemals: Ich beherrsche die Technik des „politisch-diplomatischen Komplexes" nicht: Ich habe mit den Faschisten Klartext geredet; ich habe, noch deutlicher sogar, mit den Kommunisten Klartext geredet; ich rede auch mit den Eigentümern Klartext, denen nicht bewusst ist, welche große Verantwortung mit den Talenten einhergeht, die Gott ihnen anvertraut. Ich kann nicht ohnmäch-

> tig zusehen, wie unter dem Deckmantel des Gesetzes Ungerechtigkeiten begangen werden.[32]

Bei den Kommunalwahlen von 1956 erhielt der scheidende Bürgermeister trotz des Widerstands der örtlichen Arbeitnehmerorganisation *Confindustria* und etlicher konservativer Kreise die breite Unterstützung der Bevölkerung: 33.907 wahlberechtigte Florentiner stimmten für ihn - ein außerordentlicher Erfolg, wenn man bedenkt, dass es 1951 19.132 gewesen waren. Der Stimmanteil der *Democrazia Cristiana* wuchs von 36,24 % auf 39,27 %. Das neue Wahlgesetz bildete die Kräfteverhältnisse zwischen den verschiedenen Parteien streng proportional ab, schuf aber im Gegenzug eine Situation, in der die Regierungsbildung schwierig war. Ein sozialistisch-kommunistischer Stadtrat hätte keine Mehrheit bekommen und Christdemokraten und Sozialisten waren nicht unter einen Hut zu bringen, obwohl Letztere ihren neuen Kurs bereits eingeschlagen und begonnen hatten, sich von der kommunistischen Partei abzunabeln. Also blieb nur eine Regierungskoalition aus Christ- und Sozialdemokraten, die aber bereits 1957 in eine Krise geriet. La Piras Nachfolge wurde kommissarisch von Lorenzo Salazar übernommen.

In der Zwischenzeit, nach den Wahlen von 1958, zog La Pira wieder ins italienische Parlament ein.

In einem veränderten politischen Klima, das von der Annäherung zwischen *Democrazia Cristiana* und *Partito Socialista* geprägt war - Vorzeichen der späteren Mitte-Links-Koalition –, ermöglichten die Ergebnisse der Kommunalwahlen von 1960 die Bildung einer von La Pira geführten

32 *Brief an Pius XII.*, Weihnachten 1953, in: G. La Pira, *Beatissimo Padre. Lettere a Pio XII*, hg. v. A. Riccardi - I. Piersanti, Mailand (Mondadori) 2004, S. 87–88.

kommunalen Regierung aus christdemokratischen, sozialistischen und sozialdemokratischen Stadträten.

Die dritte von La Pira geführte Florentiner Regierung war von einer ergiebigen Zusammenarbeit zwischen dem Bürgermeister und den sozialistischen Stadträten – namentlich Vizebürgermeister Enzo Enriquez Agnoletti und Stadtbaurat Edoardo Detti – gekennzeichnet. Unter den Maßnahmen dieser dritten La Pira-Verwaltung, die das Gesicht von Florenz am nachhaltigsten geprägt haben, sei hier an den Flächennutzungsplan vom 28. Dezember 1962 erinnert, den Detti selbst als „die mühsame Rettung von Florenz" vor der Immobilienspekulation definierte. Ein umfassender Entwicklungsplan nicht nur der Stadt, sondern auch des Umlands von Florenz, der durch die nachfolgenden, durch lokalistische Blickwinkel und Sichtweisen bedingten Änderungen in Teilen verzerrt wurde, die städtebauliche Entwicklung der Stadt aber dennoch positiv beeinflusst hat und nach wie vor beispielhaft ist für eine echte und wirkungsvolle Gebietsplanung.

Während La Piras dritter Amtszeit wurde Florenz gewissermaßen zum Zentrum der Kriegsdienstverweigerungsdebatte: Am 18. November 1961 organisierte La Pira die Vorführung des Films *Tu ne tueras point* von Autant-Lara, der bei den Filmfestspielen von Venedig gezeigt, in den französischen und italienischen Kinosälen aber wegen „Anstiftung zu Straftaten" verboten worden war. La Piras Initiative sah auch vor, den Chefredakteuren der Zeitungen, die sich am nachdrücklichsten für die „Freiheit der künstlerischen Darbietung" eingesetzt hatten, einen Preis zu verleihen. Mit dieser politischen Aktion sprach er sich klar für ein neues, mit den Grundsätzen der demokratischen Verfassung übereinstimmendes Zensurgesetz aus. Am 13. Januar 1963 ergriff Pater Ernesto Balducci, der eng mit La Pira befreundet und sein Mitarbeiter auf internationalen Kongressen war, in einem unter dem Titel „Kirche und

Vaterland" abgedruckten Interview mit dem *Giornale del Mattino* Partei für Giuseppe Gozzini, den ersten katholischen Kriegsdienstverweigerer aus Gewissensgründen: Im atomaren Zeitalter sei die Verweigerung aus Gewissensgründen angesichts der Totalität des Krieges für die Christen weniger ein Recht als vielmehr eine Pflicht. 1965 verfassten Don Lorenzo Milani und Don Bruno Borghi zwei „offene Briefe" an die beurlaubten toskanischen Militärkapläne, die die Verweigerung aus Gewissensgründen als eine „Feigheit" bezeichnet hatten, die „nichts mit dem christlichen Liebesgebot zu tun" habe. Don Milani schickte seinen *Brief an die Militärkapläne* an die Priester der Diözese und an die örtlichen und nationalen Tageszeitungen, während Don Borghis Stellungnahme in *Politica*, der Zeitschrift des linken Flügels der Florentiner Christdemokraten, erschien, die damals von Nicola Pistelli geleitet wurde; Pistelli setzte sich für einen Gesetzentwurf ein, der die Kriegsdienstverweigerung aus Gewissensgründen anerkannte. Don Milani, der inzwischen erkrankt war und daher nicht zu dem Prozess erscheinen konnte, wo man ihn der Verteidigung einer Straftat bezichtigte, verfasste seinen berühmten *Brief an die Richter*. In der Debatte über die Verweigerung aus Gewissensgründen spielten noch mehrere andere Publikationen eine Rolle, die sich mit der von La Pira geschürten Unruhe in Verbindung bringen lassen: 1966 veröffentlichte der Kriegsdienstverweigerer Fabrizio Fabbrini das Buch *Tu non ucciderai*, in dem er nicht von ungefähr die Akten aus den Prozessen gegen La Pira, Balducci und Milani zusammenstellte; und *La violenza dei disarmati* von Don Luigi Rosadoni, das im selben Jahr erschien, war Giorgio La Pira gewidmet: „dem wehrlosesten aller Menschen, der [...] gezeigt hat, welche Gewalt die Wahrheit besitzt, wenn sie Liebe ist"[33].

---

33 Vgl. B. Bocchini Camaiani, *Il dibattito sull' obiezione di coscien-*

Florenz, die „Stadt auf dem Berg": Versuchslabor der internationalen Politik

Trotz seines mühsamen Kampfs um den Wohnraum und den Schutz der Arbeitsplätze und seines Engagements für den Wiederaufbau nach dem Krieg und die Umsetzung einer ambitionierten Stadtplanung betrachtete La Pira Florenz von Anfang an auch als ein Experimentierfeld für die internationale Politik. Bezeichnend ist, dass La Pira schon im Juni 1952, weniger als ein Jahr nach seiner Wahl zum Bürgermeister, in Florenz ein internationales Treffen organisierte, das den Auftakt zu einer langen Reihe ähnlicher Veranstaltungen bilden sollte.

Es sind die ersten Jahre nach dem Zweiten Weltkrieg. Die Wunden der brudermörderischen Gewalt und der verheerenden Bombenabwürfe über den Städten sind noch nicht vernarbt und offen sichtbar; die internationale Lage ist im prekären Gleichgewicht des „Kalten Krieges" gleichsam eingefroren; die Sowjetunion folgt den Vereinigten Staaten auf dem Weg der nuklearen Aufrüstung; und mit angehaltenem Atem beobachtet eine Welt, die gerade erst den tragischsten Konflikt der Menschheitsgeschichte hinter sich gelassen hat, den Verlauf des Koreakrieges (1950–1953).

La Piras Einsatz für den Frieden war nicht nur von den tiefen Überzeugungen seines christlichen Glaubens, sondern

---

za: il „laboratorio" fiorentino 1961–1966, in: G. Rochat (Hg.), *La spada e la croce. I cappellani italiani nelle due guerre mondiali*, Atti del XXXIV Convegno di studi sulla Riforma e i movimenti religiosi in Italia (Torre Pellice, 28.–30. August 1994), in: *Bollettino della società di studi valdesi* (1995)2, S. 251–286; ders., *Ernesto Balducci. La chiesa e la modernità*, Rom – Bari (Laterza) 2002, S. 171–184; M. Franzinelli, *Don Milani e i cappellani militari*, in: *La spada e la croce*, S. 229–250.

auch von einer schonungslosen Analyse der Wirklichkeit geleitet, in der er angesichts der US-amerikanischen und sowjetischen Atomwaffentests immer deutlicher das paradoxe Bild einer Menschheit erkannte, die derart gefährliche Waffen besaß, dass Krieg und das eigene Überleben sich gegenseitig ausschlossen. Nach einem solchen nuklearen und allumfassenden Krieg würde es weder Sieger noch Besiegte geben: Der Friede war „unvermeidlich" und der Krieg „unmöglich".

Daraus erwuchs die Notwendigkeit, eine Politik des Dialogs zwischen den Nationen und des Kennenlernens zwischen den Völkern zu verfolgen und nach Übereinstimmungen zwischen den verschiedenen Ideologien, Kulturen und Religionen zu suchen. Mit unzähligen und ganz unterschiedlichen Initiativen – Tagungen, Reisen und zahllosen Briefwechseln mit den verantwortlichen Politikern naher und ferner Länder und Völker – setzte sich La Pira für den Frieden ein. Wir erinnern hier an die fünf zwischen 1952 und 1956 abgehaltenen „Kongresse für den Frieden und die christliche Zivilisation",[34] die „Haupt-

---

34 Vgl. P. D. Giovannoni, *„A Firenze un concilio delle nazioni"*, Florenz (Polistampa)2007, S. 15–98; B. Bocchini Camaiani, *La Firenze della pace negli anni del dopoguerra e del Concilio Vaticano II*, in: M. Franzinelli – R. Bottoni (Hg.), *Chiesa e guerra. Dalla benedizione delle armi alla „Pacem in terris"*, Bologna (Il Mulino) 2005, S. 509–538; B. Bocchini Camaiani, *La chiesa di Firenze tra La Pira e Dalla Costa*, in: A. Riccardi (Hg.), *Le chiese di Pio XII*, Rom – Bari (Laterza) 1986, S. 283–301; P. L. Ballini, *I Convegni internazionali per la pace e la civiltà cristiana (1952–1956). La presenza francese. Temi e voci di un dibattito*, in: ders. (Hg.), *Giorgio La Pira e la Francia. Temi e percorsi di ricerca da Maritain a De Gaulle*, Florenz (Giunti) 2005, S. 22–46; P. Chenaux, *La Pira, Florence et la paix*, in: *Nova et Vetera*, April–Juni 1989, S. 134–145; ders., *Une Europe Vaticane? Entre le Plan Marshall et les Traités de Rome*, Brüssel (CIACO) 1990, S. 215–232; ders., *Paul VI et Maritain. Les rapports du „montinianisme" et du „maritainisme"*, Rom (Edizioni Studium) 1994, S. 45–57.

stadtbürgermeisterkonferenz“[35] von 1955 und die vier „Mittelmeerkolloquien“[36] von 1958, 1960, 1961 und 1964. Unter den zahlreichen Reisen seien nur die nach Jerusalem 1957/58[37] und die Moskaureise von 1959 erwähnt.[38]

---

35 *Convegno a Firenze dei sindaci delle capitali, 2–6 ottobre 1955*, hg. v. Presseamt der Stadt Florenz, Florenz (Casa Editrice Noccioli) 1956.
36 Nur die Beiträge des ersten Kolloquiums wurden veröffentlicht: *Premier Colloque Méditerranéen de Florence 3–6 octobre 1958*, hg. v. Congrès Méditerranéen de la Culture, Palazzo Vecchio, Florenz, gedr. in der Schweiz, o. J.; *Secondo colloquio Mediterraneo. Il Mediterraneo e il suo avvenire*, Florenz, 1.–5. Oktober 1960; *Terzo colloquio Mediterraneo. L' idea del Mediterraneo e l' Africa nera*, Florenz, 19.–24. Mai 1961; *Quarto colloquio Mediterraneo. Unità e uguaglianza della famiglia umana*, Florenz, 19.–24. Juni 1964. Die Eröffnungs- und Schlussreden der Kolloquien liegen inzwischen vor in: M. P. Giovannoni (Hg.), *Il grande lago di Tiberiade. Lettere di Giorgio La Pira per la pace nel Mediterraneo (1954–1977)*, Florenz (Polistampa) 2006; zu den Studien vgl. B. Bagnato, *La Pira, De Gaulle e il primo Colloquio mediterraneo di Firenze*, in: P. I. Ballini (Hg.), *Giorgio La Pira e la Francia*, S. 99–134; M. S. Rognoni, *Opportune, importune: La Pira, De Gaulle e la pace in Algeria*, in: Ballini (Hg.), *Giorgio La Pira e la Francia*, S. 135–158; A. Villani, *Fra profezia e politica: Giorgio La Pira e i Colloqui mediterranei (1958–1964)*, in: *Giorgio La Pira dalla Sicilia al Mediterraneo*, S. 271–295; B. Bagnato, *Una „fraterna amicizia“. Giorgio La Pira e il Marocco*, in: Ballini (Hg.), *Giorgio La Pira e la Francia*, S. 297–332; S. Mourlane, *Malaise dans les relations franco-italiennes. Le premier colloque méditerranéen de Florence (3–6 octobre 1958)*, in: *Italie et Méditerranée*, Mélanges de l'Ecole Française de Rome (2001)1, S. 425–449; P. D. Giovannoni, *Dalla „civiltà cristiana“ alle „civiltà teologali“. Note su Giorgio La Pira fe la genesi dei Colloqui mediterranei*, in: A. Cortesi – A. Tarquini (Hg.), *Europa e Mediterraneo. Politica, economia e religioni*, Florenz (Nerbini) 2008, S. 161–186.
37 Vgl. M. P. Giovannoni (Hg.), *Il grande lago di Tiberiade. Lettere di Giorgio La Pira per la pace nel Mediterraneo (1954–1977)*, S. 105–120; ders., *La visione e la strategia mediterranea in Giorgio La Pira*, in: *Egeria* VI(2014), S. 59–78. Zum Nahen Osten s. auch A.

Die „Kongresse für den Frieden und die christliche Zivilisation“ kreisten wie alle lapiraschen Initiativen um kühne, tiefgründige und schlichte Einsichten: die großen auf der Vaterschaft Gottes und der Geschwisterlichkeit aller Menschen beruhenden Werte wieder erfahrbar zu machen, die Quelle der sozialen Gerechtigkeit, der Eintracht, des Friedens und, *last, but not least*, der Schönheit der Schöpfung sind. Ursprünglich als „Ratsversammlungen“ derjenigen christlichen Nationen gedacht, die sich nicht von der christlichen Zivilisation losgesagt hatten, wurden die von La Pira veranstalteten Kongresse zu einem Ort des offenen und deshalb authentischen Dialogs zwischen verschiedenen Völkern, Kulturen und Ländern, der mit der Zeit auch das Interesse von nicht im Christentum verwurzelten Nationen - insbesondere der arabischen Welt - zu wecken vermochte und La Pira selbst zu einer Erweiterung seines kulturellen und ideologischen Hintergrunds veranlasste. So gesehen ist es bezeichnend, dass La Pira später den Begriff der „theologalen Zivilisationen“ gebrauchte: einen Plural, der nicht nur das Christentum, das Judentum und den Islam, sondern auch die religiösen Überlieferungen Asiens umfasste.

Marzano, *L'irrompere di Israele. La Pira e lo Stato ebraico*, in: M. C. Rioli (Hg.), *Ritornare a Israele. Giorgio La Pira, gli ebrei, la Terra Santa*, Pisa (Edizioni della Normale) 2016, S. 167–194; M. C. Rioli, *Le „due Palestine“. Riflessioni e prassi lapiriana nel conflitto arabo-israeliano*, in: Marzano, *L'irrompere di Israele*, S. 195–224; F. Mandreoli, *„La speranza di Abramo“. Radici, intrecci e fonti teologiche della visione di Giorgio La Pira su Israele, Ismaele e il cristianesimo*, in: Marzano, *L'irrompere di Israele*, S. 225–252.

38 Vgl. P. D. Giovannoni, *Russia sovietica e „santa Russia“. La nascita del progetto del primo viaggio di Giorgio La Pira in URSS (1951–1959)*, in: *Giorgio la Pira e la Russia*, hg. v. M. Garzaniti - L. Tonini, Florenz (Giunti) 2005, S. 80–130.

Dank ebendieser „Kongresse für den Frieden und die christliche Zivilisation“ wurde dem Bürgermeister von Florenz bewusst, dass sich die katholische Kultur – nun, da die „neuen“ Länder Afrikas und Asiens historisch Gestalt annahmen – der Herausforderung des religiösen Pluralismus stellen musste. Die von La Pira initiierten Florentiner Kongresse waren eine Gelegenheit, die „christliche Zivilisation“ neu zu denken, die für viele der Teilnehmer aus dem Nahen Osten untrennbar mit der dramatischen Erfahrung des Kolonialismus verknüpft war. Gleich auf dem ersten Kongress 1952 wies La Pira darauf hin, dass die echte „christliche Zivilisation“ ihrem Wesen nach transzendent und mithin auf keine bestimmte historisch-politische Umsetzung reduzierbar war, und konnte so verhindern, dass die christliche Zivilisation mit dem atlantischen Westen identifiziert wurde. Die Entkolonialisierung verlangte dem Katholizismus die Fähigkeit ab, mit den anderen Religionen, den anderen Völkern und daher mit Kulturen ins Gespräch zu kommen, die sich von der abendländischen unterschieden. Der Horizont, in dem sich die Kongresse verorteten, war also die Einheit in der Vielfalt – und genauso lautete auch das Thema des sechsten Kongresses für den Frieden und die christliche Zivilisation, der für 1957 vorgesehen war, aber nie stattfand.

Durch die Florentiner Kolloquien richtete sich die Aufmerksamkeit der europäischen und weltweiten Diplomatie zunehmend auf Florenz und seinen Bürgermeister.

1954 hielt La Pira in Genf auf der außerordentlichen Sitzung des Internationalen Roten Kreuzes über den Schutz der Zivilbevölkerungen vor Bombardements eine wichtige Rede; darin erläuterte der Bürgermeister von Florenz, welche Bedeutung er der Stadt im globalen Szenario beimaß: Gerade in einer Zeit, in der – erstmals in der Geschichte – durch das Zerstörungspotential der Wasserstoffbomben das Überleben ganzer Städte gefährdet war, sprach La Pira den Nationalstaaten das Recht ab, Städte zu zerstören. Unter Anwendung des römischen Rechtsgrundsatzes von der „fideikommissarischen Substitution“ erklärte der Professor aus Florenz, dass die Städte nicht den gegenwärtigen, sondern den zukünftigen Generationen gehörten; sie seien den gegenwärtigen Generationen nur anvertraut, und diese hätten den Schatz an Werten, Kenntnissen und Schönheit, den die Städte hüteten und darstellten, zu mehren und weiterzugeben. Nicht eine einzige Stadt könne zerstört werden, ohne dass die gesamte Menschheit dadurch ärmer werde.

Wenn aber Staaten keine Städte zerstören dürfen, dann haben die Städte das Recht und die Pflicht, nicht zerstört zu werden. Und das wiederum macht sie zu Akteuren auf der internationalen Bühne: nicht in Konkurrenz oder Gegnerschaft zu den Staaten, sondern indem sie auf internationaler Ebene ihre eigenen Gründe vorbringen, die anders, aber nicht weniger legitim sind als die „Staatsräson“. Wenn sich das internationale Recht der Staaten nach traditioneller westlicher Auffassung aus deren Recht ableitet, Krieg zu führen (*ius ad bellum*), so leitet sich die Pflicht der Städte, auf internationaler Ebene mitzureden, von ihrem Existenzrecht und von der Pflicht ihrer Regierenden ab, die Zivilbevölkerungen zu schützen (*ius ad pacem*). Das gibt den Städten die Möglichkeit, sich auf dem internationalen Parkett zu bewegen, sich auszutauschen und ihr Recht auf Leben geltend zu machen – und nicht nur das: Dadurch, dass sie einander begegnen und ihre Gründe vorbringen, werden sie überdies zur Lösung der internationalen Konflikte beitragen. So erklärt sich La Piras Motto: „Die Städte vereinen, um die Nationen zu vereinen“.

Nach seiner Rückkehr aus Genf beschloss La Pira, die Bürgermeister der Hauptstädte der Welt in die toskanische Hauptstadt einzuladen. Die Konferenz fand im Oktober 1955 statt und war nicht zuletzt deshalb ein besonderer Erfolg, weil es dem Bürgermeister von Florenz gelang, Vertreter von Städten aus dem einen wie aus dem anderen der beiden entgegengesetzten, von den beiden Atommächten – den Vereinigten Staaten und der Sowjetunion – angeführten Blöcken im Palazzo Vecchio zu versammeln.

Die „Kongresse für den Frieden und die christliche Zivilisation" sollten ein Zeichen dafür sein, dass der Dialog zwischen den beiden Hälften, in die der Eiserne Vorhang die Welt geteilt hatte, nicht nur möglich, sondern unvermeidlich war. Während die kommunistischen Staaten an diesen auch religiös konnotierten Treffen nicht teilnehmen konnten, waren auf der „Konferenz der Hauptstadtbürgermeister" nicht weniger als neun Bürgermeister von „jenseits des Vorhangs" – unter ihnen der Bürgermeister von Moskau und ein Vertreter des Bürgermeisters von Peking – anwesend.

Seit dem ersten Kongress 1952 trug sich La Pira mit dem Gedanken, Vertreter der osteuropäischen Länder nach Florenz zu holen: Er wollte nicht nur zeigen, dass der Dialog mit dem „Feind" möglich und fruchtbar war, sondern Letzteren auch dazu bringen, den Staatsatheismus aufzugeben und die religiöse Verfolgung zu beenden. Der eigentliche neuralgische Punkt des real existierenden Sozialismus war für La Pira die Verweigerung der Religionsfreiheit: der ersten aller Freiheiten, weil sie die Voraussetzung für alle anderen war. Er sprach den kommunistischen Regimes, allen voran der Sowjetunion, nicht das Recht ab, ein anderes Wirtschaftsmodell als das des freien Markts auszuprobieren. Jedem Volk stand es zu, seine Wirtschaftspolitik selbst zu bestimmen und sich für ein Modell der Produktion und Verteilung des Wohlstands zu entscheiden. Die Herausforderung war, die kommunistischen Regime an ihr historisches Versprechen zu erinnern, Gleichheit und Freiheit zu garantieren.

In La Pira, dem immer wieder eine zu naive und abstrakte Denkweise vorgeworfen wurde, war im Gegenteil ein gesunder politischer Realismus am Werk, und er war durchaus imstande, die Kräfteverhältnisse auf dem Platz und die Dialektik von Mittel und Zweck kontinuierlich zu beurteilen. Er nahm zur Kenntnis, dass die Sowjetunion, die, was die Todesopfer betraf, am teuersten für den Sieg über den nationalsozialistischen Faschismus bezahlt hatte, nun de facto in Konkurrenz zu den Vereinigten Staaten getreten war und eine führende Rolle in der Weltpolitik übernommen hatte. Wenn der marxistische Materialismus überwunden werden sollte, musste man, um möglichst effektiv zu sein, eine zweigleisige Strategie verfolgen: Einerseits galt es zu beweisen, dass der freie Westen in der Lage war, all seinen Bewohnern Wohlstand zu garantieren und Arbeitslosigkeit und Not zu beseitigen; und andererseits musste man darauf hinarbeiten, dass sich der Kommunismus selbst von innen heraus verwandelte. Die enge Verbindung zwischen städtischer Verwaltung und internationaler Politik ist nicht zu übersehen: Gerade weil Florenz einen konkreten Kampf gegen die Armut führte, war es glaubwürdig genug, um mit den Kräften des internationalen Kommunismus in einen Dialog zu treten. La Pira wollte von seinem kleinen florentinischen „Versuchslabor" aus eine erneuerte „christliche Zivilisation" verwirklichen, die eine Alternative sowohl zur kapitalistischen als auch zur kommunistischen Gesellschaft darstellte, weil sie in ihren konkreten rechtlichen und wirtschaftlichen Strukturen Freiheit und soziale Gerechtigkeit garantierte. Es ging darum, jenen „dritten Weg" zwischen Kapital und Arbeit umzusetzen, den das päpstliche Lehramt anhand der Enzyklika *Rerum novarum* entworfen hatte. Andererseits erkannte La Pira an, dass Marx' Theorie unleugbare Wahrheiten enthielt: Die Analyse der Strukturen des Kapitalismus und der Hinweis auf die historische Rolle des Proletariats bei der Schaffung einer klassenlosen Gesellschaft wiesen objektiv gültige Aspekte auf.

Diese lange Vorbemerkung erlaubt es uns, La Piras Friedensinitiativen gegenüber der UdSSR – die ansonsten (von Feinden und Apologeten gleichermaßen) als die Extravaganz oder die Prophetie eines „schöngeistigen“ oder „heiligen“ Bürgermeisters eingestuft wurden – in ihrer wirklichen Tiefe und Tragweite zu ermessen.

Während sich die Fronten zwischen dem Europa der NATO und dem Europa des Warschauer Pakts zunehmend verhärteten und Italien zwischen Katholiken und Kommunisten gespalten war, wurde aus La Pira ein mutiger Initiator von politischen und kulturellen Initiativen erster Ordnung: den erwähnten fünf „Kongressen für den Frieden und die christliche Zivilisation“; den (am 17. und am 29. September 1953 und an Ostern 1954 verfassten) Briefen an Malenkow, in denen er für ein Ende der religiösen Verfolgung und für die Abkehr vom Staatsatheismus plädierte; dem Empfang von Botschafter Bogomolow im Palazzo Vecchio (9. April 1954); der Konferenz der „Hauptstadtbürgermeister“; und später seiner Reise in die Sowjetunion: nach Moskau, Sagorsk und Kiew (August 1959).

Der Herbst des Jahres 1956 war für das globale Gleichgewicht eine besonders schwierige „Jahreszeit“: Die internationale kommunistische Welt musste mit dem militärischen Eingreifen der Sowjets in Budapest umgehen, die einem Wandlungsprozess innerhalb des ungarischen Kommunismus ein blutiges Ende bereitet hatten; und im Nahen Osten bewies die „Suezkrise“ mit dem gescheiterten Versuch der Engländer, Franzosen und Israelis, den neuen Kurs des ägyptischen Präsidenten Gamal Nasser durch einen Krieg zu blockieren, dass die ehemaligen Kolonialmächte – wie es sich auch im dramatischen Krieg zwischen Frankreich und Algerien (1954–1962) abzeichnete – nicht in der Lage waren, das Gleichgewicht im Mittelmeerraum durch bloße Waffengewalt in ihrem Sinne wiederherzustellen.

Die „Kongresse für den Frieden und die christliche Zivilisation" hatten ausdrücklich darauf hingewiesen, dass die westliche Kultur nicht mit der „christlichen Zivilisation" deckungsgleich, sondern Letztere zwangsläufig größer war als jede ihrer historischen Konkretisierungen. Auf dieser Basis entwickelte La Pira ein Denken, das sich vor allem auf die Situation im Mittelmeerraum bezog. Insbesondere aus theologischer Sicht erschien es ihm einleuchtend, dass Juden, Christen und Muslime in Abraham dieselben Wurzeln hatten und mithin alle drei Empfänger der an ihn ergangenen Verheißung waren: „Durch dich sollen alle Sippen der Erde Segen erlangen" (Gen 12,3).

Diese Überlegungen bildeten die Grundlage für einen Vortrag, den La Pira im April 1956 auf der 10. Versammlung der katholischen Intellektuellen von „Pax Romana" in Beirut hielt und in dem er seine politischen Handlungsentwürfe für einen Mittelmeerraum vorlegte, der als Labor des Friedens zwischen Okzident und Orient fungieren sollte: Die von Abraham abstammenden Völker und Zivilisationen, die untereinander durch das Versprechen der Treue zum einzigen Gott und Vater und überdies freundschaftlich mit den Kulturen des „metaphysischen" Ostens – etwa der indischen – verbunden waren, konnten zu Urhebern eines politischen Prozesses werden, der wirtschaftliches und gesellschaftliches Wachstum hervorbrachte, allen Völkern den Zugang zu Reichtum und Entwicklung garantierte und so glaubhaft jenen „Primat des Spirituellen" für sich in Anspruch nehmen konnte, der, wenn die soziale Gerechtigkeit fehlte, bloß nach einer heuchlerischen ideologischen Verbrämung des Rechts des Stärkeren klang – ein Szenario, in dem der internationale

Kommunismus mit den berechtigten Hoffnungen der sich neu herausbildenden Völker leichtes Spiel haben würde.

In diesem vielfältigen Rahmen der Interaktion zwischen Orient und Okzident und zwischen dem Norden und dem Süden der Welt reifte in La Pira der Plan heran, ein eigens dem Mittelmeerraum gewidmetes Treffen zu organisieren. Diese Idee nahm nach und nach in mindestens vier Etappen konkretere Formen an, die La Pira rückblickend, wie es seine Gewohnheit war, als providentielle Stationen eines zusammenhängenden Weges deutete: die „Suezkrise" und die Solidarität mit Ägypten, zu der sich La Pira als Bürgermeister von Florenz im größeren Kontext einer Wiedergeburt der arabischen Welt bekannte; der wenngleich private Besuch des marokkanischen Königs Mohammed V. am 27. Januar 1957 in Florenz; La Piras Marokkoreise auf Einladung Mohammeds V. im Juli desselben Jahres zur feierlichen Einsetzung des Thronfolgers; und die „Pilgerreise" an Weihnachten 1957 nach Jordanien, das damals auch das Westjordanland umfasste, und der daran anschließende Israel-Besuch im Januar 1958.

La Piras eigener Rekonstruktion zufolge war es ebenjener Mohammed V., der ihm den Vorschlag machte, die Vertreter der Mittelmeervölker in Florenz zu versammeln: „Die Probleme des Mittelmeerraums sind solidarisch und bedürfen einer einzigen, solidarischen Lösung: Rufen Sie alle Mittelmeervölker nach Florenz und lassen Sie sie in Florenz zu Einheit und Frieden gelangen".[39]

Auf politischer Ebene erwies sich der Mittelmeerraum für La Pira als der strategische Ort schlechthin: ein essentielles Zentrum der Kommunikation und Gemeinschaft zwischen unterschiedlichen „Welten", die zur Einheit finden mussten,

39 G. La Pira, *Il sentiero di Isaia*, Florenz (Cultura Editrice) 1978, S. 554.

um ihrerseits zu einem Zeichen des Friedens und zum Segen für alle Völker der Erde zu werden. La Pira vertrat seine Sichtweise als Christ, appellierte aber gleichzeitig an die religiösen Überzeugungen seiner Gesprächspartner – des Juden Ben Gurion, des muslimischen Königs Hussein von Jordanien und des muslimischen ägyptischen Präsidenten Nasser –, um ihnen vor Augen zu führen, dass die politische und strategische Entscheidung, nach Frieden zu streben, Vorrang vor allen anderen Fragen haben musste, auf die ohnehin nur im Dialog und in gegenseitiger Akzeptanz Antworten gefunden werden konnten.

Trotz aller religiösen Unterschiede konnte die Glaubensintelligenz der Protagonisten der Nahostkrise nicht umhin, in diesem einen Punkt übereinzustimmen: Gott wollte, dass seine Kinder in Frieden lebten, und er war auf geheimnisvolle, aber beharrliche Weise am Werk, um dieses Ziel zu verwirklichen. Kluge politische Leader durften sich dem nicht in den Weg stellen, sondern hatten die Aufgabe, diesen unausweichlichen Prozess zu unterstützen. Auf diese Weise würden die politischen Verantwortlichen des Nahen Ostens eine Mission erfüllen, die über die Grenzen ihrer Region hinauswirken würde, weil die Einheit der abrahamitischen Völker die Keimzelle des Weltfriedens war.

Das erste „Mittelmeerkolloquium“ fand vom 3. bis zum 6. Oktober 1958 statt und wurde von La Pira (der im fraglichen Zeitraum nicht mehr Bürgermeister, sondern Parlamentsabgeordneter war) in seiner Eigenschaft als Präsident der „Kongresse für den Frieden und die christliche Zivilisation“ und der Zeitschrift *Études Méditerranéennes* veranstaltet. Das Arbeitsklima auf dem Kongress wurde hitzig, als die Diskussion das Thema des algerischen Unabhängigkeitskrieges berührte: Die Anwesenheit von Mitgliedern der algerischen Nationalen Befreiungsfront, die von der französischen Regierung als terroristische Gruppierung eingestuft wurde, hatte die Abreise der französischen Delegation zur Folge; und die Israelis verließen die Versammlung, weil sie nicht mit Vertretern der Vereinigten Arabischen Republik – der von Nasser geführten Union zwischen Ägypten und Syrien, die von 1958 bis 1961 Bestand hatte – an einem Tisch sitzen wollten. Die Reaktion Frankreichs, das über die „inoffizielle" Unterstützung von La Piras Initiative durch die italienische Regierung unter Amintore Fanfani erbost war, und die heftigen journalistischen Polemiken gegen die Vorurteilslosigkeit der internationalen Initiativen des „ehrenwerten Bürgers" La Pira konnten nicht über die Teilerfolge des „Kolloquiums" hinwegtäuschen.

Im Vorfeld des zweiten Kolloquiums reiste La Pira im Januar 1960 nach Ägypten und brachte so die im Dezember 1957 mit seinem Jordanienbesuch begonnene Pilgerfahrt ins Heilige Land zu einem ideellen Abschluss. In Kairo hatte er eine lange Unterredung mit Präsident Nasser und traf erneut mit Mohammed V. zusammen, der zur Einweihung des Assuan-Staudamms nach Ägypten gekommen war. La Pira wollte bei dieser Gelegenheit an die große Friedensreise des heiligen Franziskus 1219 nach Damiette erinnern: Damals hatte der Heilige von Assisi das Konzept des „Kreuzzugs" auf den Kopf gestellt und war unbewaffnet ins Feldlager des Sultans al-Malik al-Kamil gegangen, um mit diesem über Christus zu sprechen.

Dass La Piras „Mittelmeerkolloquien", objektiv betrachtet, ein integrativeres Instrumentarium boten als die traditionellen diplomatischen Kanäle, beweist der Versuch, ihnen eine dauerhafte rechtlich-organisatorische Struktur zu geben: Am 19. Februar 1960 riefen die Veranstalter des ersten Kolloquiums im Palazzo Vecchio das internationale Nichtregierungsorgan „Congresso Mediterraneo della Cultura" ins Leben.

Das zweite Kolloquium zum Thema „Der Mittelmeerraum und seine Zukunft“ fand – wieder unter dem Ehrenvorsitz des Erbprinzen von Marokko – vom 1. bis zum 5. Oktober 1960 statt. Unter den zahlreichen bedeutenden Teilnehmern sei hier nur an Martin Buber, einen der bekanntesten jüdischen Philosophen des 20. Jahrhunderts, an den Ägypter George Heinen und an den Libanesen René Habachi erinnert. Das dritte Kolloquium über „Die Mittelmeeridee und Schwarzafrika“ wurde vom 19. bis zum 25. Mai 1961 abgehalten, als La Pira wieder Bürgermeister von Florenz war: Ein Jahr nach 1960, dem „Schlüsseljahr“ des Entkolonialisierungsprozesses in Afrika, gaben die lapiraschen Initiativen den „neuen“ Völkern Raum, die die historische Bühne betraten. Protagonisten dieser dritten Ausgabe waren Vertreter Schwarzafrikas (d. i. heute Subsahara) wie Oliver Tambo, Vorsitzender des *African National Congress*, der unmittelbar vor der Verabschiedung der neuen südafrikanischen Verfassung, die die Fortsetzung der *Apartheid* festschrieb, auf das Problem der Rassendiskriminierung hinwies. Das Abschlussdokument des Kolloquiums ergriff Partei für die Unabhängigkeitsbewegungen der ehemaligen europäischen Kolonien und sprach sich für eine rasche Eingliederung der neuen Länder in die politische und ökonomische Weltordnung aus.

1962 ist das Jahr einer besonderen „Partnerschaft“ zwischen Florenz und dem Senegal: Am 4. Oktober empfängt La Pira den senegalesischen Präsidenten Léopold Sédar Senghor, dem er die Aufgabe anvertraut, den zum II. Vatikanischen Konzil in Rom versammelten Bischöfen im Namen Schwarzafrikas eine Botschaft zu übersenden; im November desselben Jahres ist La Pira bei Senghor in Dakar zu Gast, um an einem Gipfeltreffen zwischen 20 Staatsoberhäuptern der neuen unabhängigen Länder des subsaharischen Afrika teilzunehmen.

Im Vorfeld des vierten Kolloquiums fand vom 22. bis 24. Juni 1963 ein vorbereitender „runder Tisch“ statt, während die eigentliche Versammlung vom 19. bis zum 23. Juni 1964 abgehalten wurde; das Thema lautete: „Einheit und Gleichheit der Menschheitsfamilie“. Das Treffen verfolgte den Zweck, erneut darauf hinzuweisen, dass die Lösung des arabisch-israelischen Konflikts wesentliche Bedingung für die Sicherheit und den Frieden des gesamten Mittelmeerraums war, der seinerseits einen geographischen Berührungspunkt zwischen dem Norden und dem Süden, dem Osten und dem Westen der Welt darstellte. Neben dem Appell an die beteiligten Parteien, den Konflikt zwischen Arabern und Israelis auf dem Verhandlungsweg zu lösen, brachte das Kolloquium die Hoffnung auf die Befreiung und Emanzipation der Völker zum Ausdruck, die – namentlich in Angola und Mosambik – noch unter der Kolonialherrschaft oder, wie in Südafrika, unter der Rassentrennung zu leiden hatten.

Wenn man sich La Piras Initiativen zwischen 1952 und 1958 ansieht, kann man sich leicht vorstellen, mit welcher Begeisterung er die Neuerungen begrüßte, die das Lehramt Johannes' XXIII. auf religiöser, kirchlicher, kultureller und politischer Ebene einführte.

Mit der Ankündigung des Ökumenischen Zweiten Vatikanischen Konzils verfestigte sich für La Pira eine lange gehegte Hoffnung, die der „Polarstern“ seines ganzen Engagements für den Dialog zwischen Ost und West und für die „neuen Völker“ Asiens und Afrikas gewesen war, die nun die Bühne der Geschichte betraten: dass die Kirche sich entschied, als Sakrament der Einheit zu dienen. Wir haben gesehen, dass die Religionsfreiheit für La Pira die höchste aller menschlichen Freiheiten, weil sie Ausdruck der tiefsten, zum Göttlichen hin geöffneten Struktur des Menschseins war; umgekehrt bildeten der Dialog zwischen den verschiedenen und insbesondere den abrahamitischen Religionen und die Einheit der christlichen Kirchen die theologale Keimzelle der Politik des Zusammenlebens unter den Völkern, die dem „Hafen" der Geschichte, dem Ziel der mühsamen Fahrten der Menschheit und der Kirche entgegensteuerten: der geschwisterlichen Einheit des Menschengeschlechts.

Aus dieser Perspektive konnte La Pira in seiner „Tiefengeschichtsschreibung" – einer „Wissenschaft von den Gesetzen der Geschichte" à la Alphonse Gratry – einen Zusammenhang zwischen dem ökumenischen Konzil, dem Florentiner Konzil von 1439 und der „Kirchenunion" zwischen Rom, Konstantinopel und Kiew, dem damaligen Zentrum des russischen Christentums, herstellen. Der Unionsakt, die von den Konzilsvätern und von Papst Eugen IV. in Anwesenheit des byzantinischen Kaisers Johannes VIII. Palaiologos, des Patriarchen Joseph von Konstantinopel und des Metropoliten Isidor von Kiew verabschiedete Bulle *Laetentur coeli* („Die Himmel sollen sich freuen") – die La Pira mehrfach drucken lassen und in Umlauf bringen sollte –, war für La Pira nicht bloß „ein Akt der Vergangenheit, sondern ein noch nicht gekeimter Same", das „Weizenkorn", das „in der Erde und in der Geschichte Gottes niemals verlorengehen" durfte. La Piras Deutung des Konzils von Florenz wurde verständlicherweise von seinen orthodoxen Gesprächspartnern aus Moskau nicht geteilt, die seine ökumenischen Bemühungen gleichwohl zu schätzen wussten.

Auch auf der anderen Seite, bei Papst Roncalli – der dennoch nie einen Hehl daraus machte, dass er den Initiativen des Florentiner Bürgermeisters vertraute –, rief La Piras prophetisch-politisch-religiöse Lesart des II. Vaticanums mehr als nur einen Vorbehalt hervor.[40]

40 Vgl. A. Riccardi, *Introduzione* in: G. La Pira, *Il sogno di un tempo*

La Pira, der sich (so unwahrscheinlich dies auch war) eine „florentinische Sitzung“ des Konzils selbst gewünscht hätte, erreichte es immerhin, dass in seiner Stadt zwei wichtige Treffen im Vorfeld der Konzilsarbeiten stattfanden: Zwischen dem 27. und dem 29. September 1962 sprachen der Dominikaner Henri Marie Féret, der Piarist Ernesto Balducci und der Jesuit Jean Daniélou in drei Vorträgen über *Das Konzil in der christlichen Sicht der Geschichte*; am 4. Oktober vertraute La Pira dem senegalesischen Präsidenten Léopold Sédar Senghor die Aufgabe an, den Konzilsvätern die Botschaft Schwarzafrikas zu überbringen; und am 20. Januar 1963 hielt der Dominikaner Yves Congar einen Vortrag zum Thema *Der Sinn der Geschichte und die Einheit der Kirche.*

Abgesehen von den Themen Krieg und Frieden herrschte zwischen Johannes XXIII. und La Pira auch im Hinblick auf ein weiteres epochemachendes Konzilsthema große Einigkeit: die jüdisch-christliche Freundschaft und die Überwindung der „Substitutionstheologie“ und des „Gottesmord“-Vorwurfs als theologische Voraussetzungen für die Akzeptanz des Pluralismus und des interreligiösen Dialogs. In diesen Kontext gehört auch, dass La Pira 1963 das Vorwort zu Salvatore Jonas Buch *Gli ebrei non hanno ucciso Gesù* verfasste.

Unbewaffneter Friedensprophet (1965–1977)

Aus La Pira hat man eine Zeitlang einen Mythos gemacht: Seine Freunde hoben, wenn sie über ihn sprachen, nur seine strittigen, aber brillanten Pointen hervor; und so wurde er zum Mann der treffsicheren Pointen und der Te-

---

nuovo. Lettere a Giovanni XXIII, hg. v. A. Riccardi – A. D’Angelo, Cinisello Balsamo (San Paolo) 2009, S. 34–38.

> legramme. [...] Niemand erinnert sich mehr an seine Klugheit, sein universales Apostolat, seine grenzenlose Liebe zu Gott und zum Nächsten: Und deshalb bleibt für ihn jetzt nur mehr das „*Crucifige*".[41]

So beschrieb Don Bensi 1966 die Situation des ehemaligen Bürgermeisters von Florenz wenige Monate nach seiner verlorenen vierten Wahl. Der langjährige Freund konnte sich jedoch noch nicht vorstellen, dass La Pira sein öffentliches Engagement gerade aus dieser seiner Position der Ohnmacht heraus fortsetzen und auf diese Weise seinen besonderen Stil der politischen Betätigung ausprägen würde: den Stil des waffenlosen und freien Menschen, der nur mit seinem Blick für die Ereignisse und ihre Bedeutung, mit der Kühnheit seiner Eingebungen und mit der hartnäckigen Entschlossenheit ausgerüstet war, die Mächtigen zu überzeugen. Von diesem „Lehrstuhl" aus sollte Giorgio La Pira durch zahlreiche Reisen und durch seine Korrespondenz mit den wichtigsten Politikern der Welt noch über ein Jahrzehnt lang bis zu seinem Tod ein beeindruckendes Netzwerk aus internationalen Beziehungen unterhalten.

Nachdem die Möglichkeit einer vierten Kommunalverwaltung unter La Pira 1965 und 1966 durch das gemeinsame Veto der konservativeren Teile sowohl der *Democrazia Cristiana* als auch des *Partito Socialista* durchkreuzt worden war, hatte La Pira zwischen 1967 und 1977 nur mehr eine einzige offizielle Rolle inne: die des Präsidenten des Weltbundes der Vereinten Städte. In dieser Funktion konnte er mit

41 G. La Pira, Brief von Raffaele Bensi an Renzo Rossi, 12. Mai 1966, im Archivio Don Renzo Rossi, das zurzeit bei ARCTON (*Archivi di cristiani nella Toscana del Novecento*) untergebracht, aber nicht inventarisiert ist.

drängenden Briefen und häufigen Reisen innerhalb Europas, nach Russland, in den Nahen Osten und nach Afrika weiter an seinem Friedensnetz spinnen, wobei er sich auf seine langjährige Florentiner Erfahrung und sogar auf noch früher aufgestellte Thesen stützte, sich aber – mit Blick auf die teilweise dramatischen Entwicklungen der internationalen Beziehungen – gleichzeitig jedes Mal bemühte, „die Politik des Möglichen" aufzuzeigen, um es mit einer ihm liebgewordenen Formulierung zu sagen.[42]

In seiner Eigenschaft als Präsident des Bundes der Vereinten Städte versäumte er es nicht, seine Thesen zu vertreten: dass ein Krieg im Atomzeitalter unmöglich und ein Dialog zwischen den USA und der UdSSR alternativlos sei; dass die zunehmende Bedeutung Chinas – das sich immer mehr zu einer Weltmacht entwickelte – für das internationale Gleichgewicht anerkannt werden müsse; dass die Rolle der Städte wesentlich sei für die Einheit der Nationen; und dass die wirtschaftliche Entwicklung der Südhalbkugel mit umfassenden und globalen politischen Maßnahmen gefördert werden müsse.

Mit diesen Themen ging die Würdigung außerordentlicher Zeugnisse einher: Gandhis Gewaltlosigkeit wurde zur „neuen politisch gültigen und universalen Methode" zum „politischen Aufbau der Welt" im Atomzeitalter. La Pira, der, nicht zu vergessen, Ordinarius für römisches Recht an der Universität von Florenz war, stellte eine Parallele zwischen dem (privatrechtlichen) Übergang von der Privatrache zur *Jurisdictio* und dem (völkerrechtlichen) Übergang vom Clause-

42 Vgl. M. de Giuseppe, *La pace e le relazioni internazionali in Giorgio La Pira e Aldo Moro: convergenze e dissonanze*, in: *Moro e La Pira. Due percorsi per il bene comune*, Florenz (Polistampa) 2017, S. 347–382.

witz-Prinzip zur gandhischen Gewaltlosigkeit her: So, wie die Rechte der Privatleute dank der *Jurisdictio* des Prätors nicht mehr durch private Gewaltanwendung geschützt wurden, müssen auch in der Gegenwartswelt die Konflikte zwischen Völkern und Nationen von der *Jurisdictio* und vom *Imperium magistratuale* gelöst werden, weil Gewaltanwendung entweder (im Falle eines Einsatzes von Nuklearwaffen) selbstmörderisch oder (im Falle mit konventionellen Waffen ausgetragener lokaler Konflikte) nicht zielführend ist.[43]

An dieser Stelle sei in aller Kürze und nur beispielhalber an zwei der komplexesten Krisenkontexte erinnert, in die sich La Pira mithilfe seines außerordentlichen Beziehungsnetzwerks einschaltete: Vietnam und den Nahen Osten.[44]

Mit Zhou Enlai, dem Premierminister der Volksrepublik China, hatte La Pira anlässlich von dessen Staatsbesuch in den südlichen Mittelmeeranrainerstaaten zwischen Dezember 1963 und Januar 1964 erste Kontakte geknüpft. Am Gedenktag des Atombombenabwurfs über Hiroshima (6. August) und zwei Tage nach dem Tonkin-„Zwischenfall" hatte der Bürgermeister von Florenz ein Telegramm geschickt, in dem er seinen Wunsch zum Ausdruck brachte, dass die Tonkin-Krise Anlass zu sofortigen Verhandlungen geben würde, die darauf abzielten, den Frieden in Asien und in der Welt endgültig zu stabilisieren. Das Telegramm war bezeichnenderweise an den Generalsekretär der Vereinten Nationen U Thant, an US-Präsident Johnson, an den Sekretär der KPdSU Chruschtschow, an den chinesischen Premier Zhou Enlai, an den englischen Premier Douglas-Home und an den französischen Staatspräsidenten de Gaulle, also an die Vertreter der

43 Vgl. La Pira, *Il sentiero di Isaia*, S. 437–547.

44 Vgl. Fondazione Giorgio La Pira, *Giorgio La Pira, Firenze e la Cina*, hg. v. G. Conticelli – E. Perez, Florenz (Polistampa) 2016.

fünf Mächte gerichtet, die damals über Atomwaffen verfügten. Am 7. August autorisierte der amerikanische Kongress Präsident Johnson, Vietnam ohne eine förmliche, vom Kongress gebilligte Kriegserklärung anzugreifen. Am 13. August antwortete Zhou Enlai La Pira mit einem langen Telegramm, in dem er die bewaffnete Aggression Amerikas als eine Entscheidung verurteilte, die zwangsläufig zu einer Ausweitung des Krieges auf ganz Indochina führen werde. Vor diesem Hintergrund habe die vietnamesische Regierung das Recht, mit einem Militärschlag zu reagieren, und auch China werde nicht tatenlos zusehen können. Außerdem erklärte Zhou Enlai, dass alle friedliebenden Völker sich dafür einsetzen müssten, der amerikanischen Aggression Einhalt zu gebieten und die 1954 in Genf abgeschlossenen Verträge zu retten. Schließlich bat er La Pira selbst um einen weiteren Beitrag zur Sache des Friedens. La Pira verstand die Botschaft sofort: So sehr der chinesische Staatschef auch betonte, dass die USA im Unrecht seien, hatte er mit seinem Hinweis auf das Genfer Abkommen doch auch einen Ausweg aufgezeigt. Also brachte La Pira eine heikle diplomatische Initiative auf den Weg: Nach einer komplexen und langen Vorbereitungsphase fand vom 24. bis zum 28. April 1965 in Florenz das „Symposion" über Vietnam statt, auf dessen Abschlussdokument Hô Chí Minh am 11. Mai reagierte. Diese Antwort des vietnamesischen Staatsoberhaupts war der Anlass für La Piras Hanoi-Reise im November desselben Jahres.

Die Vietnamreise hätte nicht ohne die stillschweigende Billigung der Regierung der Volksrepublik China stattfinden können, deren Unterstützung auch dadurch belegt wird, dass der Bürgermeister vor seiner Ankunft in Hanoi einen letzten Zwischenstopp in Peking einlegte.[45] Am 11. November

45 Vgl. M. P. Giovannoni, *Giorgio La Pira e la politica estera cinese*

wurde er von Hô Chí Minh und Phạm Văn Đông empfangen und hatte nach der Unterredung einen konkreten Vorschlag für das weitere Vorgehen in der Tasche: Als Voraussetzung für ein Ende der Kampfhandlungen und den Beginn von Friedensverhandlungen bestand Hanoi nicht länger auf dem vorherigen Rückzug der US-Truppen, sondern lediglich auf der Aussetzung der militärischen Operationen zu Land, zu Wasser und in der Luft und darauf, dass das Genfer Abkommen als Verhandlungsgrundlage akzeptiert wurde. Die „La Pira-Mediation" wurde dem damaligen Präsidenten der UN-Generalversammlung Amintore Fanfani in die Hände gespielt und von diesem zunächst an den US-amerikanischen Botschafter bei den Vereinten Nationen Goldberg und sodann an Dean Rusk, den Verteidigungsminister der Vereinigten Staaten, weitergeleitet. Im weiteren Verlauf der Ereignisse sah sich Hanoi jedoch - nachdem der Briefwechsel zwischen Fanfani, Goldberg und Rusk „durchgesickert" und in der Presse veröffentlicht worden war - zu einem empörten „Dementi" gezwungen. La Piras Vorgehen war keineswegs „naiv" oder „unbedacht", wie die italienischen Journalisten es darstellten, sondern brachte alle nötigen Voraussetzungen mit, um zumindest versucht zu werden. Der Friedensschluss kam bekanntlich erst acht lange Jahre später zustande: zu denselben Bedingungen, die bereits in der Unterredung zwischen Hô Chí Minh und La Pira ins Auge gefasst worden waren - aber mit einem Mehr an Todesopfern, das in die Hunderttausende ging.[46]

fra il 1955 e il 1976, in: *Egeria. Rivista dell' Istituto Superiore di Scienze Religiose „Beato Gregorio X" di Arezzo* (2013)4, S. 55–77.

46 Vgl. M. Primicerio, *Con La Pira in Viet Nam*, Florenz (Polistampa) 2015.

In den Jahren des Vietnamkriegs verschärfte sich auch die Nahostkrise, weil die beteiligten Parteien sich entschlossen, zu den Mitteln des Krieges, des Terrorismus und der Unterdrückung zu greifen.[47]

Namentlich der „Sechstagekrieg" (5.–10. Juni 1967), die ägyptische Reaktion (mit heftigen Gefechten in der Zeit vom 30. Juli bis zum 28. September 1970) und der Jom-Kippur-Krieg (6.–25. Oktober 1973) schienen zu bestätigen, dass ein Friede im Nahen Osten unmöglich war, und trugen dazu bei, einen politischen, wirtschaftlichen und gesellschaftlichen Kontext, dessen Probleme die internationale Gemeinschaft offensichtlich bis heute nicht endgültig zu lösen vermocht hat, noch weiter zu verkomplizieren.

Unter diesen tragischen Umständen setzte sich La Pira nur umso intensiver ein. Nach wie vor war er davon überzeugt, dass die Einigungsmission der dreigeteilten abrahamitischen Familie auf globaler Ebene die Ausgangsbasis und eine Aussöhnung zwischen Juden, Christen und Muslimen mithin unvermeidlich und notwendig war. Und das wiederum hieß: Dialog und Frieden zwischen Israel und den arabischen Staaten auf der einen und Israelis und Palästinensern auf der anderen Seite.

Nach dem „Sechstagekrieg" drängten einige Persönlichkeiten aus der Delegation der Arabischen Liga La Pira in Paris zu einer Neuauflage seiner „Pilgerreise" von 1957–1958. Nachdem er die Zustimmung aller Beteiligten erhalten hatte, organisierte und erfüllte der ehemalige Bürgermeister seine Mission, der er diesmal noch mehr Gewicht und politische Bedeutung verlieh. Zwischen Dezember 1967 und Januar

---

47 Vgl. M. P. Giovannoni (Hg.), *Il grande lago di Tiberiade. Lettere di Giorgio La Pira per la pace nel Mediterraneo (1954–1977)*, S. 199–326.

1968 war La Pira also erneut als Botschafter des Friedens in Israel und Ägypten zu Gast: Er traf mit dem israelischen Außenminister Abba Eban, mit dem ihn eine besondere Übereinstimmung verband, und mit dem ägyptischen Präsidenten Gamel Nasser zusammen. Auf der Grundlage der bei diesen Treffen erzielten Ergebnisse drängte La Pira in zahlreichen Briefen und auf etlichen Reisen immer nachdrücklicher auf Verhandlungen zwischen Ägypten und Israel. Phasenweise fungierte er sogar als Bote zwischen Abba Eban und Nasser, deren Länder nach wie vor keine offiziellen diplomatischen Beziehungen unterhielten.

La Pira war auch einer der Ersten, die die wachsende Not des palästinensischen Volkes erkannten. Er setzte sich für eine internationale Anerkennung von Jassir Arafats Palästinensischer Befreiungsorganisation (PLO), für ein Ende der bewaffneten Kämpfe und für die Aufnahme von Verhandlungen zwischen Israel und den Palästinensern ein. Seiner Meinung nach mussten die Probleme des Nahen Ostens als Ganzes im Rahmen von multilateralen oder, wie er es nannte, „Dreiecksverhandlungen" (zwischen Israel, den Palästinensern und den arabischen Staaten) angegangen werden. Doch das schien völlig unmöglich: Die Gründungscharta der PLO sprach einem jüdischen Staat die Daseinsberechtigung ab, während Israel die Vorstellung von einem Palästinenserstaat ablehnte, das Flüchtlingsproblem für nichtexistent erklärte und alle Mitglieder der PLO als Terroristen betrachtete. Und die arabischen Staaten fanden sich nur deshalb mit der Existenz Israels ab, weil sie de facto nicht die Militärkraft hatten, es zu zerstören. Nach dem Willen La Piras – der davon überzeugt war, dass ein bewaffnetes Aufeinandertreffen den Konflikt nicht lösen, sondern nur verschärfen würde – sollten die „Dreiecksverhandlungen" Möglichkeiten und realistische Lösungswege aufzeigen.

Als Mittel zu diesem Zweck stellte La Pira, inzwischen nicht mehr als Bürgermeister, sondern als Präsident des Weltbundes der Vereinten Städte, das „Mittelmeerkolloquium“ zur Verfügung. Das geplante fünfte Kolloquium – mit dem vielsagenden Titel „Die Völker Abrahams und die neue Geschichte der Welt“ – hätte dank seines kulturellen Schwerpunkts zu einer Gelegenheit werden sollen, die Vertreter aller Konfliktparteien unter Vermeidung der politischen und diplomatischen Hürden zusammenzubringen, die man bei einem „offiziellen“ Treffen hätte überwinden müssen.

Das Scheitern dieses geplanten fünften Kolloquiums tat der Entschlossenheit La Piras keinen Abbruch, der immer bereit war, auch den kleinsten Spalt, der sich in Richtung Verhandlungen auftat, zu nutzen und nach Möglichkeit zu vergrößern.

Dank der Vermittlung des amerikanischen Außenministers William Rogers akzeptierten die Vertreter Ägyptens, Jordaniens und Israels am 7. August 1970 – zum ersten Mal seit dem „Sechstagekrieg“ – die offizielle Erklärung einer „Waffenruhe“, die Voraussetzung für einen Friedensprozess auf Basis der UN-Resolution Nr. 242 war: Israel würde sich aus den 1967 besetzten Gebieten zurückziehen, und Ägypten verpflichtete sich, nicht militärisch gegen Israel vorzugehen.

In den letzten Augusttagen jedoch und den ganzen September hindurch verschärften sich die Spannungen zwischen den Konfliktparteien. Zwischen dem 6. und dem 9. September kam es zu den Flugzeugentführungen von „Dawson’s Field“ – nach dem Namen des alten britischen Luftwaffenstützpunkts in der Nähe der jordanischen Stadt Zarqa –, wo die Volksfront zur Befreiung Palästinas (PFLP), ein radikaler Flügel der PLO, vier Maschinen der Fluggesellschaften *Swissair, Trans World Airlines, British Overseas Airways Corporation* und *Pan American* zur Landung zwang. Die etwa 400 Passagiere wurden in der Nähe von Irbid, ebenfalls in Jordanien, als Geiseln gehalten, schließlich befreit und die Flugzeuge vor laufenden Fernsehkameras in die Luft gesprengt: Das Attentat war geplant und umgesetzt worden, um die Vereinigten Staaten für ihre unverhohlene Unterstützung des Staates Israel zu bestrafen. Die PFLP wollte die entführten Passagiere im Austausch gegen palästinensische Häftlinge freilassen, die in der Bundesrepublik Deutschland, der Schweiz, Großbritannien und Israel im Gefängnis saßen, weil man sie der Mitgliedschaft in einer terroristischen Vereinigung beschuldigte. Anders als Israel ließen sich die Regierungen der europäischen Länder auf diese Bedingungen ein. Doch die Operation der PFLP rief eine harsche Reaktion vonseiten des jordanischen Königs Hussein hervor, auf den schon im Juni desselben Jahres ein Anschlag verübt worden war: Die Kämpfe zwischen den jordanischen und den palästinensischen Truppen gingen als „Schwarzer September" in die Geschichte ein und endeten erst, als es Ägypten gelang, ein Abkommen zwischen Hussein von Jordanien und Arafat zu vermitteln.

In diesem schwierigen Sommer 1970 schrieb La Pira an Abba Eban, Gamel Nasser und Jassir Arafat. Gegenüber Letzterem bekräftigte er die Idee von „Dreiecksverhandlungen", die logischerweise eine „Zweistaatenlösung" implizierte: ein unabhängiges Palästina, das mit Israel Frieden geschlossen hatte. Also forderte La Pira die PLO dazu auf, diejenigen Punkte aus der „Palästinensischen Nationalcharta" von 1968 zu streichen, in denen die Zerstörung des Staates Israel als unabdingbare Voraussetzung für die palästinensische Freiheit bezeichnet wurde.

Der Jom-Kippur-Krieg (6.–25. Oktober 1973), in dem Israel gleichzeitig von Ägypten und von Syrien angegriffen wurde, schien jedwede Hoffnung zu begraben und riss tiefe Wunden, die nicht einmal das Camp-David-Abkommen (17.

September 1978) und der Friedensvertrag zwischen Ägypten und Israel (26. März 1979) heilen konnten. Anders als im Fall des Vietnamkriegs hat La Pira den Friedensschluss zwischen Ägypten und Israel, für den er sich so sehr eingesetzt hatte, nicht mehr erlebt.

Seine letzten Jahre brachte La Pira genauso engagiert zu wie sein bisheriges Leben. Sein politisches Wirken im Italien jener Zeit trug ihm Ausgrenzung und Unverständnis ein, erreichte jedoch einen letzten Höhepunkt, als er gemeinsam mit Fanfani, del Noce und Gabrio Lombardi 1974 ein Referendum über die Abschaffung des Scheidungsgesetzes vorschlug, das die katholische Welt Italiens zutiefst spaltete. Bei dieser Gelegenheit vertrat La Pira eine Position, die mit der Linie der italienischen Bischofskonferenz übereinstimmte und darauf abzielte, den seiner Meinung nach von der Verfassung diktierten Wert des Familienlebens zu stärken. Damit geriet er in scharfen Gegensatz zu anderen kirchlichen Stimmen, die zwischen der Bejahung und Bezeugung ethischer und religiöser Bezüge einerseits und der Ausarbeitung einer zivilen Gesetzgebung andererseits unterschieden.

Um Generalsekretär Benigno Zaccagnini in seinen Bemühungen um eine Erneuerung der Partei zu unterstützen, erklärte er sich 1976 bereit, ein weiteres Mal als Spitzenkandidat der *Democrazia Cristiana* für die Abgeordnetenkammer zu kandidieren,[48] und wurde mit breiter Zustimmung gewählt. Mit diesem Schritt distanzierte er sich von der Entscheidung anderer Katholiken wie Mario Gozzini und Raniero La Valle, die sich als unabhängige Kandidaten auf den Listen der Kommunistischen Partei Italiens hatten aufstellen lassen.

---

48 G. Pallanti, *La Pira e la DC*, Florenz (Società Editrice Fiorentina) 2017.

Im letzten Abschnitt seines Lebens setzte er die Kommunikation mit den Klausurklöstern fort, die ihm bei der spirituellen Verankerung seines Handelns stets als konstanter Bezugspunkt gedient hatten. Die frohbotschaftliche Inspiration, die ihn von Jugend auf geleitet hatte, war bis zum letzten Tag der Leuchtturm seines Lebens. Und auch im Augenblick des Todes zeigte sich seine – in der Betrachtung des Plans Gottes mit der Geschichte wurzelnde – Verbundenheit mit der Bevölkerung von Florenz, die La Pira geliebt und für die er sich nach Kräften eingesetzt hatte, um von der Stadt aus an einem Horizont des Friedens unter den Völkern zu bauen.

Giorgio La Pira stirbt am 5. November 1977: Die Florentiner strömen in Scharen zu seinem Grab, um dem „heiligen Bürgermeister" die letzte Ehre zu erweisen, dessen Leichnam den ganzen 6. November über in San Marco, seiner geliebten Dominikanerkirche, aufgebahrt bleibt. Die Beisetzung findet tags darauf in der Kathedrale Santa Maria del Fiore statt – und auch sie ist noch zu klein, um die vielen Menschen zu fassen.

Der Diözesanprozess für die Seligsprechung wurde 1986 von Silvano Kardinal Piovanelli eröffnet; die diözesane Phase des Verfahrens wurde 2005 abgeschlossen. 2007 wurden seine Gebeine vom Rifredi-Friedhof nach San Marco überführt und in einem Sarkophag in der Kirche beigesetzt. Am 5. Juli 2018 genehmigte Papst Franziskus die Veröffentlichung des Dekrets über die Feststellung des heroischen Tugendgrads des Dieners Gottes Giorgio La Pira.

Auswahlbibliographie zum Leben von Giorgio La Pira

Bocchini Camaiani, B., *Le chiese di Firenze tra La Pira e Dalla Costa*, in: A. Riccardi (Hg.), *Le chiese di Pio XII*, Rom-Bari (Laterza) 1986, S. 283–301.

–, *Giorgio La Pira*, in: *Dizionario biografico degli italiani*, Bd. 63, Rom (Istituto della Enciclopedia Italiana) 2004, S. 724–729.

Brot, A., *Giorgio La Pira. Un mystique en politique (1904–1977)*, Paris (Desclée de Brouwer) 2017.

De Giuseppe, M., *Giorgio La Pira. Un sindaco e le vie della pace*, Mailand (Centro Ambrosiano) 2001.

Furnari, L., *Percorsi politici e letterari. Giorgio La Pira a Messina*, in: M. Saija (Hg.), *Giorgio La Pira dalla Sicilia al Mediterraneo*, Messina (Trisform) 2005.

Luppi, M., *Dal Mediterraneo a Firenze. Biografia storico-politica di Giorgio La Pira dal 1904 al 1952*, Leonforte, EN (Euno) 2011.

Miligi, G., *Gli anni messinesi e le „parole di vita" di Giorgio La Pira*, Messina (Intilla) 1995.

Peri, V., *Giorgio La Pira: spazi storici, frontiere evangeliche*, Caltanisetta-Rom (Sciascia) 2001.

Radi, L. – Tonini, F., *Gli anni giovanili di Giorgio La Pira*, Assisi (Cittadella) 2001.

Vigna, C. – Zambruno, E., *Giorgio La Pira. Un San Francesco nel Novecento*, Rom (AVE) 2008.

Zweiter Teil:
Textauswahl

Die nun folgende Anthologie – eine Auswahl von Texten, die La Pira zwischen 1932 und 1976 geschrieben hat – soll der Leserschaft einen Eindruck von der Reichhaltigkeit der Themen, Überlegungen und Einsichten vermitteln, die sein inneres wie auch sein öffentliches Leben in Politik und Kommunalverwaltung gekennzeichnet haben.

Es wurden zehn Kernthemen bestimmt und die ausgewählten Texte dementsprechend in zehn Abschnitte unterteilt: Spiritualität; Antifaschismus und Architektur eines demokratischen Staates; die politische Dimension des Evangeliums; die Arbeit als Zentrum der Wirtschaft; die Stadt als Gemeinschaft; sowjetisches und christliches Russland; das Mittelmeer als Versuchslabor für den Weltfrieden; unmöglicher Krieg und unvermeidlicher Friede; die Einheit der Menschheitsfamilie; La Pira und der Dominikanerorden.

Die Einleitungen zu den einzelnen Abschnitten sollen La Piras Schriften in ihrem jeweiligen Kontext verorten: bald, indem sie die verschiedenen Entstehungshintergründe erläutern und bald, indem sie die Bedeutung seines Werks als eines aus Denken und Handeln bestehenden Ganzen herausstellen.

Da eine allgemeinverständliche Einführung zu La Pira geboten werden soll, wurde auf einen Anmerkungsapparat zu den Texten verzichtet – ohne deswegen jedoch von einer korrekten und unabdingbaren historischen Kontextualisierung abzusehen.

Am Ende jedes Abschnitts wird – unter besonderer Berücksichtigung neuerer Publikationen – in kurzen Bibliographien auf ausgewählte Monographien oder Essays zum Thema verwiesen.

2 | Spiritualität

Einleitung

Giorgio La Pira war ein Mensch mit einem tiefen spirituellen Leben, das sich aus der täglichen Praxis der Betrachtung des Wortes Gottes, aus der täglichen Eucharistiefeier und aus der Gewohnheit speiste, die Stille und die Einsamkeit zu suchen, um die Schönheit Gottes und seiner Schöpfung ohne Ablenkung betrachten zu können. Sein innerer Werdegang war nicht frei von Schwierigkeiten, gedanklichen Umschwüngen und Richtungswechseln. Als Jugendlicher verspürte er eine tiefe Unruhe, und es gab Zeiten, in denen er sich vom Glauben entfernte. Doch er selbst nennt ein präzises Datum, Ostern 1924 – damals war er 20 Jahre alt –, als entscheidenden Wendepunkt einer echten Erleuchtung und Berufung, die seinen ganzen weiteren Lebensweg prägen sollte. In jenem Moment einer tiefen Erfahrung der Vereinigung mit Gott – das berichtet er selbst 1933 in einem Brief an Salvatore Pugliatti – vernahm er in seinem Herzen den Ruf, durch sein Engagement als Laie in der Welt ein Apostel Jesu des Herrn zu sein und die göttliche Liebe, die ihn bei der Entfaltung seiner gewöhnlichen Tätigkeiten durchflutete, an seine Mitmenschen weiterzugeben. Der Glaube an den auferstandenen Christus, Alpha und Omega jeder menschlichen Biographie und der gesamten Menschheitsgeschichte, wird ein konstanter Bestandteil seines spirituellen Nachdenkens sein.

Eine wesentliche Etappe seiner Biographie war – auch unter dem Aspekt der kulturellen und spirituellen Bildung – die Begegnung mit Pater Agostino Gemelli, der im August 1928 zu einem Kongress des *Katholischen Akademikerverbandes* nach Konstanz gekommen war. La Pira nahm an den Einkehrtagen teil, die Gemelli vom 9. bis zum 15. August in Castelnuovo Fogliani in der Provinz Piacenza hielt, und war am 20. August eines der ersten elf Mitglieder des *Pio Sodalizio della Regalità di Cristo*, dem er bis zu seinem Tod angehören sollte. Das Königtum Christi wird – auf neuartige Weise zu den verschiedenen individuellen, sozialen und historischen Ebenen in Bezug gesetzt – zu einer weiteren Konstante seiner Spiritualität werden.

In den 1930er Jahren konzentrierte sich La Pira in Florenz ganz auf die universitäre Lehre des römischen Rechts und eine intensive Tätigkeit als Betreuer von Jugendgruppen: im Rahmen der Katholischen Aktion, in den Vinzenzkonferenzen, aber auch durch eigenständige Initiativen wie die Gründung der Gruppe *Ut unum sint*.

Ab Ende der 1930er Jahre und insbesondere während des Krieges wird sich La Pira der vielfältigen Gründe für das Leid der Armen bewusst und er gelangt zu der schmerzlichen Erkenntnis, dass ein Leben des Gebets für den Christen nicht genügt: Vielmehr fordert der Glaube einen Einsatz, der darauf abzielt, die Gesellschaft zu verändern und auf jede erdenkliche Weise zum Aufbau des sozialen Lebens und zur Schaffung von Strukturen beizutragen, die geeignet sind, das Prinzip der frohbotschaftlichen Liebe in die Praxis umzusetzen. Das führt ihn zu der Erkenntnis, dass die Gemeinschaft mit Gott ein Engagement der historischen Inkarnation und einen konkreten Dienst verlangt, der dazu beiträgt, dass der Plan Gottes in der Geschichte Wirklichkeit wird.

Den Übergang vom jungen La Pira, dem kontemplativen „Hofnarr Gottes“, zum engagierten Politiker, der sein konkretes Handeln in ein Zeugnis der Christusnachfolge verwandelt, markiert die Erfahrung der 1934 gemeinsam mit Don Raffaele Bensi ins Leben gerufenen „Messe der Armen von San Procolo“: Die „Messe der Armen“, ein im Geist der vinzentinischen Tradition entstandenes karitatives Werk, wird für La Pira zu einem kleinen, aber fruchtbaren Experimentierfeld für eine neue christliche Zivilisation: eine Gesellschaft, die wahrhaft vom Sauerteig des Evangeliums durchdrungen ist.

La Pira machte sich das dominikanische Ideal einer Kontemplation zu eigen, deren Früchte an die Mitmenschen weitergegeben werden: Die Aktion war für ihn Ausdruck eines inneren Lebens in der Gemeinschaft mit dem Herrn. Manches in seinen Schriften weist darauf hin, dass es in seiner Auffassung vom Gebet Übergänge, Reifungsprozesse und Neuorientierungen gegeben hat. Mit besonderer Intensität tritt dieses dynamische Wechselspiel aus Aktion und Kontemplation in seinen Briefen an die Klausurklöster zutage: In dem Dialog, den er dort führt, nimmt er Bezug auf sein Handeln in der Geschichte und macht dessen verborgene Kraft und Wurzel eben im Gebet der Klöster aus, mit denen er eine intensive Kommunikation pflegte.

Texte

Der auferstandene Jesus als Zentrum des Lebens und der Geschichte

Jetzt möchte ich dir etwas sagen, was ich dir bislang aus einem gewissen Zartgefühl heraus – gleichsam um dein Herz nicht zu ermüden – nicht habe sagen wollen. Warum solltest du diese freudige Wiedergeburt in Gott nicht vollenden? Warum solltest du in deiner *anima sacramentata* nicht jenen Gott empfangen, der sich aus Liebe unter der Gestalt des Brotes verborgen hat? Welch unaussprechliche Süßigkeit, glaube mir, für die Seelen, die mit Glauben und Verlangen zur Heiligen Kommunion hintreten: Sie ist ein neuer Morgen für das Leben. Ich werde *nie* jenes Ostern 1924 vergessen, als ich den Eucharistischen Jesus empfing: Ich fühlte eine so vollkommene Unschuld durch meine Adern strömen, dass ich den Gesang und das unbändige Glück nicht zurückhalten konnte. Höre also meine Einladung, die die Einladung Jesu selbst und der Gottesmutter ist: Wenn du möchtest, könnten wir morgen zu früher Stunde (um sechs oder um sieben) gemeinsam zur Erlöserkirche gehen – der Salesianerkirche bei mir in der Nachbarschaft – und gemeinsam zum himmlischen Tisch hintreten. Das göttliche Brot, das wir empfangen werden, wird unsere Einheit festigen. *O vinculum unitatis!*, ruft der hl. Augustinus aus und meint die Eucharistie. Und der hl. Thomas: *O sacrum convivium, in quo Christus sumitur, recolitur memoria passionis eius, mens impletur gratia et futurae gloriae nobis pignus datur!* [...].

(*Brief von Giorgio La Pira an Salvatore Pugliatti*, Messina, September 1933, in: G. La Pira, *Lettere a Salvatore Pugliatti (1920–1939)*, Rom [Studium] 1980, S. 138).

Das Geheimnis Christi im Hinblick auf dieses neue Zeitalter der Welt

Das Geheimnis Christi im Hinblick auf dieses neue Zeitalter der Welt. Das ist ein Thema, über das ich seit einiger Zeit nachdenke: Es erwächst aus dem Bedürfnis, (zum Zweck des Handelns) mit einiger Sicherheit zu erkennen, auf welchen Wegen man – ausgehend von einem „axiomatischen Punkt" – versuchen kann, zum eigentlichen Herzen dieses so neuen Zeitalters der Welt vorzudringen, sein Wesen und seine Struktur zu verstehen und zu deuten und in gewissem Sinne seine nahen und fernen Ziele zu sehen.

Dieses Bedürfnis nach Sicherheit ist – wie mir scheint – heute das grundlegende Bedürfnis der Welt!

Die beständigen, unausrottbaren Fragen des Menschen – wer bin ich, woher komme ich, wohin gehe ich – stellen sich sowohl auf der Ebene der Person (ihrer Struktur und ihrer inneren und äußeren, zeitlichen und ewigen, irdischen und himmlischen Bestimmung) als auch auf der Ebene der Völker (also ihrer Struktur und ihrer historisch-politischen Bestimmung) gerade jetzt, da dieses „überwältigende und streitbare" Atom- und Raumfahrtzeitalter der Welt anbricht, auf noch schärfere und drängendere Weise. […] Die grundlegende Frage bleibt: – *Ist eine „sichere Antwort" möglich, auf der man aufruhen kann wie auf einem „axiomatischen Punkt" und von der aus der Weg und die zeitliche und ewige, irdische und himmlische Bestimmung der Einzelnen und der Völker auch in diesem naturwissenschaftlichen, technischen und demographischen Atom- und Raumfahrtzeitalter hell erleuchtet vor uns liegen?*

Nun denn, es gibt diese Antwort; dieser axiomatische Punkt existiert: Er besteht in dem „grundlegenden und letzten" Faktum, das Zentrum und Ziel (gewissermaßen zugleich Wirk- und Zweckursache; Alpha und Omega) der gesamten Geschichte des Kosmos und der Völker ist. *Das ist das Faktum der Auferstehung Christi* (auf welches als auf ihr Zentrum und Ziel die vorherigen „Fakten" der Menschwerdung und der Kreuzigung und die späteren Fakten des Pfingstereignisses und der Wiederkunft zurückgehen). [...] Das ist der „axiomatische Punkt", der die gesamte kosmische Schöpfung und nicht nur den ewigen und himmlischen, sondern auch den zeitlichen und irdischen Weg der Person, der Kirche, der Geschichte und des Kosmos an sich zieht.

„Ich bin der Weg, die Wahrheit und das Leben".

Diese unausweichliche Zentralität des Auferstandenen wird – gerade im Kontext der neuen kosmischen und nuklearen Geschichte der Welt – von Tag zu Tag mehr zum einzigen Problem der Welt. Der „axiomatische Punkt", der „Punkt der Sicherheit", an dem Himmel und Erde hängen, ist Er: der Auferstandene.

(G. La Pira, *Così in terra come in cielo,* in: *Presenza nel mondo e contemplazione,* Mailand [Edizioni Opera della Regalità] 1970, heute in: *Così in terra come in cielo,* Mailand [Edizioni Opera della Regalità] 1977, S. 3–6).

Das innere Leben

[...] Perlensucher sind wir alle: bewusst oder unbewusst; alle brauchen wir diese mühselige, aber unausweichliche Innenschau, die uns aus dem Äußeren ins Innere unser selbst übertreten lässt, uns im stillen Grund des Herzens sammelt und uns so, in vollständiger Einsamkeit, befähigt, ein makelloses Wort zu hören, in dem solcher Friede und solche Freude ist: ein Wort ohne Artikulation; ein Wort ohne Schwingung; essentiell; rein; alleinig; unversehrt; jungfräulich; etwas, das jeder Seele die Erfahrung anderer als der allgemeinen Werte schenkt; das wenigstens einige Augenblicke lang das zeitliche Leben des Menschen im ewigen Leben Gottes verankert.

Ob man will oder nicht, ob man glaubt oder nicht, ob man zustimmt oder nicht: von diesem unstillbaren Durst nach Gott macht man sich nicht frei: Er packt uns sozusagen an der Kehle: Er quält uns in der Tiefe des Herzens: Er weckt das lebhafteste Verlangen des Verstandes: Er ist ein unbezähmbares Lechzen nach Liebe: jenes, das uns ausrufen lässt: Herr, du hast uns für dich geschaffen, und unruhig ist unser Herz, bis es ruht in dir.

Und auch jene anderen Worte: Herr, dass ich sehend werde; und noch jene: Herr, gib mir von diesem Wasser zu trinken, dann muss ich nicht mehr kommen, um aus diesem Brunnen zu schöpfen; und: Zu wem sollen wir gehen, Herr; du allein hast Worte des ewigen Lebens.

Und dieses Lechzen war es schließlich auch, das jene von einer so geheimnisvollen Wehmut erfüllten Worte hervorbrachte: Geh nicht fort, Herr, sondern bleibe bei uns, denn es will Abend werden!

Also sagen wir es ruhig mit brüderlicher Offenheit: denn warum sollten wir uns vor uns selbst verstecken? Meinen wir vielleicht, dass es uns wirklich gelingen könnte, mit all dem äußerlichen Gepränge unserer Beherrschung und „Ausgeglichenheit“ diese tiefe und menschliche innere „Unausgeglichenheit“ zu verbergen? Unser Leben zieht seinen Wert aus einem inneren Drama: dem Drama einer nie endenden Suche; einer nie gesättigten und nie erfüllten Liebe; einer immer geahnten und nie besessenen Schönheit; erschöpfte Jäger eines Ideals, das nahe scheint und doch immer fern ist! Ist es denn nicht wahr?

Ja, so ist es; und deshalb bereitet es uns so viel Freude, in die Welt der Seelen hineinzusehen: Dieses Ausloten ist kostbar für uns; im Grunde; im Grunde dient es uns dazu, unsere eigene Seele gleichsam im Spiegel zu sehen; weil es – trotz der Besonderheiten, die die Menschen voneinander unterscheiden – doch so etwas wie ein einziges Gesetz gibt, das bei dieser liebenden Gottessuche den Takt vorgibt!

Das Leben der Seelen, die Gott am nächsten sind, ist ein Stück weit auch unser Leben: Da sind dieselben Bestrebungen, dieselben Mühen, dieselben Tränen, dieselben Freuden; da sind dieselben inneren Beunruhigungen; jene zarte, stille, reine Süßigkeit, die auf dem Grund der Seele sanfte Worte spricht; jene Rufe, die nicht von der Erde kommen, sondern ein Echo der fernen Heimat in uns sind; kurzum, da ist eine ausgeprägte Ähnlichkeit in jener innersten Liebes- und Heilsgeschichte, die das eigentliche Hauptwerk jedes Geschöpfes ist. Wer hätte die innere Geschichte der Heiligen gelesen, ohne darin wenngleich nur von ferne die Umrisse der eigenen Geschichte zu erkennen? In welchem Herzen hätte das Herz des heiligen Augustinus keinen Widerhall gefunden? Welche Seele hätte nicht wenigstens einen Tropfen von jenem geheimnisvollen Wasser gekostet, das mit solcher Frische in der Seele der heiligen Teresa sprudelte? Welcher Intellekt hätte nicht hin und wieder wenigstens einen Strahl jenes unversehrten Lichtes erahnt, das den Sinn des heiligen Johannes vom Kreuz durchflutete? [...] Das Fazit ist folgendes: Wir alle sind durstig; wir alle sind Suchende: Das ist die tiefste Wirklichkeit unseres Menschseins. Und unser ganzes Leben dient diesem Durst und dieser Suche. Wo immer irgendetwas diesem unserem Durst und dieser unserer Suche helfen kann, besteht für uns ein Interesse, zu verweilen: Wenn ich ahne, dass in meiner Nähe ein Edelstein versteckt ist, dann ist es meine Pflicht, zu graben, um ihn zu finden.

Warum? Die Antwort ist einfach: weil das Licht, das ich aus diesem Edelstein gewinnen werde, ein weiteres Geschenk meines Gottes sein wird: Es wird ein weiteres „Zeichen" von ihm sein; es wird eine andere Möglichkeit sein, den zu sehen, den ich noch nicht von Angesicht zu Angesicht schauen kann, wie meine Seele es ersehnt; es wird ein weiteres Durchscheinen jener Schönheit sein, die überwältigt, wenn sie sich zeigt; es wird ein weiteres Verweilen unter den sanften Schatten und in der makellosen Kühle meines Gottes sein; es wird auch für mich eine Gelegenheit sein, mich noch mehr nach jenem Sabbat ohne Abend zu sehnen, an dem meine Pilgerseele endlich seinen Frieden und seine Freude finden wird.

(G. La Pira, *La vita interiore di don Luigi Moresco*, Rom [AVE] 1945, S. 6–9).

Das Königtum Christi

Königtum Christi: aber was bedeutet das? Die Frage ist berechtigt, denn: geben wir uns vielleicht mit Namen und Symbolen zufrieden? Jede nachdenkliche Seele will tiefer schürfen, will über die Worte hinausgehen, will das Mysterium entdecken, das sich hinter der Symbolik des Königtums verbirgt; darunter muss etwas Grundlegendes sein, das den gesamten Prozess der Bestimmung der Dinge und des Menschen beeinflusst. […] Königtum Christi: die Sehnsucht danach, dass die ganze Ordnung der Natur und des Menschen an den ewigen Ufern Gottes anlandet und wirklich anlandet! Aber sehen wir uns die Handlung – um es einmal so zu nennen – dieser *Instauratio magna* einmal genauer an; was bedeutet es, dass, wie der hl. Paulus sagt, die gesamte Wirklichkeit in Christus „zusammengefasst" (Eph 1,10) ist? Inwiefern ist Er der eine Punkt, an dem die gesamte Schöpfungsordnung hängt? Kraft welcher Prozesse, die auf der eigentlichen Struktur der Dinge und des Menschen beruhen, besitzt Er die ewigen Titel seines Königtums? Diese Fragen erfordern eine zwar schnelle, aber genaue Bewertung der gesamten Schöpfungsordnung. [...] Königtum Christi? Was heißt das? Ist das ein Wort oder eine Wirklichkeit? Ein Symbol oder ein Wert? [...]

Es ist der Schlussstein der ganzen kosmischen und menschlichen individuellen und sozialen Wirklichkeit. Vor dem Hintergrund dieses geheimnisvollen Lichts der Menschwerdung wird die gesamte Ordnung der Dinge und des Menschen von lebhaftem Licht erhellt.

Man muss dieses zentrale Mysterium des Evangeliums mit Liebe betrachten: Diese allgemeine Zusammenfassung in Christus ist der Eckstein, auf dem das Gebäude der Welt und des Menschen errichtet wird. Einen anderen Stein gibt es nicht: Jeder Mensch, der die individuelle und kollektive Ordnung auf andere Fundamente als die Fundamente Gottes – Fundamente der brüderlichen Liebe und der Gerechtigkeit – zu gründen meint, ist töricht.

Rassische, ökonomische, rechtliche Fundamente, das alles sind Fundamente ohne Festigkeit, solange das Band der brüderlichen Einheit in der göttlichen Person Christi uns nicht im Antlitz des anderen das Antlitz Gottes erkennen lässt.

(G. La Pira, *Cristo Re universale*, in: *Vita Cristiana* [1942]14, S. 5–6, 369–380, heute in: ders., *Scintille di spiritualità. Scritti pubblicati su „Vita Cristiana"*, Florenz [Nerbini] 2004, S. 72–80).

Heute in der H[eiligen] Messe habe ich gedacht: Seit zehn Jahren, seit mich der Herr berufen hat, Bürgermeister von Florenz zu sein (und auch schon vorher: seit beinahe 20 Jahren!), gibt es in meinem Herzen und in meinem Verstand und in meiner „Aktion" nur eine einzige Sehnsucht: *der Kirche zu dienen, die voranschreitet, der missionarischen Kirche in der Geschichte der Nationen! Confitebor tibi in nationibus*: Ein Stück weit ist dies das paulinische Ideal: die Vorstellung vom Königtum Christi, die Pater Gemelli uns am 20. August 1928 in Castelnuovo Fogliani bei einem denkwürdigen Einkehrvortrag eröffnet hat. Königtum Christi: Was heißt das? Es heißt, die ganze Erde, die ganze Geschichte in den Blick zu nehmen und zu sagen: Das alles hat einen Sinn: *die Gewalt Christi* (und Mariens) („Mir ist alle Gewalt gegeben im Himmel und auf Erden"). Es heißt, die bedeutsamsten Seiten der Apokalypse (und des Buchs Genesis, des Buchs Exodus usw.) aufzuschlagen und die Völker zu betrachten, die voran-, die hinaufschreiten, der Stadt Gottes und Christi entgegen. *Rex regum et dominus dominantium.*

(*Brief von Giorgio La Pira an Johannes XXIII.*, 6. Oktober 1961, in: Florenz, Archivio La Pira, *Lettere non spedite [Nicht abgeschickte Briefe]*, anno 1961).

Das Apostolat der Laien

Euntes docete: Dieses allersüßeste Gebot der Liebe, das den Aposteln anvertraut wurde, legt die Kirche heute auch in die Hände der Laien: Auch zu ihnen, die mit der Amtskirche zusammenarbeiten, sagt der Herr: *In manibus tuis sortes meae.* Die gottfernen Laien mit einem Laienstand, der geheiligt ist durch ein von Gebet und mehr noch von Aufopferung erfülltes inneres Leben, zu Christus zurückzubringen: das ist das Merkmal des Apostolats unserer Zeit. Daraus folgt: Alle gesellschaftlichen Stände müssen ihre Laienapostel haben: Und diese Apostel müssen, auch wenn sie von den Dingen der Welt losgelöst sind und sich sanft zu den Dingen des Himmels hingezogen fühlen, mit den anderen Menschen und wie die anderen Menschen in der Welt leben, um zunächst - ohne ihren Argwohn zu wecken - ihr Vertrauen und sodann ihre Seele zu gewinnen. [...] Der Platz des Laienapostels ist in der Welt: Er ist Arbeiter, Angestellter, Fachkraft, Lehrer, Journalist, Abgeordneter, Minister und so weiter: Äußerlich gleicht er in allem einem anderen Menschen seines Standes: Der Unterschied ist ganz innerlich, denn dieser Mensch, der nach außen hin wie die anderen ist, trägt in sich, im Innersten seines Gemüts, die Lampe der göttlichen Liebe. [...] Der Zweck dieser Berufung ist klar: in dem gesellschaftlichen Kontext, den Gott zuweist, christlicher Sauerteig für die Seelen zu sein; und nur zu diesem einen Zweck und nur insofern dort zu sein, als dieser Zweck sich erfüllt. [...] Apostel in der Welt zu sein, ohne von der Welt zu sein und ohne von der Welt erkannt zu werden: das ist das Ordenskleid des Laienapostels.

(G. La Pira, *L'anima di un apostolo. Vita interiore di Ludovico Necchi*, Mailand [Vita e Pensiero] 1932, S. 38–44).

Christliches soziales Gewissen: von der Nächstenliebe zur Politik

Im Frühling 1934 öffnete die alte und in Vergessenheit geratene Kirche San Procolo im Zentrum von Florenz erneut ihre Pforten, um eine kleine Schar Verlassener aufzunehmen, die von einigen Freunden im gemeinsamen Gedenken an Pier Giorgio

Frassati, einen echten Apostel der Nächstenliebe, eingeladen worden waren, an der Festmesse teilzunehmen und ein bisschen Brot und Kleidung zu bekommen. Die erste Saat, die vor mittlerweile zehn Jahren ausgebracht wurde, wuchs rasch; schon bald ging man dazu über, zwei Messen feiern zu lassen, um die Männer von den Frauen zu trennen, da die einen wie die anderen inzwischen recht zahlreich geworden waren. Neue Freunde kamen zur ersten Gruppe hinzu, und so (nichts stiftet so große Einheit wie die gemeinsam praktizierte Nächstenliebe) entstand eine liebevolle, unzertrennliche Familie: die *Famiglia di San Procolo*. Die Brotkrise (1941–1942) stürzte *San Procolo* in eine unvorhergesehene Krise des Wachstums (und auch der Verwirrung); einige Zeit lang fehlte es in San Procolo nie an Brot, obwohl es in der Stadt bereits knapp geworden war. Man stelle sich das Gedränge vor! Dann kamen schmerzlichere Zeiten: Das Brot wurde für alle knapp! Das ist der Beginn einer radikal neuen Phase in der kurzen Geschichte dieser Liebesinitiative. Was sollte man anstelle von Brot austeilen? Ersatz war schnell gefunden: Man behalf sich mit den Suppen der Armenküchen. Doch das war nicht die Neuheit: Die Neuheit waren der kräftige Schub und der größere Radius, den das Werk ab Mai 1942 erhielt. […] Allein im Jahr 1943 wurden Hilfen im Wert von über einer halben Million ausgegeben. […] Das ist die kurze Geschichte der Messe von San Procolo: Doch wer diese Erfahrung selbst mitgemacht und erlebt hat, kann sich nicht auf den Tatsachen ausruhen, sondern fühlt sich gedrängt, darin ein (zwar kleines, aber nicht ganz wirkungsloses) Werkzeug für den religiösen und gesellschaftlichen Wiederaufbau der „christlichen Stadt" zu erkennen. Wird denn – während die Welt in der entsetzlichen vom Krieg verursachten Zerstörung aufgescheucht hierhin und dorthin flattert – durch den unmittelbaren Erfolg einer solchen Initiative nicht allen Christen ein gangbarer Weg gewiesen, irgendwie an der Neufügung der erschütterten Ordnung mitzuwirken, den entsetzlichen Äußerungen des Hasses eine breite Äußerung der Liebe entgegenzustellen? Heute [sind es] die „Geringsten" der Gesellschaft; morgen könnten sich auch jene um den Altar versammeln, bei denen der allzu bescheidene Ertrag der alltäglichen Mühsal nicht für das Lebensnotwendige ausreicht und denen hier, von der Liebe ihrer Brüder, die mehr Glück hatten als sie, ein Teil ihrer Lebensmittel zugemessen wird. Auf diese Weise würde der Altar des Herrn zur Mitte werden, in der die schon getrennten und entgegengesetzten Stände der menschlichen Gesellschaft zur Einheit zurückfänden. Hier würden die Glieder des gesellschaftlichen Leibes in Christus zusammengeschweißt; der Altar seines Opfers würde wieder zum Naht- und Gleichgewichtspunkt, in dem die Stände, aus denen die Gesellschaft unweigerlich besteht, sich verbinden. Nichts von alledem verändert auch nur irgendetwas am tieferen Sinn der christlichen Liturgie, im Gegenteil: Die Darbringung der Gaben erhält so ihre ursprüngliche Bedeutung zurück, und der Altar wird erneut zum Ort einer zeitlichen Gemeinschaft von Brüdern. Die Bedürftigen schöpfen aus dem gemeinsamen Vorrat, den die Liebe Gottes unter den Christen hat hervorbringen wollen. Dadurch wird jener unschöne Aspekt des Almosens beseitigt, das in Bezug auf seinen Empfänger oft als entwürdigend empfunden wird. Stattdessen erhält das Schöpfen aus jenem gemeinsamen brüderlichen Vorrat einen höheren Sinn: Man nimmt von dem, was uns gehört, weil es allen gehört und vor allem, weil es Christus gehört. Brüder im Gebet und am himmlischen Tisch, Brüder auch am irdischen Tisch. [...].

(G. La Pira, *Prefazione*, in: ders., *La messa di San Procolo*, Florenz [Libreria Editrice Fiorentina] 1983, S. 7–10; 1. Aufl. Brescia [La Scuola] 1945).

Bruder, der du dies liest, es ist mir ein Bedürfnis, heute einige Punkte mit dir zu besprechen, die wesentliche Aspekte unserer christlichen Berufung betreffen. Es handelt sich um Fragen, die immer wieder in meinem und deinem Herzen aufsteigen. Diese Fragen stellen sich im Hinblick auf die heutige Welt: Du wirst verstehen; wir sind in dieser Welt, auch wenn die Gnade Christi uns ihrer Herrschaft entzogen hat; doch nicht nur das; denn was bedeutet „Ihr seid das Salz der Erde", „Ihr seid das Licht der Welt"? Was bedeutet der Vergleich mit dem Sauerteig, mit dem Samenkorn und so fort? Es bedeutet, dass wir eine Mission der Veränderung zu erfüllen haben; es bedeutet, dass wir durch unser Liebesopfer, dem die Gnade Christi Wirksamkeit verleiht, die Strukturen dieser Welt – soweit dies eben geht – verändern sollen, damit sie dem Ruf Gottes bestmöglich entsprechen („*adveniat regnum Tuum sicut in coelo et in terra*").

[…] Unsere Berufung ist nicht … priesterlich; wir sind Laien: das heißt Geschöpfe, die Teil des gesellschaftlichen Leibes sind und unmittelbar mit den Strukturen der menschlichen Stadt in Berührung kommen: Wir sind Familienväter, Eltern, Angestellte, Unternehmer, Künstler, Kaufleute, Militärs, Politiker, Landwirte und so fort; unser Lebensstand macht uns nicht nur zu Zuschauern, sondern zwangsläufig zu Akteuren der größeren menschlichen Dramen. Wie könnten wir über die Probleme hinwegsehen, die unsere Arbeit unmittelbar betreffen? Die Kindererziehung, die Unterweisung in Wahrheit oder Irrtum, den Gegensatz zwischen Kapital und Arbeit, die Unterdrückung durch den industriellen Technizismus, den Wert des künstlerischen Ausdrucks, die Ehrlichkeit im Handel, die Tragödien des Krieges, die (unterdrückerischen oder menschlichen?) Strukturen des Staates, die Probleme der landwirtschaftlichen Ausbildung und so fort. […]

Wir müssen den geschlossenen Garten des Gebets verlassen - und doch in tiefster Seele mit ihm verbunden bleiben; wir müssen hinausgehen aufs Feld; unser Werkzeug verfeinern: Denken, Bildung, Wort, Arbeit usw., alles Pflugscharen, um das Feld der neuen Mühsal zu bestellen, alles Waffen, um unseren Kampf der Veränderung und der Liebe zu kämpfen. Die verfehlten Strukturen der menschlichen Stadt zu verändern; das verfallende Haus des Menschen wieder instand zu setzen! Das ist die Mission, die Gott uns anvertraut! Du wirst mir sagen: Aber ist das wirklich unsere Aufgabe? Könnten wir uns nicht stärker auf das Gebet konzentrieren? Muss es wirklich sein, dass wir uns mit diesem ganzen riesigen Komplex von Problemen beschäftigen, die die Seele von dem ablenken, was allein notwendig ist? Die Antwort ist klar: Das Gebet genügt nicht; das innere Leben genügt nicht; dieses Leben muss sich äußere Kanäle bauen, die dafür sorgen, dass es in der Stadt des Menschen zirkuliert.

Wir müssen sie verändern, die Gesellschaft.

(G. La Pira, *La nostra vocazione sociale,* hg. v. M. de Giuseppe, Rom [AVE] 2004, S. 41–43; 1. Aufl. 1945).

Liebe Fioretta,

es gilt, jeden Tag, in jedem Abschnitt des Tages auf den grundlegenden Gedanken, die grundlegende Erfahrung zurückzukommen: *Verbum caro factum*: Wo? In der Unbefleckten Jungfrau: aber auch - und das ist neben dem vorigen das wesentliche Geheimnis - in uns!

Das göttliche Wirken, durch das der Vater in der personalen Liebe des Heiligen Geistes das Wort zeugt, diese göttliche Zeugung, die der Stadt Gottes ewige Freude schenkt, dieses selbe Wirken vollzieht sich ebenso in Maria wie auch in uns: Die Seele wird von diesem Geheimnis des Lebens und der Liebe „berührt“ und nimmt in der Stille und im süßen und reinen Jubel des Herzens diese ewige Zeugung wahr!

Das Wort in uns: die ganze Dreifaltigkeit in uns! Das, liebe Fioretta, ist das Geheimnis von Licht und Güte, das uns das Herz verzückt. Was ist das Gebet? Was ist das ganze Leben der Anbetung? Was ist das ganze apostolische Leben? Alles – innere wie äußere – christliche Tun lässt sich in diesem lieblichsten Geheimnis des *Verbum caro factum* in uns zusammenfassen: in dieser wirklichen inneren Zeugung, die der Vater im Sohn in der Einheit des Heiligen Geistes in uns vollzieht. So, in der Wahrnehmung und Vertiefung dieses Geheimnisses von Licht und Freude zu leben: Das ist die Aufgabe, die der Herr uns zugedacht hat! […].

(Giorgio La Pira, *Brief an Fioretta Mazzei*, undatiert, aber vom 9. Dezember 1948, in: G. La Pira – F. Mazzei, *Radicati nella Trinità*, Florenz [Polistampa] 2018, S. 391–392).

Die Kraft des Gebets

Ehrwürdige Mutter,

dieses Rundschreiben des Obersten Rats der Vinzenzkonferenzen der Toskana – dem in regelmäßigen Abständen weitere folgen werden – bedarf vor allem einer Erklärung.

Warum wenden wir unsere Aufmerksamkeit den Klausurklöstern zu?

Hier ist schon gleich die erste Antwort: Trifft es denn vielleicht nicht zu, dass diese Klöster – aus den unterschiedlichsten gesellschaftlichen Gründen – zu einem großen Teil in äußerst beengten wirtschaftlichen Verhältnissen leben? […] Wir werden also ein „Inventar“ aller bedürftigen Klausurklöster erstellen und nach Modalitäten, die noch festzulegen sind, einen echten „Hilfsplan" ausarbeiten. [...] Doch es gibt noch einen tieferen, entscheidenderen Grund, und zwar den folgenden: Der Oberste Rat der Vinzenzkonferenzen der Toskana will – entsprechend den jüngsten Weisungen der Kirche – mit dieser seiner Maßnahme die Aufmerksamkeit der Katholiken und Nichtkatholiken mehr und mehr auf die wesentliche Bedeutung lenken, die das kontemplative Leben nicht nur für das Christentum, sondern auch für die christliche Gesellschaft und Zivilisation besitzt. [...] Der Friede der Kreuzgänge, die Stille der Klöster, die tiefe Erfahrung des Lebens Gottes in den Seelen, der jungfräuliche Frühling der allein Gott geweihten Geschöpfe, dieses ganze Gefüge aus ewigen „Werten", die gleichsam aus dem Stamm des menschgewordenen Wortes gesprossen sind, war in den vergangenen Jahrhunderten die Wurzel, aus der die unvergänglichen Reichtümer der christlichen Zivilisation gesprossen sind.

Gut denn: Unsere Zeit braucht dieses Wertegefüge, um sich mit neuer Tatkraft dem Reich Christi zu öffnen: Zeichen von Reinheit, Licht, Schönheit und gegenseitiger Liebe. An diesem entscheidenden Punkt des Laufs der Geschichte, an diesem realen „Wendepunkt" der Kirche und der Zivilisation kann die Aufmerksamkeit der eher denkerisch veranlagten Geschöpfe gar nicht umhin, sich den Gipfeln der Kontemplation und des Friedens zuzuwenden.

Es gilt, dem Leib der Gesellschaft und der Zivilisation diesen heiligen Zweig der Anbetung, des Gebets, der betenden und büßenden Jungfräulichkeit aufzupfropfen: Die „neue" Zivilisation kann nicht ohne diese göttlichen Fundamente aufgebaut werden, die das Leben des Menschen und die Geschichte und Zivilisation des Menschen fest im Herzen der Dreifaltigkeit selbst verankern.

Gerade weil sich der menschlichen Betrachtung heute riesige scheinbar „materielle", im Grunde aber spirituelle Probleme darbieten – das Problem, allen Brot, Arbeit und Obdach zu geben –, gerade weil weltliche Erfordernisse des industriellen und landwirtschaftlichen Lebens den Menschen zu den sichtbaren und irdischen Problemen hinziehen, ist es notwendig, dass die Probleme Gottes und die unsichtbaren und himmlischen Werte von Geschöpfen, die Gott eigens zu diesem Zweck berufen hat, mit größerer Intensität geliebt, bedacht und betrachtet werden. Noch nie war es wichtiger als heute, eben durch die Erfahrung der Klausurklöster den konkreten Nachweis zu erbringen, dass das höchste Tun des Menschen letztendlich darin besteht, sich an Gott zu erfreuen (*Summum quidem et perfectum bonum hominis est Dei fruitio*, sagt der hl. Thomas).

(G. La Pira, *Firenze San Mattia Apostolo 1951: Lettere alle Claustrali*, I, Mailand [Vita e Pensiero] 1978, S. 3–5).

Betet der heutige Mensch noch?

Ich glaube, dass er, absolut gesprochen, mehr betet als gestern. Denn er betet oft auch dann, wenn er sich dessen nicht bewusst ist. Das Leben und das Zeitgeschehen ziehen uns inzwischen alle so rasch und so tief in die gemeinsamen Probleme hinein, dass das Gebet nicht mehr sein kann, was es jahrhundertelang war, nämlich vor allem eine auch physische Abgeschiedenheit, eine materielle Stille, die die Ablehnung und Flucht der umgebenden Wirklichkeit mit sich brachten. Was ist das Gebet? Die Definition des hl. Thomas ist noch immer gültig: *Elevatio mentis in Deum*. Und was bedeutet das heute? Es bedeutet, dass wir unseren Versuch, die Wirklichkeit, in die wir hineingezogen werden, zu beurteilen, in einer vertikalen Bewegung auf Gott übertragen und dass wir uns auf Gott selbst berufen, damit er der ganzen Geschichte des Menschen, der Völker, trotz allem ihre geheimnisvolle, oft unbewusste, aber deshalb nicht weniger tiefe Bedeutung eines Heilswegs bewahrt.

„Den Sinn zu Gott erheben" heißt nicht, die Wirklichkeit abzulehnen, sondern sie tiefer und eschatologischer zu deuten. Nicht, sie zu fliehen, sondern ihr entgegenzugehen, sie in uns selbst auf ihren mysterienhaften und dialektischen Ursprung zurückzuführen. Es heißt, sich bewusst zu machen, dass Gott eher „innerhalb" als „außerhalb" der Wirklichkeit der Ereignisse ist. Nach dem Bundesschluss, nach der Menschwerdung des Wortes hat Gott sich endgültig auf das Schicksal der Menschen eingelassen. [...] Man muss vor der „Vornehmheit" gewisser „Einsamkeiten" und gewisser fleischloser und sogar unmenschlicher „Stillen" fliehen, um im Getöse des Leidens und der Bedrängnis des Menschen den Sinn und das Zeichen Gottes wiederzuentdecken. Die „Zeichen der Zeit", die uns das Konzil in Erneuerung der Einladung Christi ans Herz gelegt hat, verlangen diese Art des Betens, die mit einem Urteil über die Wirklichkeit einhergeht. Auch während man die Zeitung liest, kann, ja muss man beten. [...] Kurzum, aus dem „Vokativ" einer gewissen Betweise früherer Zeiten wird ein „Operativ"; aus dem „mein Gott" so vieler privater Gebete wird das „Vater unser" des Evangeliums; ja – sagen wir es ruhig – aus einem „individuellen" wird ein „soziales" Beten.

(G. La Pira, *L'uomo d'oggi prega anche leggendo il giornale*, in: *Testimoni nel mondo. Pagine di vita spirituale*, Nr. 17, Mailand [Edizioni Opera della Regalità] 1977; ebenso in: *Così in terra come in cielo*, Mailand [Edizioni Opera della Regalità] 1977, S. 28–31).

Bibliographie

Cortesi, A., *Le radici di un impegno. Giorgio La Pira testimone di pensiero e di azione*, in: M. Agostino (Hg.), *Spes contra spem II. Atti del 2 Convegno nazionale dei Circoli Giorgio la Pira*, Gli elettronici della Badia 1, Florenz (Polistampa) 2016, 8–46.

La Pira G., *Beatissimo Padre. Lettere a Pio XII*, hg. v. A. Riccardi – I. Piersanti, Mailand (Mondadori) 2004.

–, *La preghiera forza motrice della storia. Lettere ai monasteri femminili di vita contemplativa*, Rom (Città Nuova) 2007.

–, *Lettere a Giovanni XXIII. Il sogno di un tempo nuovo*, hg. v. A. Riccardi – A. d'Angelo, Cinisello B., MI (San Paolo) 2009.

–, *Abbattere i muri e costruire i ponti. Lettere a Paolo VI*, hg. v. A. Riccardi – A. d'Angelo, Cinisello B., MI (San Paolo) 2015.

La Pira G. – Mazzei F., *Radicati nella Trinità. Carteggio 1943–1957*, Florenz (Polistampa) 2019.

La Pira G. – Montini G. B., *Scrivo all'amico. Carteggio (1930–1963)*, hg. v. M. C. Riolli – G. E. Bonuria, Brescia (Studium) 2019.

Martini L. (Hg.), *Giorgio La Pira e la vocazione di Israele*, Florenz (Giunti) 2005.

Nistri S. – Vezzosi G., *La nostra cittadinanza è nei cieli: la spiritualità di Giorgio La Pira*, Gli elettronici della Badia 11, Florenz (Fondazione La Pira) 2020.

Pancaldo D. M., *Preghiera e vita. La direzione spirituale come relazione di amicizia nel carteggio La Pira-Ramusani*, Florenz (Polistampa) 2011.

Possenti V. (Hg.), *Nostalgia dell'altro. La spiritualità di Giorgio La Pira*, Genua (Marietti) 2005.

Vezzosi G., *Edificare il corpo di Cristo. Per una visione teologico-spirituale in Giorgio La Pira*, Montespertoli (Aleph Edizioni) 2007.

3 | Der Antifaschismus und die Architektur eines demokratischen Staates

Einleitung

Als ganz junger Mann begrüßte Giorgio La Pira den Marsch auf Rom als Chance auf ein Wiedererstehen Italiens, das im Ersten Weltkrieg einen schmerzlichen Sieg errungen hatte: Mussolini schien – wie Lenin für Russland – imstande, den authentischen Geist des italienischen Volkes und seines ureigenen historischen und metaphysischen Wesens zu verkörpern: In Italien definierte sich dieses historische Wesen des Volkes über seine traditionelle Zugehörigkeit zum Katholizismus und über seine Verehrung des Papstes in Rom als des politischen und religiöses Zentrums der westlichen Welt. Letztendlich konnte der Faschismus akzeptiert und unterstützt werden, insofern er das Modell einer bürgerlichen Gemeinschaft verwirklichte, wie sie das päpstliche Lehramt nach und nach über die Kategorie vom Sozialen Reich Christi definiert hatte. In dieser Phase, also zwischen 1921 und 1924, ist Don Sturzos *Popolarismo* dem jungen La Pira im Wesentlichen fremd und er hat keinen Anteil an den ersten Aufwallungen des demokratischen Katholizismus.

Getreu dem Lehramt der Kirche, die in jenen Jahren darauf hinarbeitete, Konkordate mit den neuen europäischen Regimes abzuschließen, begegnete La Pira wie viele andere in der Kirche dem neuen politischen Kurs zunächst zustimmend und ohne Kritik zu äußern. Das entsprach im Übrigen auch der klaren und kämpferischen Linie von Pater Agostino

Gemelli, dem Gründer der *Università Cattolica* und unzähliger anderer Initiativen wie etwa des *Pio Sodalizio della Regalità di Cristo*, dem La Pira von Anfang an, also ab August 1928, angehören sollte. Gemellis Ansatz war es bekanntlich, das faschistische Regime so gründlich wie möglich zu „katholisieren". Die gesamten 1930er Jahre hindurch scheinen La Piras und Pater Gemellis Ansichten im Wesentlichen deckungsgleich.

Angesichts der korporatistischen Ordnung, die der Faschismus zwischen 1934 und 1939 in die Praxis umsetzte, rief La Pira die katholische Welt Italiens dazu auf, ihren eigenen Beitrag zu leisten: Zwei Artikel, die in der Zeitschrift *Il Frontespizio* erschienen, „Natura dell'uomo e ordine giuridico" (1937) und „Architettura del corpo sociale" (1938), markieren, wenn man so will, La Piras Bekehrung zur Politik. Darin umriss La Pira die Notwendigkeit, die neue, korporatistische Architektur des Regimes auf die authentische Natur und Bedeutung der menschlichen Person zu gründen, deren Hüterin die Kirche war. Der Hinweis auf den Vorrang der *Lex Naturae* vor jedweder positiven Gesetzgebung war eine deutliche Kritik an der „totalitären Wende" des faschistischen Regimes, die sich seit der Annäherung an Nazideutschland zwischen 1936 und 1937 immer stärker ausprägte. Die im September 1938 verabschiedeten Rassengesetze waren für La Pira ein Punkt ohne Wiederkehr. Von da an ist sein Antifaschismus radikal und eindeutig und sein christliches Gewissen zutiefst erschüttert über das schuldhafte Schweigen etlicher Freunde und Weggefährten. Als Giovanni Papini ihm ebenfalls in *Il Frontespizio* vorwirft, den diensthabenden Steuermann mit der *Summa Theologiae* des heiligen Thomas bei der Arbeit zu stören, wird La Pira versuchen, dem christlichen – und mithin notwendig antitotalitären, antirassistischen und antiklassistischen – „Personalismus" in der Zeitschrift *Principi* eine Stimme zu geben, die zwischen 1939 und 1940 als Beilage zur Dominikanerzeitschrift *Vita Cristiana* erscheint.

In den 1930er und 40er Jahren versucht sich La Pira an der Ausarbeitung einer eigenständigen personalistischen Philosophie auf der Grundlage einer aufmerksamen Lektüre der Texte Thomas von Aquins, die schließlich dazu führt, dass er sich den Sichtweisen anschließt, die Jacques Maritain in seiner 1936 in Frankreich erschienenen Schrift *Humanisme intégral* dargelegt hatte. Bei diesem Bemühen um eine theoretische Vertiefung versäumt es La Pira nicht, sich auch mit den wichtigsten Texten jener politischen Moderne auseinanderzusetzen, deren unterschiedliche Phasen vom Lehramt der Kirche als Etappen auf einem Weg stigmatisiert worden waren, der immer weiter von Christus und von der christlichen Zivilisation wegführte: Rousseau, Kant, Hegel, Marx. Auf diese Weise wuchs in La Pira die Überzeugung, dass sowohl der Liberalismus aufklärerischer Prägung als auch der Marx'sche Kommunismus einige positive Aspekte enthielten, die sich mit einer christlichen und mithin authentisch menschlichen Sicht der Person und der Gesellschaft vereinbaren ließen.

Aus dieser intensiven Arbeit einer Wiederlektüre und Revision sowohl der thomistischen Philosophie als auch der Klassiker des modernen politischen Denkens sollten die drei umfassendsten der lapiraschen Schriften hervorgehen: *Il valore della persona umana*, ein Werk, das bereits 1943 druckfertig vorlag, aber erst 1947 veröffentlicht wurde; *La nostra vocazione sociale*, eine Sammlung von Artikeln, die zwischen 1941 und 1944 erschienen waren; und *Premesse alla politica*, eine Reihe von Vorlesungen, die er im Frühling 1944 beim *Istituto Cattolico di Attività Sociale* gehalten hatte.

Nach dem 8. September 1943 zwingen der Einmarsch der Deutschen und die Gründung der Italienischen Sozialrepublik (auch Republik von Salò genannt) La Pira dazu, Florenz zu verlassen und, um einer Verhaftung zu entgehen, zunächst bei der Familie Mazzei in Fonterutoli unweit von Siena und später in Rom Zuflucht zu suchen. Erst im September 1944, gleich nach der Befreiung der Stadt, sollte er nach Florenz zurückkehren.

1946 wurde er als Abgeordneter in die Verfassunggebende Versammlung gewählt, zu deren Arbeiten er einen wesentlichen Beitrag leistete. Im Verlauf der allgemeinen Debatte über den Verfassungsentwurf hielt La Pira am 11. März 1947 eine Rede, in der er eine Art Quintessenz jener Ideen vorlegte, die seit den 1930er Jahren in ihm herangereift waren: Er umriss die Grundzüge seiner Vorstellung von einer konstitutionellen Architektur und erläuterte die philosophischen Prinzipien, die seiner Meinung nach als gemeinsames Fundament akzeptiert werden mussten, ehe man sich den sozialen und politischen Fragen zuwenden konnte.

Seine Auffassung von der Architektur des demokratischen Staates fußte auf der Abgrenzung gegen zwei historische Ansätze, die es zu vermeiden galt: der von der hegelschen Sichtweise inspirierten Staatsvergottung einerseits und dem vom Liberalismus der Französischen Revolution inspirierten Individualismus andererseits. Das hegelianische Staatsverständnis hatte de facto als theoretisches Gerüst für die autoritären und totalitären Regime hergehalten, die den Vorrang des Staates vor den Einzelnen und vor den sozialen Strukturen betont hatten. Die aufklärerische Sicht vom Individuum als einer Art sozialem Atom hatte hingegen den theoretischen Rahmen für die liberalen Demokratien des 19. Jahrhunderts geliefert, die jedoch außerstande gewesen waren, die Herausforderungen zu erkennen und anzugehen, die die Entstehung der Arbeiterklasse mit sich brachte.

Als Alternative zu diesen Ansätzen schlägt er ein Modell vor, das in anthropologischer wie politischer Hinsicht an

Thomas von Aquin angelehnt ist. Es handelt sich um eine Sichtweise, die von der zentralen Stellung der menschlichen Person ausgeht und nicht nur dem einzelnen Individuum, sondern auch der Vielzahl der natürlichen Bezugsgemeinschaften gerecht werden will, in denen dieses Individuum lebt und arbeitet: Familie, Schule, berufliches Umfeld, Stadt. Dementsprechend werden nicht nur die individuellen Rechte als historische Errungenschaft des Liberalismus, sondern im Zuge der Anerkennung der strukturellen gemeinschaftlichen Berufung des Individuums auch die sozialen Rechte als legitime Forderung der sozialistischen politischen Kräfte anerkannt.

Sein Beitrag zur Redaktion des Verfassungstexts stand mithin im Kontext der Suche nach einem „gemeinsamen Terrain, auf dem verschiedene ideologische und politische Strömungen zusammenfließen konnten", wie Togliatti es formulierte, der damit die Grundausrichtung von La Piras Arbeit auf den Punkt brachte.

Texte

Italien 1946: das neue gemeinsame Haus

[…] Als die Vorsehung mich aus meinem normalen Leben der Betrachtung und des Studiums herausriss und mich in die Bänke der Verfassunggebenden Versammlung setzte, fand ich mich in der Gemütsverfassung eines „Architekten" wieder, dem die Aufgabe anvertraut werden sollte, anstelle eines alten, teilweise oder ganz eingestürzten Gebäudes ein neues zu errichten.

Und so war es nur natürlich, dass mir die Probleme in den Sinn kamen, die sich aus einer solchen Situation ergeben: Warum ist das vorherige Verfassungsgebäude teilweise oder ganz eingestürzt? Wie soll man dieses neue Verfassungsgebäude bauen, damit ihm nicht dieselben Schwächen innewohnen wie dem vorherigen und es sich vielmehr mit einer inneren Festigkeit präsentiert, die geeignet ist, die zukünftigen Themen und die zukünftigen historischen Situationen in Angriff zu nehmen? Das ist der Gemütszustand, in dem sich jedes Mitglied einer Verfassunggebenden Versammlung zu allen Zeiten befunden hat.

[…] Wenn Sie die wesentlichen Elemente eines Verfassungsgebäudes studieren, können Sie leicht feststellen, dass es die folgenden sind: *a) die technisch-juristischen Elemente*, aus denen das rechtliche Gefüge der Verfassung gebaut wird (in seinen beiden Teilen: Erklärung der Rechte und Struktur des Staates); *b) die sozialen Elemente*, das heißt, eine bestimmte Auffassung von der gesellschaftlichen, wirtschaftlichen und politischen Ordnung, die in der Verfassung ihren rechtlichen Niederschlag findet; *c) die theoretischen Elemente*, das heißt eine bestimmte Auffassung vom Menschen und vom Verhältnis zwischen Mensch und Gesellschaft und zwischen Mensch und Staat: Diese Auffassung ist wie ein Gesetz, das explizit oder implizit über die Gesellschaftsauffassung und das rechtliche Gefüge der Verfassung entscheidet.

Wenn man eine aussagekräftige Analogie zu Hilfe nehmen will, könnte man sagen: Jede Art von Verfassung ähnelt einem Gebäude mit einer bestimmten Architektur, das aus drei Teilen besteht: 1) *der theoretischen Basis* (aus der das Gebäude seine architektonische Inspiration schöpft); 2) *dem Leib des Gebäudes* (der aus der gesellschaftlichen Ordnung besteht); 3) *dem Gewölbe des Gebäudes* (das aus dem rechtlichen und technischen Gefüge der Verfassung besteht). […]

Und kommen wir nun zum Problem der Konstruktion: Jeder kundige Architekt geht folgendermaßen vor: Er kümmert sich zunächst darum, die Mängel des eingestürzten Gebäudes kennenzulernen, und baut das neue dann so, dass diese Mängel vermieden werden. Und er versäumt es auch nicht, das, was sich in den eingestürzten Strukturen vielleicht noch an Gutem finden lässt, für den neuen Bau zu nutzen.

Wie wird die Architektur des neuen Verfassungsgebäudes also beschaffen sein? Die erste Antwort lautet: Es gilt, eine zweifache Klippe zu umschiffen: den Individualismus auf der einen und den Etatismus auf der anderen Seite. Es gilt, ein Verfassungsgebäude zu errichten, das sich nicht in einer Krise befindet, das zur menschlichen Natur und zur realen Struktur des gesellschaftlichen Leibes nicht im Missverhältnis steht: weil diese Natur und diese Struktur weder an dem einen noch an dem anderen Übermaß kranken.

Die – recht geglückte – Formel, die diesen neuen Verfassungstyp bezeichnet und seine Architektur definiert, ist folgende: *personalistischer und pluralistischer Verfassungs-*

gebäudetyp. Was heißt das? Die Untersuchung, die wir weiter oben über die drei wesentlichen Elemente eines Verfassungstyps angestellt haben, wird uns die Antwort geben.

A. *Theoretische Basis*. Die Auffassung von der menschlichen Person – ihren Zielen und ihrer Autonomie – und ihrem Verhältnis zur Gesellschaft und zum Staat ist sehr präzise: Die menschliche Person – *id quod est perfectissimum in tota natura*, sagt der hl. Thomas – hat eigene Ziele, die sich nicht in den Zielen der Gesellschaft und des Staates erschöpfen: Sie gehen über diese ja immer nur zeitlichen und äußerlichen Ziele hinaus, weil das höchste Ziel der Person ein innerliches, geistliches und ewiges Ziel ist, das in der Vereinigung mit Gott besteht (*in Dei visione consistit*).

Die Person besitzt also eine ureigene Autonomie (Freiheit), mittels derer sie sich auf das ihr eigene Ziel hin ausrichtet.

Und dennoch ist die Person nicht asozial, geschweige denn antisozial: Sie ist vielmehr von Natur aus sozial: Das bedeutet, dass die menschliche Persönlichkeit sich schrittweise in einer Reihe von Organismen entfaltet – vom familiären bis hin zum territorialen, dem beruflichen, dem der Klasse, dem politischen, kulturellen, religiösen –, die sie integrieren und erheben: Die Norm, die solche Organismen reguliert, ist die der Solidarität, des gemeinsamen Zwecks: Was zählt, ist die Unterordnung jedes Einzelnen unter das Wohl aller.

Also wird das grundlegende Prinzip „Gesellschaft und Staat [sind] für die Person [da] und nicht die Person für Gesellschaft und Staat“ durch ein zweites ergänzt: „Die Person ist dem wahren sozialen und politischen Gemeinwohl untergeordnet, welches in letzter Konsequenz immer das vollständige Wohl der Person ist“.

Aus diesen Prinzipien folgt auch, dass die sozialen Organismen, durch die sich die menschliche Persönlichkeit Schritt für Schritt entfaltet – gemeinsame Frucht einer natürlichen und freiheitlichen Tendenz –, keine „Organe" einer vereinnahmenden, nämlich der staatlichen Gemeinschaft sind. Sie haben vielmehr jeder seinen eigenen Zweck, seine eigene Autonomie, seine eigene Entwicklung – und mithin seinen eigenen Rechtsstatus –, den der Staat anerkennen und schützen muss.

B. *Gesellschaftlicher Leib.* Nun liegt die „pluralistische" Struktur des gesellschaftlichen Leibes offen zutage: Wir können sie auch organische Struktur nennen (Toniolo): Das bedeutet, dass sie aus einer koordinierten, aber immer eigenständigen Vielzahl von Organismen resultiert, die, wie gesagt, eine eigene Struktur, eigene Ziele, eine eigene Autonomie und ein eigenes Recht haben.

Daraus folgt eines: Jeder einzelne Mensch besitzt mehrere *Status*: so viele, wie er wesentlichen Gemeinschaften angehört. [...]

C. *Rechtsgefüge.* Das Verfassungsgefüge liegt nun offen zutage: wie der Leib, so auch das Gewand; die personalistische und pluralistische Auffassung – Basis und Leib des Gebäudes – wird von einem Gewölbe gekrönt werden, das dieses zweifache wesentliche Erfordernis widerspiegelt.

Also: vor allem Anerkennung und Schutz der natürlichen Rechte der menschlichen Person: Rechte, die mithin jeder staatlichen Anerkennung vorgeordnet und deshalb unverletzlich sind.

Bis hierher ist die Übereinstimmung mit der [französischen] Verfassung von '89 vollständig. Doch die Unterscheidung beginnt sogleich.

Die Antwort muss aus dem zweifachen Aspekt der menschlichen Persönlichkeit gewonnen werden: dem der Freiheit und dem der Solidarität (Sozialität); manche Rechte wurzeln in der Ersten, manche in der Zweiten: Die Gesamtheit der einen und der anderen bildet den vollständigen Rahmen dieser wesentlichen natürlichen Rechte des Menschen.

(G. La Pira, *Architettura di uno Stato democratico*, in: U. de Siervo [Hg.], *Principi contro i totalitarismi e rifondazione costituzionale*, Edizione Nazionale delle opere di Giorgio La Pira, Bd. 3, Florenz [Firenze University Press] 2019, S. 833; 838–848 [1. Aufl. 1947]).

Die architektonischen Linien der Republik

[…] Die derzeitige Verfassungskrise hängt wesentlich auch mit der derzeitigen historischen Krise zusammen; einer Krise, die alle menschlichen Beziehungen betrifft, die theoretischen ebenso wie die sozialen. Wenn wir die feste Linie dieser neuen Verfassungsarchitektur also wirklich wiederfinden wollen, dann werden wir nicht umhinkönnen, die derzeitige Verfassungskrise mit Blick auf die Krise anzugehen, die die heutige Gesellschaft bedrängt. Daraus ergeben sich folgende Probleme: 1.) die Existenz einer sehr weitreichenden Krise festzustellen, die alle theoretischen und praktischen Ordnungen des Lebens umfasst; 2.) genau zu bestimmen – weil wir ein bisschen wie Architekten und deshalb darauf angewiesen sind, die Begriffe und, so möchte ich sagen, auch die Worte auszumessen –, was eine Verfassungskrise eigentlich ist; 3.) herauszufinden, weshalb einige frühere Verfassungstypen in eine Krise geraten sind; 4.) es so zu machen wie der Architekt, der das eingestürzte Gebäude zunächst begutachtet und dann versucht, es wiederaufzubauen und dabei die Mängel des von ihm studierten Gebäudes zu vermeiden. […] Wann ist eine Verfassung nicht in der Krise? Das liegt auf der Hand: Wenn das Verhältnis zwischen der rechtlichen Ordnung und der gesellschaftlichen und menschlichen Ordnung angemessen ist. Ich möchte hier an jene lapidare Definition von Dante erinnern; demnach ist das Recht *realis et personalis hominis ad hominem proportio*. Wenn Sie ein Verfassungsgebäude, also eine rechtliche Ordnung der Gesellschaft haben, die dem gesellschaftlichen Leib angemessen ist, die den menschlichen Beziehungen angemessen ist, dann ist diese Verfassung richtig. Wenn Sie aber eine rechtliche Ordnung, eine Verfassung haben, die dem gesellschaftlichen Leib, der gesellschaftlichen Wirklichkeit und mithin der menschlichen Wirklichkeit nicht angemessen ist, dann befindet sich diese Verfassung in einer Krise. Ich könnte eine Reihe historischer und literarischer Beweise anführen, um diese Aussagen zu belegen; aber ich will nur zwei historische Beispiele nennen, die mir sehr wichtig erscheinen; die Verfassung von 1789 und ihr Gegenteil, die sowjetische Verfassung. […] Wir erkennen *a priori* den wertvollen Beitrag an, den die eine wie die andere zur Verwirklichung der menschlichen Zivilisation geleistet hat; doch es ist das eine, die Beiträge anzuerkennen, die ich in einem System finde, weil sie von Menschen hervorgebracht und damit letztlich fähig sind, gute Früchte hervorzubringen, und es ist etwas anderes, wenn das System in sich verdorben ist. Wenn ich mir nun also die Verfassung von 1789 ansehe und ihre theoretische Basis analysiere, dann stelle ich fest, dass die Mitglieder der Verfassunggebenden Versammlung einen Leitgedanken hatten, der aus Jean-Jacques Rousseaus Buch *Vom Gesellschaftsvertrag* stammte: Dieses Buch war der Katechismus, das Fundament, auf dem die Verfassung von 1789 errichtet wurde.

Und ebenso stelle ich mit Bezug auf die sowjetische Verfassung fest, dass auch sie sich unweigerlich auf diese theoretische Struktur gründet, die in einer bestimmten Auffassung vom Menschen und seinen Beziehungen zur Gesellschaft und zum Staat besteht.

Was sollen wir nun tun?

Wenn das wahr ist, das heißt, wenn es wahr ist, dass jeder Verfassungstyp diese drei Elemente aufweist: die theoretische Basis, den gesellschaftlichen Leib und das rechtliche Gewölbe, dann müssen wir herausfinden, weshalb es in Italien zu einer Verfassungskrise gekommen ist, die zwei Verfassungstypen betrifft: Die eine Verfassung hat das faschistische Regime, wenn schon nicht geschrieben, so doch in ihren wesentlichen Teilen ausgearbeitet, und die andere, frühere Verfassung ist die des individualistischen Typs, die auf 1789 zurückgeht.

Warum sind diese beiden Verfassungstypen eingestürzt und ist ein neuer Verfassungstyp erforderlich?

Beginnen wir mit der Verfassung des – um es einmal so zu nennen – hegelianischen, etatistischen Typs. An der Basis dieser Verfassung finde ich eine bestimmte Auffassung vom Menschen und seinen Beziehungen zur Gesellschaft und zum Staat. Ich finde jenen berühmten hegelianischen Satz, der im Hinblick auf die Verfassung von immenser Bedeutung ist und der folgendermaßen lautet: „Die menschliche Person ist der Gesellschaft und dem Staat nicht vorgeordnet, sondern ein wesentlich mit dem gesellschaftlichen Leib und, genauer noch, mit dem Staat verbundenes Element". Der Staat ist eine substantielle und keine relationale Einheit: Die juristische Tragweite dieses Unterschieds ist immens.

Wenn diese These zutrifft, dann stimmt auch das berühmte Dictum: Alles im Staat, nichts außerhalb des Staates. In der Konsequenz aber heißt das, dass ein dem staatlichen Recht vorgeordnetes Recht – ein Naturrecht oder wie Sie es auch immer nennen mögen – juristisch nicht gedacht werden kann. Dann gibt es in der menschlichen Person keine Rechte, die der Staat lediglich anzuerkennen und zu beschützen, aber nicht auch zu erschaffen berufen ist. Eine solche Auffassung von der Person, der Gesellschaft und dem Staat führt unweigerlich zur radikalen Ausrottung der menschlichen Freiheit und der menschlichen Person und mithin zur Abschaffung der natürlichen Rechte des Menschen. Und geben Sie Acht: Das deutsche positive Recht war auch schon vor Hitler äußerst konsequent, als es erklärte, dass es keine natürlichen Rechte, sondern lediglich ein positives Recht gebe, die Rechte des Menschen mithin staatliche Zugeständnisse seien, die der Staat so, wie er sie gewähre, zu gegebener Zeit um seiner Ziele willen auch wieder zurücknehmen könne.

Nach der theoretischen Basis die soziale Struktur. Sehen Sie sich an, worin nach der hegelianischen Auffassung, die hier vorherrscht, die sozialen Körperschaften bestehen. Das Problem ist noch immer ein juristisches, kein metaphysisches. Was sind die sozialen Körperschaften, die noch nicht der Staat selbst sind? Organe des Staates. Wie die Person keinen eigenen Zweck und mithin keine eigene Freiheit hat, so haben auch alle Körperschaften, die noch nicht der Staat selbst sind, keinen eigenen Zweck und keine eigene Freiheit und mithin keinen eigenen Rechtsstatus, sondern sind Organe des Staates, will sagen: ohne ureigenen Wert und ohne ureigenes Recht.

Und nun die juristische Wende: Wir müssen uns nur die gesamte wirtschaftliche wie politische wie kulturelle wie religiöse Struktur des nach faschistischer, das heißt nach hegelianischer Manier verfassten Staates vor Augen führen, um zu erkennen, dass der Staat dieser absolute (Gott auf Erden, wie Hegel sagte), dieser allmächtige, einzige Schöpfer des Rechts ist; während die Einzelnen und die von den Einzelnen geschaffenen Gemeinschaften keinen Eigenantrieb mehr besitzen. Stattdessen sind sie abgeleitet: Sie sind Organe dieses einzigen – des staatlichen – Organismus. Ich sage Ihnen: Diese Verfassung ist eingestürzt; sie ist eingestürzt, weil Vico diesen berühmten Satz gesagt hat, einen Satz, der so schön ist, dass sämtliche politischen, kulturellen und menschlichen Versammlungen sich ihn auf den Giebel schreiben müssten: „Die Dinge passen sich nicht an und bestehen nicht außerhalb ihres natürlichen Zustands". Das scheinen mir Wahrheiten zu sein.

Warum also dieser Einsturz? Weil ein Missverhältnis besteht zwischen der wirklichen menschlichen Natur, der wirklichen Struktur des gesellschaftlichen Leibes und dem rechtlichen Gewölbe. Es besteht ein Missverhältnis und die Verfassung befindet sich in der Krise, weil ihre Fundamente und ihre tragenden Wände fehlerhaft sind. Also sagen Sie: Kehren wir zurück zur Verfassung von 1789; und ich antworte Ihnen: Nein, auch die befindet sich in einer Krise, aus umgekehrten Gründen, die aber ebenfalls die theoretische Basis und die tragenden Wände betreffen, und die rechtliche Ordnung.

Aber worin besteht diese Krise? Sie besteht in Folgendem: Sie können nicht leugnen, was ich Ihnen vor kurzem gesagt habe: Wenn wir die Bücher über die Französische Revolution lesen (Taine hat mir immer gut gefallen, weil seine historische Analyse profund und seine Ausdrucksweise sehr lebendig ist), dann wird darin gezeigt, dass die Verfassung von 1789 der juristische Niederschlag der rousseauschen Theorien ist. Und worin besteht dieses Theorem von Rousseau? Was ist das für ein Theorem, das Rousseau eben als sein zentrales Problem benennt, also der Gesellschaftsvertrag?

Er sagt: Die Menschen sind nicht sozial (das ist eine Aussage von immenser rechtlicher und politischer Bedeutung, die in wirtschaftlicher und politischer Hinsicht zu etlichen und gravierenden Missverhältnissen geführt hat); die Menschen also, sagt er, sind nicht sozial. Und das ist der erste Punkt. Zweiter Punkt: Die Beziehungen zwischen den Menschen und dem Staat werden wie folgt definiert: „Im Staat sind die Menschen in dem Maß frei, in dem sie sich aus eigenem Antrieb dem Gesetz unterwerfen". [...]

Wenn die These zutrifft, dass der erste und der zweite Typ falsch sind, versteht es sich von selbst, dass wir einen anderen suchen müssen. Aber wie sollen wir ihn suchen, nach welchem Kriterium? Nach einem einfachen Kriterium: der Verhältnismäßigkeit. Die rechtliche Ordnung muss der sozialen Ordnung angemessen sein und die soziale Ordnung braucht eine feste theoretische Basis. Nun sehen Sie: Es steht außer Frage, dass die faschistische Erfahrung mit all ihrer Tragik in den letzten zehn Jahren auch ein entgegengesetztes Resultat erbracht hat, und zwar folgendes: Ich erinnere mich, dass wir alle, ein großer Teil von uns, als wir dem Faschismus auf theoretischem Gebiet Widerstand leisteten, dass wir da im Schützengraben der menschlichen Person gekämpft haben; aber nicht der menschlichen Person bloß im abstrakten Sinne, als einer Frage rein himmlischer und ätherischer Art, sondern als Eckstein des politischen Gebäudes; weil wir uns sagten: Wir sind keine Individualisten, wir sind nicht von gestern, wir glauben - weil wir Beobachter, Historiker, Wissenschaftler, Politiker sind -, dass die derzeitige, aus den Ereignissen von 1789 hervorgegangene Welt eine Welt ist, die einstürzt, sie ist eine Zivilisation, die sich verändert, die sich ergänzt, wenn Sie so wollen; unsere kritische Haltung - zumal aufseiten der Katholiken und der sozialistischen Strömungen - war also sehr offensichtlich. Da war diese grundsätzliche Kritik an der Welt, wie sie früher war.

Doch was ist diese menschliche Person, wie baut man sie ein, damit sie die Stütze, der Eckstein des neuen Verfassungsgebäudes sein kann? Ich sage Ihnen gleich, dass ich mich jetzt auf die Auffassung beziehe, die die Franzosen sehr treffend als die pluralistische Auffassung bezeichnen; sie hängt wesentlich mit der Auffassung von der menschlichen Person zusammen. Wir werden also eine theoretische Basis – die menschliche Person –, eine pluralistische Gesellschaftsstruktur und schließlich eine Rechtsordnung haben, die diesem gesellschaftlichen Pluralismus entspricht.

Theoretische Basis: die menschliche Person. Hören Sie: Um die Wahrheit zu sagen, ich liebe den heiligen Thomas von Aquin über alles, nicht nur, weil er ein Heiliger, sondern weil er ein Denker von riesenhaften Ausmaßen und von einer immerwährenden Neuheit ist. Alle Wahrheiten sind immer neu. Wenn er nun sagt, die menschliche Person sei *quod est perfectissimum in tota natura*, dann verweist er damit sofort auf eine Wertehierarchie, nach der die menschliche Person aufgebaut ist; eine Wertehierarchie mit gewaltigen Auswirkungen auf das gesamte wirtschaftliche, politische und soziale Gebäude der Gesellschaft. Und was ist das für eine Wertehierarchie, die die menschliche Person ausmacht? Das will ich Ihnen sofort sagen: Diese Hierarchie geht von der vegetativen Ebene aus, wie man so sagt, von der wirtschaftlichen und irdischen Basis – Füße auf dem Boden –, und steigt von dort Schritt für Schritt empor bis zur Vereinigung mit Gott. Also eine Auffassung vom transzendenten und inneren Wert der menschlichen Person.

Wohlgemerkt, wir stürzen uns hier nicht in eine metaphysische Frage, und zwar aus folgendem Grund: weil es in den Etatismus führt, wenn Sie die menschliche Person gegenüber dem gesellschaftlichen Leib nicht als transzendenten Wert auffassen; denn es gibt zwei Möglichkeiten: Entweder besitzt die Person diesen Wert der Vorherigkeit gegenüber dem gesellschaftlichen Leib, und dann hat sie einen rechtlichen Status, der jeder staatlichen Konstruktion vorgeordnet ist; oder sie besitzt ihn nicht, und dann ist sie dem staatlichen Prinzip grundlegend untergeordnet, ein substantielles Glied des Staatskörpers, wie Hegel zu sagen pflegte. Aus diesem Dilemma kommt man nicht heraus: Entweder Sie akzeptieren diese Auffassung vom transzendenten Wert und können die natürlichen und unantastbaren Rechte der menschlichen Person verankern; oder Sie akzeptieren diese Auffassung nicht und werden unweigerlich zur Auffassung der Reflexrechte geführt. Das ist der erste Punkt.

Zweiter Punkt, der äußerst wichtig ist und den ersten ergänzt: Diese menschliche Person, die diese auf Gott ausgerichtete Wertehierarchie hat, ist nicht isoliert; sie steht, wie die Scholastiker zu sagen pflegten, in einer realen – einer realen, nicht bloß freiwilligen – Beziehung mit den anderen und prägt sich organisch aus; das heißt, sie entwickelt sich organisch in einer geordneten und ansteigenden Reihe sozialer Körperschaften, die von der Familie bis zur Religionsgemeinschaft, von den Klassenorganismen bis zu den Gemeinschaften der Arbeitswelt reichen und im Staat koordiniert werden. Geben Sie Acht, das ist sehr wichtig: Der Staat ist nicht die ganze Gesellschaft, er ist eine ihrer sozialen Formen, in denen sich der gesellschaftliche Organismus artikuliert; es gibt den Staat, die politische Gesellschaft, aber es gibt auch die ökonomische Gesellschaft, die religiöse und die familiäre Gesellschaft und so fort. Der Staat ist die rechtliche Ordnung dieser ganzen Gesellschaft, aber sie geht nicht in ihm auf: Er lenkt sie nur, er koordiniert, ergänzt und vertritt sie, wo es nötig ist. Doch die Funktion des Staates nimmt – im Rahmen dieser Auffassung – Rücksicht sowohl auf die Realität der Person als eines freien Geschöpfs, das diesen transzendenten Wert besitzt, als auch auf die Realität all dieser Körperschaften, die dieses freie Geschöpf erschafft und die mithin ihren ureigenen Rechtsstatus haben. Daraus folgt etwas überaus Bedeutsames: Jene staatsvergottende Auffassung nämlich – die zu einem Großteil schon vor dem Faschismus und dem Nationalsozialismus vom deutschen Recht geschaffen wurde –, die das Kriterium der absoluten Oberhoheit des Staates zu ihrem Prinzip und das alleinige Recht des Staates zu ihrem Recht erklärt, ist falsch; es gibt eine Vielzahl rechtlicher Ordnungen, die unser verehrter Meister, der Abgeordnete Orlando, gestern Abend vor uns ausgebreitet hat, eine Vielzahl von Ordnungssystemen. Alle lebendigeren Strömungen des zeitgenössischen katholischen wie sozialistischen sozialen Denkens – die letztgenannte Strömung ist vor allem vom Proudhon'schen Denken inspiriert – gehen von dieser pluralistischen Sicht des gesellschaftlichen Leibes aus, die der menschlichen Person entspricht. Ich erinnere mich an einen Satz eben von Proudhon, er lautet: „Eine Welt möchte ich bauen zwischen dem Individuum und dem Staat", das heißt eine umfassende Revision des Eigentumsrechts, eine umfassende Revision der ökonomischen Struktur und der politischen Struktur nach diesem Prinzip, das diese freie, aber koordinierte, überwachte Ausdehnung der menschlichen Person und der Körperschaften, in denen sie sich ausdehnt, grundsätzlich respektiert. Daraus folgt: Wenn die Auffassung der gegenwärtigen theoretischen Basis, die ich umrissen habe, wahr ist, wenn diese pluralistische Struktur des gesellschaftlichen Leibes wahr ist, dann folgt daraus: Die rechtliche Ordnung kann weder individualistisch noch etatistisch sein; sie ist eine rechtliche Ordnung, die dieser Sichtweise entspricht, eine pluralistische Rechtsordnung, und daraus folgt, dass die vollständige Charta der Menschenrechte nicht die von 1789 ist. Darin sind einige Menschenrechte enthalten, aber andere und grundlegende werden verkannt: die sozialen Rechte, das heißt die Rechte, die mit der menschlichen Person nicht als einzelner, sondern als Mitglied dieser größer werdenden, von der Familie bis hin zum Staat reichenden Kollektive verbunden sind. Eine vollständige Charta der Menschenrechte kann keine Charta der individuellen

Rechte sein, sondern muss ihnen diese sozialen Rechte und mithin die Rechte der Gemeinschaften und der Kollektive zur Seite stellen, denen die Menschen zur Entwicklung ihrer Person notwendig angehören. Das also ist sie, diese vollständige und rechtspluralistische Verfassungscharta, die Ihnen neu erscheint.

[...] Ich muss mich auf einen Satz von Francisco de Vitoria berufen, der wahrhaftig der Gründer des Völkerrechts ist. Da gibt es wenig zu sagen, das ist eine gewaltige Sache. An einer Stelle entwirft er die rechtliche Struktur der internationalen Gemeinschaft, und er entwirft sie, wie er sagt, in Anlehnung an die rechtliche Struktur der katholischen Kirche. So, wie die katholische Kirche die Welt zu einer einzigen religiösen *Res publica* macht, so gibt es auch eine zivile *Res publica*, die *Res publica Christianorum*, die dazu führt, dass *totus mundus est quasi unica res publica*, dass also die ganze Welt wie eine einzige Stadt zusammengeordnet ist. Und ich verweise hier auch auf die Artikel 3 und 4 unseres Entwurfs. In Artikel 3 heißt es: „Die italienische Rechtsordnung passt sich den allgemein anerkannten Bestimmungen des Völkerrechtes an“, und Artikel 4, der noch kühner ist, besagt im Wesentlichen, dass die Oberhoheit des Staates im Kontext der Völkergemeinschaft betrachtet werden muss.

Ich frage Sie: Was bedeutet das alles? Es bedeutet, dass unsere Verfassung sich von den konkreten Beziehungen inspirieren lassen will, von denen wir gesprochen haben, und dass sie die Existenz einer Völkergemeinschaft anerkennt – *totus mundus est quasi unica res publica* – und diese in ihrer Ordnung widerspiegelt und zu einem der tragenden Pfeiler der Verfassungscharta macht.

Die menschliche Völkerfamilie wird nach dem Vorbild der katholischen Kirche modelliert. Ich beobachte nur die Tatsachen. Doch geben Sie Acht, jetzt muss ich etwas weiter ausholen, denn die Metaphysik ist für mich ein Mittel, den Problemen der Politik und mithin den sozialen Problemen auf den Grund zu gehen.

[…]

Ich kann antworten: Es ist eine menschliche Verfassung. Warum menschlich? Weil sie auf objektive Weise den Strukturen des Menschen nachspürt: Aber der Mensch ist nun einmal so, da ist wenig zu machen, weil Gott existiert, existiert der Mensch und prägt sich die Wirklichkeit des sozialen Leibes auf diese Weise aus: Das ist die Realität. Die Verfassung passt sich dieser menschlichen und sozialen strukturellen Realität an. Also ist sie menschlich. Aber ich kann auch sagen, dass sie christlich ist. Warum ist sie christlich? Ich berufe mich auf das, was ich vor kurzem gesagt habe, weil es Errungenschaften natürlicher Ordnung gibt, die dem Christentum zu verdanken sind, das eine doppelte Funktion hat: die Ordnung der übernatürlichen Gnade zu offenbaren und die Ordnung der Natur zu offenbaren: *Gratia non destruit naturam.* Das Evangelium offenbart uns also den Menschen in der Gnade und auch den Menschen, wie er seiner Natur nach ist. Deshalb ist das Haus, das nach dem christlichen Prinzip gebaut wird, ein Haus für alle Menschen guten Willens, Glaubende oder Nichtglaubende, weil es für den Menschen gemacht ist. (*Einwürfe von links – Zwischenrufe*)

Dieses Haus ist also menschlich, weil die Auffassung von der Person, wie ich sie umrissen habe, menschlich ist, weil die Auffassung vom gesellschaftlichen Leib menschlich ist, weil die Auffassung vom Recht, das das Gewölbe dieses Gebäudes bildet, menschlich ist. Doch ich sage es noch einmal: Sie ist zwar menschlich, aber sie wurzelt in jener Offenbarung der natürlichen Ordnung, über die gesagt worden ist, dass wir im Hinblick auf diese Wahrheiten gar nicht mehr anders können, als Christen zu sein. Da ist nichts zu machen:

Das ist die Struktur der Dinge, und auf dieser Struktur der Dinge wird das Haus gebaut. (*Beifall aus der Mitte*)

Nun antworte ich mit einigen ganz kurzen Hinweisen auf das, was der Abgeordnete Nenni gestern Abend gesagt hat. Der Abgeordnete Nenni sagt: „Soll der Staat laizistisch sein oder nicht?“ Sehen Sie, das hat mich beeindruckt. Es stimmt schon, ich hatte schon öfter davon gelesen, aber gestern Abend hat es mich betroffen gemacht, und ich habe mich gefragt: Was heißt das, ein laizistischer Staat? Wir sind ständig damit beschäftigt, Begriffe zu klären. Ein laizistischer Staat? Denn sehen Sie, wegen dieses berühmten Prinzips, dass alle Dinge – selbst wenn man sich dessen nicht bewusst ist (weil alles Handeln von einer Idee geleitet ist) – immer eine theoretische Basis haben, gibt es keinen agnostischen Staat: So, wie man die menschliche Wirklichkeit begreift, so, wie man die Gesellschaft begreift, so baut man auch das rechtliche Gewölbe. Wenn nun aber der Mensch diese ihm wesenseigene – nicht näher bestimmte – religiöse Ausrichtung hat, was bedeutet dann ein laizistischer Staat, wenn der Staat die rechtliche Ordnung der Gesellschaft ist? Wenn der Mensch diese ihm wesenseigene religiöse Ausrichtung hat und wenn diese ihm wesenseigene Ausrichtung sich notwendig in Religionsgemeinschaften ausdrückt, dann gibt es keinen laizistischen Staat. Es gibt einen Staat, der diese religiöse Ausrichtung und ihre entsprechenden Ausdrucksformen respektiert. Der Begriff ist ein Widerspruch in sich: Es gibt keinen laizistischen Staat, es gibt keinen agnostischen Staat: Wir sollen keinen konfessionellen Staat schaffen (*Zwischenrufe*), das heißt einen Staat, in dem die zivilen, politischen und wirtschaftlichen Rechte von einem bestimmten Glaubensbekenntnis abgeleitet sind; wir sollen bloß einen Staat errichten, der diese wesenseigene religiöse Ausrichtung des Einzelnen und des Kollektivs respektiert und seine gesamte rechtliche Struktur und seine soziale Struktur daran anpasst.

(G. La Pira, *Una Costituzione per l'uomo*, Ansprache vor der Verfassunggebenden Versammlung über den Verfassungsentwurf, 11. März 1947, in: ders., *La casa comune. Una Costituzione per l'uomo*, hg. v. U. de Siervo, Florenz [Cultura Nuova Editrice] ²1996, S. 233–258).

Eine Verfassung der „historischen Hoffnung"

Alexandria, den 23. Januar 1975.

Die italienische Verfassung hat mithin ihre eigene „konstitutionelle Philosophie"; ihre eigene „Philosophie der Geschichte", ihre eigene „Theologie der Geschichte", die sie – als Grundidee – inspiriert, strukturiert, orientiert und definiert!

Grundidee der historischen, biblischen, „messianischen" Hoffnung! Verfassung der „historischen Hoffnung": Diese Definition ist – in einem gewissen Sinne – nicht unzutreffend!

Wie dem auch sei: Die Grundsätze über den Primat und die Entfaltung der Person (Art. 1, 2, 3, 4); die – unschätzbar wertvollen – über den Verzicht auf den Krieg (Art. 11: „als Mittel des Angriffes auf die Freiheit anderer Völker und als Mittel zur Lösung internationaler Streitigkeiten"); die über die Einheit der Familie, der Staaten und der Völker und über ihre (in gewisser Hinsicht) rechtliche und politische Gemeinschaft untereinander (Art 11: „Italien stimmt unter der Bedingung der Gleichstellung mit den übrigen Staaten den Beschränkungen der staatlichen Oberhoheit zu, sofern sie für eine Rechtsordnung nötig sind, die den Frieden und die Gerechtigkeit unter den Völkern gewährleistet, und fördert und begünstigt die auf diesen Zweck gerichteten überstaatlichen Zusammenschlüsse."); sowie die in den Wirtschaftsbeziehungen enthaltenen Grundlagen der Gerechtigkeit zeigen, dass die ganze Verfassung wahrhaftig im Dienst des Weltzeitalters konzipiert worden ist: des Zeitalters der biblischen historischen Hoffnung, der unumgänglichen historischen, biblischen Hoffnung auf Einheit, Gerechtigkeit, Abrüstung, Friedens und Gnadenerhebung unter den Völkern des ganzen Planeten! Dein Reich komme, wie im Himmel, so auf Erden!

(*La Pira autobiografico. Pagine antologiche*, Turin [SEI] 1994, S. 5556).

Bibliographie

Alfano, G., *Giorgio La Pira. Un domenicano alla Costituente*, Chieti (Solfanelli) 2016.

Giordano, N., *La Pira e la Costituzione*, Florenz (Libreria Editrice Fiorentina) 2016.

Giovannoni, P. D., *La Pira e la civiltà cristiana tra fascismo e democrazia (1922–1944)*, Brescia (Morcelliana) 2008.

La Pira, G., *La casa comune. Una costituzione per l'uomo*, hg. v. U. de Siervo, Florenz (Cultura Nuova) 1996.

–, *Principi*, Turin (Giappicchelli) 2001.

–, *La nostra vocazione sociale*, hg. v. M. de Giuseppe, Rom (AVE) 2004.

–, *Premesse della politica e Architettura di uno Stato democratico*, Florenz (Libreria Editrice Fiorentina) 1970, Nachdr. 2004.

–, *Il valore della persona umana*, Florenz (Polistampa) 2009.

–, *Principi contro i totalitarismi e rifondazione costituzionale*, hg. v. U. de Siervo, Florenz (Firenze University Press) 2019 (dieser Band, der vierte der nationalen Gesamtausgabe der Werke von La Pira, enthält neben den verschiedenen seit 1937 veröffentlichten Artikeln auch *La nostra vocazione sociale, Premesse della politica, Architettura di uno Stato democratico* und *Il valore della persona umana*).

4 | Die politische Dimension des Evangeliums

Einleitung

Das erste politische und institutionelle Amt, das La Pira übernahm, war der Vorsitz im Verwaltungsrat des *Ente Comunale di Assistenza* (ECA), einer Hilfseinrichtung, die sich um Arme und Obdachlose kümmerte. Der ECA war ein Überbleibsel aus den verschiedenen öffentlichen Wohltätigkeitssystemen des 19. Jahrhunderts und in der Zeit des Faschismus reformiert worden. Im September 1944 berief die erste freie Stadtverwaltung von Florenz – in Anerkennung der Verdienste und Kompetenzen im Einsatz für die Armen, die sich der Professor für römisches Recht sowohl über die Vinzenzkonferenzen als auch mit der Gründung und Leitung des San-Procolo-Werkes erworben hatte – La Pira in die Leitung der ECA.

Wie wir gesehen haben, saß La Pira im Biennium 1946/1947 als Abgeordneter in der Verfassunggebenden Versammlung und wurde zu einem der lebhaftesten Akteure in der Kommission der 75.

Bei den ersten republikanischen Wahlen im Jahr 1948 wurde La Pira in die Abgeordnetenkammer gewählt und als Untersekretär des von seinem Freund Amintore Fanfani geleiteten Arbeits- und Sozialministeriums Mitglied des Kabinetts de Gasperi V (23. Mai 1948 – 1. Januar 1950).

Diese einzige, kurze, aber intensive Regierungserfahrung ist für La Pira eine Gelegenheit, die schwierigen Arbeitsbedingungen im Nachkriegsitalien aus der Nähe kennenzulernen und sich in einigen wichtigen Tarifkonflikten für die Arbeitnehmer starkzumachen. Während dieser Zeit arbeitet La Pira bei seinem politischen Engagement auf theoretischer wie praktischer Ebene eng mit Giuseppe Dossetti, Amintore Fanfani und Giuseppe Lazzati zusammen und gründet gemeinsam mit ihnen die Zeitschrift *Cronache sociali*. Von seinen darin publizierten Artikeln sind „L'attesa della povera gente" und „La difesa della povera gente" besonders berühmt geworden; darin zeigt er auf der Grundlage einer sorgfältigen Analyse der Situation der Arbeiter und der Entwicklung der Weltwirtschaft im Gefolge von Beveridge und Keynes Wege zu einer anderen und wirkungsvolleren Wirtschaftspolitik auf, die ein weitreichendes und planmäßiges Eingreifen des Staates vorsieht, um den wirtschaftlichen und sozialen Ungleichgewichten, die zwangsläufig entstehen, wenn man einer Marktwirtschaft mit vermeintlich naturgegebenen ökonomischen Gesetzen freien Lauf lässt, abzuhelfen und die Vollbeschäftigung zu fördern.

Nach dem Bruch zwischen der Dossetti-Gruppe und de Gasperi, dem ein allzu zögerliches Reformhandeln vorgeworfen wurde, und seinem Ausscheiden aus der Regierung erklärte sich La Pira 1951 bereit, bei den Kommunalwahlen in Florenz zu kandidieren. Er trat mit dem erklärten Ziel an, die toskanische Stadt der sozialistisch-kommunistischen Übermacht zu entreißen, und trat – nach dem erfolgreichen Abschneiden der Koalition aus DC, PLI, PRI und PSDI, die La Pira auf Listenplatz eins gesetzt hatte – am 5. Juli 1951 sein Amt an der Spitze der Kommunalregierung an.

Die nachfolgenden Texte zeigen eindrucksvoll, inwiefern La Pira die Politik und seine administrative Verantwortung als eine möglichst umfassende Antwort auf die konkreten und alltäglichen Bedürfnisse der Bürgerinnen und Bürger verstand: Männer, Frauen und Kinder in Fleisch und Blut und jeder und jede von ihnen mit unveräußerlichen natürlichen Rechten ausgestattet, in denen sich die Würde der menschlichen Person ausdrückte. Haus, Arbeit, medizinische Versorgung, schulische und berufliche Bildung sowie die Erholung waren mithin Rechte, die nicht mit der Zugehörigkeit zu dieser oder jener politischen Gemeinschaft, sondern mit der schlichten Tatsache zusammenhingen, dass der Mensch ein Mensch ist. Nur aus der Verwirklichung dieser materiellen Rechte bezog eine Politik, die sich selbst als christlich inspiriert bezeichnete, die Legitimation, der ganzen Menschheit den Primat der Kontemplation in Erinnerung zu rufen

Bezeichnenderweise beginnt La Pira in den ausgehenden 1930er und den beginnenden 40er Jahren die Politik als unausweichliche Pflicht des Christen und Christuszeugen zu entdecken. Es ist die Kriegszeit, die dieses neue, auf den Schutz der menschlichen Person und die wesenseigene Solidarität der Personen untereinander gegründete politische Bewusstsein immer deutlicher in ihm heranreifen lässt.

Die Politik, von der die Kirche selbst das organisierte Laientum bis dato abgehalten hatte, wurde während des faschistischen Regimes für La Pira ein obligatorisches Betätigungsfeld für den Christen: „Menschliche Probleme; christliche Probleme; *homo sum nihil humani a me alienum puto*; keine Ausnahme, für niemanden“, wie er es in *La nostra vocazione sociale* formulierte.

Texte

Soziale Pflichten des Christen

[...] Warum ist es eine Pflicht und Dringlichkeit, über die sozialen Probleme nachzudenken und in Denken und Tun daran mitzuwirken? Es mag unsinnig erscheinen, diese Frage zu stellen, weil die Notwendigkeit dieses Beitrags so offensichtlich ist: Und doch erweist es sich auch heute als sehr angebracht, an die grundlegenden Prinzipien zu erinnern, aus denen sich die Bedeutung dieses Beitrags für die Entfaltung unserer menschlichen und christlichen Persönlichkeit ableitet: Auf diese Weise verwandelt sich unser Beitrag aus einem faktischen (empirischen) in einen Beitrag, den wir leisten, weil uns sämtliche Gründe, die unsere Person mit dem Leib der Gesellschaft verbinden, bewusst sind.

Es gibt zwei Ordnungen von Prinzipien, an die hier erinnert werden soll: 1) Prinzipien natürlicher Ordnung, die sich aus der Struktur der menschlichen Natur und Persönlichkeit selbst ergeben; 2) Prinzipien übernatürlicher Ordnung, die sich aus der inneren Struktur der christlichen Berufung ergeben.

I) Die erste Prinzipiengruppe kreist um die grundlegende Aussage von der natürlichen Sozialität des Menschen: *Homo animal politicum* (hl. Thomas). Auch für die Menschen gilt jenes große Prinzip, das für das physische Universum gilt: *Omnia quae sunt ad invicem ordinata sunt*. Darin sind sich die bedeutendsten menschlichen Denker einig: Von Plato über Aristoteles, Cicero, Seneca, den hl. Augustinus bis hin zum hl. Thomas ist dieses Prinzip von der organischen Solidarität des sozialen Leibes umfassend und unmissverständlich bestätigt worden. Diese Vorstellung der Sozialität lässt sich treffend in den Worten ausdrücken, die der hl. Paulus auf den mystischen Leib bezieht: *Multi unum corpus sumus*: Auch das Bild vom Gewölbe (Seneca) vermag diese wechselseitige Ordnung der einen auf die anderen hin sehr wirkungsvoll zu veranschaulichen. Die Fabel von Menenius Agrippa ist immer noch aktuell: Wir sind Glieder desselben Leibes, und wir brauchen einander.

Omnes homines sunt sicut unus homo (hl. Thomas).

[...] Der Mensch ist wesentlich sozial; in der Gesellschaft findet er die größten Ergänzungen – wenn auch nicht *die* größte, letzte – seiner Persönlichkeit.

Die Korollarien, die sich aus diesem Grundprinzip ergeben, sind folgenschwer: Wir wollen zwei davon herausstellen, die einerseits die Entwicklung der Person im gesellschaftlichen Leib und andererseits die durch die Entwicklung der Person bewirkte Entwicklung der Gesellschaft betreffen.

Woher nimmt die menschliche Person die Gründe für ihre Ausdehnung? Woher kommen die Nährstoffe, die das physische, affektive und intellektuelle Leben des Menschen antreiben und wachsen lassen? Die Antwort liegt auf der Hand: Die inneren (und fundamentalen) Beweggründe dieser Entwicklung werden mit jenen immer lebendigen und stets sich erneuernden Stoffen ernährt und großgezogen, die der gesellschaftliche Leib ihnen bietet. Als Vergleich mag der Zweig dienen, im Verhältnis zu seinem Stamm: Der Saft, der dem Zweig Leben und Wachstum gibt, kommt aus dem Stamm! Genauso verhält es sich, wenn man die Proportionen berücksichtigt (wir sind noch immer auf dem Gebiet der Analogien!), mit dem Leben und dem Wachstum der Person: Der gesellschaftliche Leib bietet der Person die Elemente, die sie zu ihrer fortschreitenden Entwicklung benötigt. [...] Wir alle sind wie ein einziges System aus miteinander verbundenen

Gefäßen; wie die Steine ein und desselben Gebäudes; wie die Funktionen ein und desselben Organismus.

Dieser Organismus hat ein gemeinsames Ziel, das in letzter Konsequenz auf das Wohl jedes Einzelnen hinausläuft.

Damit klärt sich auch der andere Aspekt des Problems: Die Gesellschaft entfaltet sich durch die geordnete Entfaltung jedes ihrer Mitglieder; und umgekehrt verkümmert die Gesellschaft, wenn es bei der Entfaltung ihrer Mitglieder zu einer inneren Verkümmerung oder zu einem ungeordneten und antisozialen Wachstum kommt.

Das ist das große Prinzip der Solidarität, wonach alle Menschen sowohl ihre Reichtümer als auch ihre Entbehrungen miteinander teilen.

Dies bedeutet, dass der gesellschaftliche Leib zwangsläufig eine „Gemeinschaft" seiner Glieder bildet: Diese „Gemeinschaft" wird je nachdem, was ihre Mitglieder ihr hinzufügen oder wegnehmen, größer oder ärmer.

Aus alledem ergibt sich, dass die Probleme des gesellschaftlichen Leibes Probleme sind, die jeden von uns betreffen, die sich auf unsere Persönlichkeit auswirken; es gibt eine notwendige Nächstenliebe, wie Gratry zu sagen pflegte (*La Morale et la Loi de l'histoire*); eine familiäre, wirtschaftliche und politische Ordnung, die gut gebaut ist – dergestalt, dass das Gemeinwohl bestmöglich zirkulieren kann –, liegt im Interesse jedes Menschen: weil das größtmögliche Gemeinwohl jedem den verhältnismäßig größten Zugang zu diesem Wohl und die verhältnismäßig größte Entfaltung der eigenen Person ermöglicht. [...]

II) Diese Prinzipien natürlicher Ordnung, die sich also aus der eigentlichen Struktur der menschlichen Natur und Persönlichkeit ableiten, werden durch eine zweite Gruppe von Prinzipien untermauert, die sich aus der wesentlich sozialen Struktur der christlichen Berufung ableiten.

[…]

Um sich diese wesentlich soziale Struktur der christlichen Berufung bewusst zu machen, braucht man nur die Rede Jesu beim letzten Abendmahl zu lesen, die ganz auf dem Bild vom Weinstock und den Rebzweigen aufbaut: Die christliche Berufung besteht darin, so mit Christus verbunden zu sein, wie der Rebzweig mit dem Weinstock verbunden ist: daher die organische Verbindung jedes Einzelnen mit allen. […]

Wenn wir Glieder des mystischen Leibes Christi sind, wie können wir uns dann heraushalten oder sogar „schlafen" angesichts der großen Probleme jenes gesellschaftlichen Leibes, durch welchen der mystische Leib sich ausdehnt? Die Probleme des gesellschaftlichen Leibes sind, wenn auch indirekt, Probleme des mystischen Leibes; sie wirken sich auf die *Ecclesia* aus; sie berühren notwendig die beiden Gebote, um die das christliche Leben kreist. Wie kann man sich der eigenen christlichen Berufung bewusst sein, die in Christus jeden mit allen verbindet, und die sozialen Probleme nicht in dieser brüderlichen Solidarität mitfühlen? Kann ich wirklich Christ sein und die sozialen Probleme nicht in dieser brüderlichen Solidarität mitfühlen? Kann ich wirklich Christ sein und nicht fühlen, dass beispielsweise die Sklaverei abgeschafft werden muss? Kann ich sagen, ich wäre mir meiner Eingliederung in den mystischen Leib Christi bewusst, dann aber nicht den Drang verspüren, mich dafür einzusetzen, dass das Christentum in Form einer Gesellschaftsstruktur aufgebaut wird, in der sich die menschliche Brüderlichkeit in historisch angemessenen wirtschaftlichen, rechtlichen, politischen und kulturellen Institutionen konkretisiert?

Die Antworten lassen keinen Zweifel zu, so eindeutig sind sie: Ist denn das Christentum nicht per definitionem ein Sauerteig, der die „Teigmasse" der menschlichen Natur durchsäuern soll? Wie also könnte es sich aus dieser Masse heraushalten und untätig bleiben? [...]

Zur Frage: Fällt die gesellschaftliche Ordnung also notwendig in den „Einflussbereich" der Gnade? Sind die politischen, wirtschaftlichen, rechtlichen, kulturellen und familiären Aktivitäten mithin notwendig jenem berichtigenden und hebenden Wirken des Sauerteigs des Evangeliums unterworfen? Ruft nicht schon die Einbringung der Gnade an sich in den Gewissen notwendig das Bedürfnis hervor, eine neue, christlich ausgerichtete Gesellschaft aufzubauen? Ist das Christentum, Heilswirklichkeit für die Einzelnen, nicht außerdem auch der Mutterboden, aus dem notwendig eine neue, auf bestimmte politisch-soziale Strukturen ausgerichtete Zivilisation emporwächst?

Die politische Tätigkeit ist die architektonische Tätigkeit, die das kollektive Handeln koordinieren und lenken soll; sie ist in gewisser Hinsicht das mächtigste Werkzeug der historischen Entwicklung: Könnte also gerade diese höchste Tätigkeit des Menschen dem heilenden, hebenden und richtenden Wirken der Gnade Christi entzogen sein?

Im „Genius" des echten Christentums ist dieser unwiderstehliche Drang enthalten, die Gesamtheit der menschlichen Ordnung – und mithin die Gesamtheit der gesellschaftlichen Ordnung – zu nutzen, um christlich inspirierte Zivilisationsformen zu schaffen: Es geht darum, jenes Bisschen Ewigkeit in die Zeit einzubringen, das die Zeit ertragen kann und muss: Es geht mithin um einen indirekten Einfluss der Menschwerdung; um jene *magna instauratio in Christo*, die in gewisser Hinsicht das zentrale Thema der paulinischen Lehre ist.

(G. La Pira, *Premesse della politica e Architettura di uno Stato democratico*, Florenz [Libreria Editrice Fiorentina] 1970, Nachdr. 2004, S. 8–17 [1. Aufl. 1945]).

Menschliche Probleme, christliche Probleme: keine Ausnahme, für niemanden

Wir wollen einmal sehen, wir wollen einmal versuchen, ein bisschen über das nachzudenken, was als die Abtrünnigkeit der „menschlichen Welt“ vom Evangelium bezeichnet worden ist.

Welche Proportionen hat sie? Gibt es eine Verantwortung, die jeder von uns anerkennen und eine Verpflichtung, die jeder von uns eingehen muss? Beginnen wir mit den Proportionen: Man müsste sich schon die Augen zuhalten, um ihre gewaltige, schier unermessliche Größe nicht zu erkennen.

Um uns dessen bewusst zu werden, müssen wir uns die „totalitäre“ Berufung des Evangeliums und ihre nahezu vollständige Umsetzung in den goldenen Zeiten des Christentums vergegenwärtigen.

Denn welcher Bereich der menschlichen Tätigkeit könnte dem neuschöpfenden Wirken der Gnade entzogen sein? Gibt es irgendetwas im Menschen, das von diesem Werk der Wiedergeburt „getrennt“ bleiben könnte?

Wir wollen einmal sehen: vielleicht die theoretische Tätigkeit?

[...]

Die Ausarbeitungen der Väter und Lehrer – des Origenes, des heiligen Clemens von Alexandrien, des heiligen Augustinus, des heiligen Anselm, des heiligen Thomas, des heiligen Bonaventura usw. – und die mittelalterlichen Universitäten sind der Beweis für diese Berufung des Evangeliums zur vollständigen Durchsäuerung des menschlichen Denkens.

Vielleicht die künstlerische Tätigkeit? Man denke nur an die mittelalterlichen Kathedralen: gigantische Bauwerke, in denen sich der Glaube und die Arbeit jeder christlichen Stadt ausdrückte [...].

Vielleicht die politische Tätigkeit? Man kann sicherlich nicht behaupten, dass die mittelalterliche Stadt eine Wiederherstellung des irdischen Paradieses gewesen wäre: Aber kann man deshalb verneinen, dass die rechtlichen, wirtschaftlichen und politischen Strukturen der mittelalterlichen Stadt zutiefst christlich ausgerichtet waren? [...]

Diese wesentliche „politische" Ausrichtung wird von dem größten Denker jener (und nicht nur jener!) Zeit, dem heiligen Thomas, auf meisterhafte Weise dargestellt: Die „Politik" ist die allerhauptsächlichste und die architektonische unter allen praktischen und moralischen Wissenschaften: Sie bündelt alle Tätigkeiten auf das letzte Ziel des Menschen hin: „Nur in ihr vollendet sich das Wohl des Einzelnen"; es ist ein schwerwiegender Irrtum, diesen Primat des „Politischen" gegenüber der gesamten übrigen Tätigkeit nicht zu berücksichtigen: Das Einzige, was noch über der Politik steht, ist die innerliche Tätigkeit der Kontemplation und der Liebe ...

[...]

Nun zeigt sich die Reichweite der eingangs gestellten Frage: Gibt es eine Verantwortung, die jeder von uns anerkennen und eine Verpflichtung, die jeder von uns eingehen muss? Welchen tatkräftigen Beitrag hat jeder von uns – wohlgemerkt: jeder von uns Christen, nicht die Kirche als solche! – zum christlichen Bau der Stadt, die er bewohnt, geleistet und leistet ihn noch? Haben wir wirklich verstanden, dass die individuelle „Vollkommenheit" nicht von der Pflicht entbindet, auch kollektiv vollkommen zu sein? Dass die christliche Berufung eine – süße, weil christliche – Bürde ist, die uns befiehlt, uns rückhaltlos für die anderen zu verausgaben?

Menschliche Probleme; christliche Probleme; *homo sum nihil humani a me alienum puto*; keine Ausnahme, für niemanden.

Nur so können wir auf die Wiedergeburt einer neuen Christenheit hoffen: einer Christenheit, die zwar in ihren äußeren Strukturen nicht umhinkann, anders zu sein als die mittelalterliche – jede Zeit hat ihr historisches Ideal, sagt Maritain, und ein in der Vergangenheit gelebtes historisches Ideal ist in der Zukunft nicht mehr vertretbar –, aber genau wie die mittelalterliche und mehr noch als die mittelalterliche eine breite Brechung der himmlischen Stadt in den inneren Strukturen der irdischen Stadt darstellen wird.

(G. La Pira, *La nostra vocazione sociale,* hg. v. M. de Giuseppe, Rom [AVE] 2004, S. 48–56 [1. Aufl. 1944]).

„Ich war hungrig und du hast mir nichts zu essen gegeben"

[…] Wenn Christus über mich richten wird, dann, das weiß ich sicher, wird Er mir diese eine Frage stellen (in der alle anderen zusammengefasst sind): Wie hast du zugunsten deiner Brüder die privaten und öffentlichen Talente vervielfacht, die ich dir anvertraut habe? Was hast du getan, um in der Gesellschaft, in die ich dich als Ordner und Verteiler des Gemeinwohls hineingestellt habe, die Not deiner Brüder und mithin die Arbeitslosigkeit auszumerzen, die deren Hauptursache ist?

Und ich werde – als Entschuldigung für meine Untätigkeit oder für die Wirkungslosigkeit meines Tuns – auch nicht die „wissenschaftlichen Gründe" des wirtschaftlichen Systems anführen können, das sich auf eine Gruppe angeblicher „Gesetze" stützt (es wäre müßig, hier die sieben „Gesetze" von Stuart Mill anzuführen): Diese, so sagt man, seien ebenso unumstößlich wie die wahren, das heißt die Naturgesetze. Ich werde nicht sagen können: Herr, ich habe nicht eingegriffen, um das freie Spiel der Kräfte nicht zu stören, auf dem das Wirtschaftssystem beruht; um nicht gegen die „orthodoxe" Norm zu verstoßen, die den Geldfluss regelt; ich habe ein paar Millionen Menschen hungern lassen, um weiteren 30 Millionen Menschen nichts von ihrem Brot wegzunehmen; ich musste „auf Zeit spielen", weil gewisse Regeln der monetären Klugheit (das heißt „meiner" monetären Klugheit) mich daran hinderten, organisch und rasch auf die schmerzliche Bitte um Arbeit und Brot zu antworten, die von so vielen Lippen an mich herangetragen wurde (*Petierunt panem et non erat qui frangeret eis*, sagt Jesaja). Nein: Ich kann diese Antworten nicht zu meiner Rechtfertigung anführen: Die Tatsache bleibt: „Ich war hungrig und du hast mir nichts zu essen gegeben".

(G. La Pira, *L'attesa della povera gente*, Florenz [LEF] 1978, S. 72 [1. Aufl. 1951]).

Die erste Ansprache als Bürgermeister

Die Ziele des Stadtrats sind im Wesentlichen drei. Das erste basiert auf der schönsten und menschlichsten Botschaft des Evangeliums: den Nöten der Geringen abzuhelfen. Der Stadtrat wird sich mit den Problemen der einfachsten Bevölkerung von Florenz befassen und nach Kräften versuchen, eine Lösung anzubahnen. Die Aufgabe ist schwierig, aber wir werden alles Mögliche und Unmögliche tun, um dieses fundamentale menschliche und christliche Gebot zu erfüllen. Das zweite Ziel betrifft das industrielle, landwirtschaftliche, kommerzielle und finanzielle Leben der Stadt. Und dann gibt es noch ein drittes Ziel, das vielleicht das wichtigste ist. Florenz stellt in der Welt etwas Einzigartiges dar. Nun denn:

Welches ist – nach denen, auf die ich schon hingewiesen habe – das grundlegende Bedürfnis unserer Zeit? Dem Geist des Menschen Ruhe, Poesie, Schönheit zu geben! Florenz hat in der Welt die große Aufgabe, die große mechanische und dynamische Zivilisation unserer Gegenwart durch seine kontemplativen Werte zu ergänzen. Unsere großen Schriftsteller, Dichter und Künstler haben Florenz diese Aufgabe in der Welt zugewiesen, und wir werden unser Möglichstes tun, um unsere Stadt immer mehr zum Mittelpunkt der universalen Werte zu machen.

(G. La Pira, Erste Ansprache vor dem Stadtrat, 5. Juli 1951, in: U. de Siervo – Giorgio Giovannoni – Gianni Giovannoni [Hg.], *Giorgio La Pira Sindaco*, Bd. I: *1951–1954*, Florenz [Cultura Nuova Editrice] 1988, S. 32–33).

Politik als Zeugnis für Christus

Lieber Amintore,

[...] stell dir vor, wenn ich auf die Wahrheit und Gerechtigkeit verzichten kann, um dem Buchstaben des Gesetzes zu dienen: und dann: welchen Gesetzes? *Summum jus summa iniura*, haben die Römer gesagt; und der hl. Thomas: *Non est lex sed corruptio legis*: Das ist kein Gesetz, sondern eine Korrumpierung des Gesetzes! 2.000 Kündigungen mitanzusehen, ohne irgendwie einzugreifen? Was für Ungerechtigkeiten: Gesetze, die nur einen einzigen Adressaten haben: den Glücklosen, den Armen, den Schwachen; um ihm weitere Lasten und weitere Unterdrückungen aufzubürden – ein Kündigungsgesetz im Zeichen der DC!

Mitanzusehen, dass 9.000 Menschen keine Arbeit haben, ohne irgendwie einzugreifen? [...] Es ist kein Geld da: was für eine scheinheilige und falsche Formel: Für die Armen ist kein Geld da, das ist die vollständige und wahre Formel! Wir sind ein armes Land: noch so eine scheinheilige Formel: Wir sind ein armes Land, wenn es um die Armen geht, das ist die Wahrheit.

[…] Wenn ich wieder daran denke, bin ich wirklich wie vor den Kopf geschlagen: Kann das alles überhaupt sein? Ist es ein Traum oder ist es die Wirklichkeit? Es ist die Wirklichkeit; In diesem unserem Land sind wir nach zehnjähriger politischer „Herrschaft" im Zeichen der DC an einem Punkt, wo wir (zumindest meiner Meinung nach) dieselben Ungerechtigkeiten fürchten müssen, die man zu Zeiten des Faschismus gefürchtet hat. Zwischen den Mächtigen und den Schwachen entscheidet man sich für die Mächtigen; zwischen den ganz wenigen (vielleicht 20) Industriellen und den Millionen von Arbeitern entscheidet man sich für die ganz wenigen Industriellen; 20 reiche, vielleicht korrupte, in jedem Fall aber korrumpierende Männer (weil sie die Presse in der Hand haben und sie für Zwecke benutzen, die ganz offenkundig ungerecht sind) befehligen die Regierung, das Parlament, das Land … […]

Wenn die Demütigung und die Schmähung der Schwachen solche Ausmaße erreichen, wie sie sie hier erreicht haben, dann bleibt uns nur die kühne, großmütige, stolze Empörung, um die menschliche Person des Schwachen zu beschützen, die so geschmäht und so verachtet wird! *Mihi fecistis.* Im Evangelium finden sich hierzu Worte von unvergleichlicher Größe: Denn den Seligpreisungen stehen die schmerzlichen Anklagen gegenüber: *Vae vobis* (weh euch)!

Siehst du, unter solchen Bedingungen ist es nicht gut, einen rebellischen „Bürgermeister" zu haben, wie ich einer bin: … Meine Berufung ist eine einzige, strukturelle, unverzichtbare, unabänderliche, die nicht verraten werden kann: *Zeuge Christi zu sein, so armselig und treulos ich auch bin!*

Diese Dinge kannst du jedem sagen, der sie wissen muss und nützlicherweise wissen sollte: Sie können mich verhaften: Aber ich werde niemals die Armen, die Wehrlosen, die Unterdrückten verraten: Ich werde der Verachtung, mit der sie von den Mächtigen behandelt werden, nicht auch noch das Vergessen oder die Gleichgültigkeit der Christen hinzufügen.

(Brief von Giorgio La Pira an Amintore Fanfani, 27. November 1953, in: Fondazione Giorgio La Pira, *Caro Giorgio … Caro Amintore. 25 anni di storia nel carteggio La Pira-Fanfani* [I libri della Badia 4], Florenz [Polistampa] 2003, S. 189–195).

Rückblick auf die Erfahrungen in der Florentiner Stadtverwaltung

Auch wenn ich von Städten und Völkern sprach, sprach ich auf abstrakte Weise darüber, ohne zu wissen, was die Stadt war und was die Völker waren […]. Eines Nachmittags waren wir in Rom, in der Nähe des Monte Mario, auf einer Terrasse. Im Frühling kommen die Vögel in unzähligen Schwärmen nach Rom, sie zeichnen geometrische Figuren in die Luft, von mathematischer Perfektion … Ich sagte zu dem Offizier, der bei mir war: Haben Sie diese Vögel gesehen? Kommt es Ihnen nicht so vor, als ob die Menschen, die Völker in ihrer universalen Bewegung, alle Völker sowohl in der Bewegung ihres inneren (also sozialen, kulturellen, politischen, religiösen) Wachstums als auch in ihren organischen, sämtlich untereinander verbundenen Beziehungen, einen Instinkt hätten? Obwohl sie frei und verantwortlich sind, haben sie doch etwas, das sie unwiderstehlich antreibt. Da ist eine Kraft, die sie drängt, auf Erden, geheimnisvoll, aber real, schöpferisch, weil sie tun, wovon sie spüren, dass sie es tun müssen: Sie bauen Nester, mit einer unbeschreiblichen Weisheit.

Es gibt also eine Teleologie der Völker. Ihre Bewegungen sind instinktiv zielgerichtet. […]

Die zweite Frage, die damit zusammenhängt: Gibt es auch eine entsprechende Teleologie der Nester, der Bauten, die sich die Tiere machen, eine Teleologie ihrer Behausungen? Wenn die Völker eine Teleologie haben, erfordert dies dann eine entsprechende Teleologie ihrer Nester, ihrer Häuser? Sie sehen schon jetzt, dass das städtebauliche Problem eine enorme Bedeutung gewinnt.

Ich begann darüber nachzudenken, die politischen Probleme in dieser Richtung begannen mich zutiefst zu interessieren. Hier, sagte ich mir, gilt es die Horizonte zu erweitern: Ich bin Bürgermeister von Florenz, Bürgermeister des florentinischen Volkes. Wie aber geht diese Stadt Florenz, dieses florentinische Volk mit der Bewegung all der anderen zusammen? Und die Stadt, diese Stadt, mit all den anderen Städten? In meinen Überlegungen suchte ich nach anderen Lektüren, anderen Inspirationen. Wie lässt sich der Städtebau erleuchten! Nehmen Sie die Bibel, das städtebauliche Buch schlechthin. Ich habe es Ihnen zu Anfang bereits gesagt: Die Wurzel all unserer Städte ist Jerusalem. Aber Jerusalem drückt das Geheimnis Israels und das Geheimnis Israels drückt das Geheimnis der Weltgeschichte aus. […]

Dann sagte ich mir, ich, der Bürgermeister der Stadt: Hier ist die Sache etwas ernst. Ich muss die Stadt aus dieser teleologischen und theologischen Perspektive sehen. Ich bin in Florenz, und deshalb muss ich schauen: Was ist in Florenz geschehen, was geschieht in Florenz? Da bekam ich es mit unmittelbaren Fragen zu tun. Ein Bürgermeister ist ein bisschen wie ein Familienvater. Und da ist gleich die erste Frage: die der Arbeitslosen. Soll ich einem Arbeitslosen, der Hungers stirbt, vielleicht etwas über die Teleologie der Stadt Florenz erzählen? […] Die zweite Frage war die des Obdachs für die, die keines hatten. Ich hatte die Schönheit von Florenz entdeckt. Sollte ich vielleicht hingehen und antworten: Sie haben kein Haus, sehr gut, aber warten Sie nur, bis der Flächennutzungsplan kommt, dann kommen Sie bestimmt an die Reihe. Hätten Sie das zu jemandem gesagt, der Sie um Obdach bittet? Wie hätten Sie sich verhalten? Also ergriff ich Maßnahmen auf gut Glück, ohne irgendjemanden hinzuzuziehen, ohne städtebauliche Lösungen, nichts. [...]

Das sind nun also die drei Maßnahmen, die ich hinsichtlich der Notwendigkeit des Nests getroffen habe: kleine Häuser, winzige Häuser und Beschlagnahmungen. Was das angeht, habe ich mir gesagt: Sind die Florentiner nun eine große Familie oder nicht? Wer hat, kann dem helfen, der nichts hat, meinen Sie nicht? Ich habe nie jemanden aus dem Haus geworfen, der darin wohnte! Ich habe lediglich unbewohnte Villen beschlagnahmt, solange die endgültigen Bewohner dieser unbewohnten Villen noch nicht eingezogen waren.

Hier begann das Problem des organischen Städtebaus. Das Problem war folgendes: Wie sollte man die Stadt organisch entwickeln? Also wandte ich mich an INA-Casa und stellte zum ersten Mal die Frage: „Ihr von INA-Casa, sollt ihr Häuser oder Städte bauen?" Die Antwort lautete: „Wir sollen keine Häuser, sondern Städte bauen". Auf dieser Grundlage entstand [das Viertel] Isolotto. Florenz, die Stadt, entwickelt sich organisch über ein System aus Gruppen von selbständigen Wohneinheiten: die Satellitenstädte.

So, wie die Mutterstadt strukturiert ist, so sollen in gewisser Weise auch die Tochterstädte, die Satellitenstädte, strukturiert sein. Die Stadt, die eine große Familie bleibt, ein Zentrum von Werten, und ringsherum die Satellitenstädte mit ihren Strukturen: der Kirche, der Schule, einigen grundlegenden öffentlichen Gebäuden wie den gesundheitlichen Einrichtungen, Krankenhäusern womöglich, kurzum: mit allem, was eine Familie braucht, sodass die Stadt vollständig ist, wie Leon Battista Alberti zu sagen pflegte. Was, hat er gesagt, ist die Stadt? Ein großes Haus, so, wie das Haus eine kleine Stadt ist. Es ist das gemeinschaftliche Prinzip, kurzum: Das Haus ist Teil eines größeren Organismus, nämlich der Stadt. Die Stadt bietet jedem Haus das, was es braucht. Was braucht es? Da sind die Werte: die Kirche, die Schulen, die öffentlichen Gebäude. Was braucht das Individuum? Das Haus, dann das Büro, um zu arbeiten, die Schule für den Verstand, das Krankenhaus, um gesund zu werden, die Kirche, um zu beten, das Rathaus für die Beziehungen zwischen den Bürgern. Auf diese Weise haben wir Isolotto geplant, diese Satellitenstadt, die trotz aller Fehler, die für solche Erstversuche typisch sind, dem Haus und dem Menschen Luft verschafft hat.

Mit diesem organischen System müssen weitere Satellitenzellen geschaffen werden, aber immer nach diesem Prinzip: Die Satellitenstädte ähneln in gewisser Hinsicht der Mutterstadt, mit der sie in ständiger Gemeinschaft sein müssen, weil sie mit ihr verbunden sind, obwohl sie eine eigene Autonomie haben. Auf diese Weise überwinden sie das bourgeoise Prinzip des isolierten Hauses und verwirklichen stattdessen das gemeinschaftliche Prinzip der Stadt, die ein großes Haus ist. Das Prinzip, das uns inspiriert, ist immer folgendes: der Schutz der menschlichen Person. Weil es zwei Arten gibt, die Gemeinschaft zu begreifen: eine Gemeinschaft, die zum Käfig wird und die Person einzwängt, und eine Gemeinschaft, die mit der Person einen Kontext bildet, sie integriert. Das erste ist ein Prinzip der Unterdrückung, das zweite ein Prinzip der Integration.

(G. La Pira, *Conversazioni alla Facoltà di Architettura di Firenze 1960*, in: *Il valore di Firenze e delle città*, in: La Badia, Nr. 3, 5. November 1979, S. 46–49).

Bibliographie

Campanini, G., *Evangelo e politica. La lezione di Giorgio La Pira*, Florenz (Polistampa) 2020.

Fondazione Giorgio La Pira (Hg.), *Moro e La Pira. Due percorsi per il bene comune*, Florenz (Polistampa) 2017.

La Pira, G., *La nostra vocazione sociale*, hg. v. M. de Giuseppe, Rom (AVE) 2004.

–, *Premesse della politica e Architettura di uno Stato democratico*, Florenz (LEF) 1970, Nachdr. 2004.

Mininni, G., *Verso il mare – la filosofia della storia di Giorgio La Pira*, Borgomanero, NO (Giuliano Ladolfi Editore) 2015.

Murgia, O., *Giorgio La Pira impegno cristiano e politico*, Rom (Dehoniane) 1996.

Nerozzi, S. – Selmi, S. (Hg.), *Caro Giorgio … caro Amintore. 25 anni di storia nel carteggio La Pira-Fanfani*, Florenz (Polistampa) 2003.

Palagi, P., *Giorgio La Pira. Politica e opzione per i poveri*, Bologna (EDB) 1996.

5 | Die Arbeit als Zentrum der Wirtschaft

Einleitung

In Florenz kam La Pira seit den 1930er Jahren über das traditionelle Instrumentarium der Vinzenzkonferenzen und später, auf eigenständigere Weise, durch die Gründung des Werks der Messen von San Procolo mit den Situationen der Armut in Berührung. Seine Fokussierung auf die Probleme der Arbeit im engeren Sinne entwickelte sich jedoch erst zwischen 1944 und 1950. Von 1944 bis 1946 – in einer Zeit, als die von Bomben zerstörte und von der Armut gezeichnete Stadt sich vor die dramatischen Herausforderungen des Wiederaufbaus gestellt sah – war er Vorsitzender des *Ente Comunale di Assistenza* (ECA). Von 1946 bis 1947 nahm er an den Arbeiten der Verfassunggebenden Versammlung teil und trug dazu bei, dass die Anerkennung der sozialen und wirtschaftlichen Rechte der Bürger in der Charta der Grundrechte festgeschrieben wurde. Von 1948 bis 1950 schließlich war La Pira Untersekretär des Arbeits- und Sozialministeriums der von de Gasperi geführten Regierung und arbeitete in dieser Funktion mit Minister Amintore Fanfani zusammen, um insbesondere auf die wachsende Arbeitslosigkeit zu reagieren.

Seine Tätigkeit im Vorsitz des ECA war von seiner Aufmerksamkeit nicht nur für die Armen im herkömmlichen Sinne, sondern auch für die neuen Armen gekennzeichnet: Menschen mit einem gewissen Einkommen, das aber vor allem aufgrund der inflationsbedingt erheblich gesunkenen Kaufkraft der Löhne und Renten nicht ausreichte, um ihnen ein Mindestmaß an Würde zu sichern. Sie – so sah es La Pira – litten insgeheim Hunger, weil sie keinen „Armutsnachweis“ hatten und sich für ihre Situation schämten. Für sie brauchte man eine andere Hilfspolitik.

Er war davon überzeugt, dass die Hilfen zugunsten der Bedürftigen einen Akt der Verteilungsgerechtigkeit darstellten, das heißt einen Akt, mit dem man dem, der ein Anrecht darauf hatte, eine angemessene Portion vom Gemeinwohl zuteilte. Mit diesem Bekenntnis zu der Verpflichtung des Staates, eine gleiche Verteilung des Einkommens zu gewährleisten, überwand er die traditionelle Hilfs- und Wohltätigkeitsmentalität, die derartige Initiativen – auch solche, die er selbst mitgetragen hatte, wie die Messe von San Procolo oder die Vinzenzgruppen – geprägt hatte.

Im Arbeitsministerium war er am sogenannten „INA-Casa-Plan“ beteiligt, einem großen Wiederaufbauprojekt zur Beseitigung der Kriegsschäden, das sich insbesondere auf den sozialen Wohnungsbau und diverse Initiativen zur Beschäftigungsförderung konzentrierte. Es war eine entscheidende Etappe: Der unmittelbare Kontakt mit den konkreten Schwierigkeiten der Arbeitswelt und die Konflikte zwischen Arbeitern und Unternehmern, von denen er sich nun selbst ein Bild machen konnte, veranlassten La Pira, jene Texte von Keynes und Beveridge zu lesen und weiterzudenken, die bekanntlich die gesamte von der Gruppe von Giuseppe Dossetti vorgeschlagene Wirtschaftspolitik prägten.

La Pira diagnostizierte das Fehlen oder den Verlust der Arbeit als eines der größten Übel der sogenannten „freien Marktwirtschaft“; ein Übel, das in den konkreten Verhältnissen des alltäglichen Lebens den hierarchisch übergeordneten Wert der menschlichen Person zu zerstören drohte; deshalb war es inakzeptabel, wenn im Namen angeblich ewiger

Marktgesetze mehr oder weniger große Inseln der Arbeitslosigkeit und Armut in Kauf genommen wurden.

In seinen beiden 1950 veröffentlichten Artikeln *L'attesa della povera gente* und *La difesa della povera gente* las La Pira die wirtschaftliche Situation im Licht der Bibel und benannte den Schutz des Armen und Unterdrückten als einen für jeden Christen verbindlichen Horizont (vgl. Dtn 15,1–18; Mt 25). Auf diese Weise übte er schlüssige Kritik an einer Mentalität, die die ökonomischen Gesetze als unumstößliche und absolute Prinzipien ansah, und legte, indem er die moralische Motivation mit einer Überprüfung der von Keynes formulierten zeitgenössischen Wirtschaftstheorien kombinierte, einen konkreten Vorschlag für eine auf Vollbeschäftigung abzielende Wirtschaftspolitik vor. Seine Positionen stießen auf heftige Kritik und fanden in der nationalen Politik zumindest keinen unmittelbaren Niederschlag.

In seinen beiden Amtszeiten als Bürgermeister allerdings – von 1951 bis 1957 und von 1960 bis 1965 – setzte La Pira diese Richtlinien in die Praxis um. Im Kampf gegen Arbeitslosigkeit und Wohnungsknappheit beschlagnahmte er mehrere ungenutzte Villen und Hunderte von leerstehenden Häusern, um angemessenen Wohnraum für die vielen Obdachlosen von Florenz zu schaffen. Im Rahmen des INA-Casa-Plans konnten 3.000 Sozialwohnungen gebaut werden. Im November 1954 wurden die ersten 1.000 Wohnungen des neuen Stadtviertels Isolotto übergeben.

An der Arbeitslosenfront wurde das Schicksal der florentinischen Gießerei *il Pignone* zu einer Angelegenheit von nationaler Bedeutung. Die ehemalige Rüstungsfabrik war 1946 von der SNIA-Viscosa aufgekauft worden, die eine Produktionsumstellung plante. Im Zuge einer ersten Verkleinerung wurden im Januar 1953 300 Angestellte entlassen; am 21. Oktober 1953 erhielten weitere gut 1.750 Arbeiter ihr Kündigungsschreiben. La Piras Eingreifen war von Anfang an entschlossen und geradlinig: Die Entlassungen waren im Licht der Verfassungsartikel – Schutz der Arbeitnehmer und der Arbeit und soziale Funktion des Privateigentums – als rechtswidrig zu betrachten. Seine drängenden Gesuche bei der Regierung, bei Ratspräsident de Gasperi, bei den Ministern – unter ihnen Innenminister Fanfani – führten dazu, dass die Frage der *Pignone* zu einer nationalen Angelegenheit wurde und ganz Italien über die Rolle des Staates im wirtschaftlichen Entwicklungsprozess des Landes und über das Verhältnis zwischen privatem und öffentlichem Kapital debattierte. Als die Fabrik besetzt wurde, zögerte La Pira nicht, die Arbeiter zu unterstützen, dem Standort einen Besuch abzustatten und dafür zu sorgen, dass der Florentiner Priester Don Bruno Borghi dort die Messe feierte.

Entscheidend für die Lösung der schwierigen Frage war das Eingreifen von Enrico Mattei, dem Präsidenten des ENI (*Ente Nazionale Idrocarburi*): Eine neue Gesellschaft, der *Nuovo Pignone*, wurde gebildet; 60 % der Anteile gingen an den ENI (vertreten durch die Gesellschaft AGIP) und 40 % an die Gruppe SNIA-Viscosa. Im Januar 1954 wurde im Arbeitsministerium die endgültige Übereinkunft erzielt: eine gute Entscheidung, wie sich in den Folgejahren herausstellen sollte, die vielen Familien in der Stadt Florenz Arbeit und Unterhalt sicherte.

Für seine Parteinahme wurde La Pira von einigen Tageszeitungen – Sprachrohren der „ökonomischen Rechten" wie dem *Corriere della Sera* und *24 Ore* –, aber auch vom Vorsitzenden der *Confindustria* Angelo Costa und sogar von Luigi Sturzo selbst aufs Heftigste angegriffen, der die negativen Folgen des von La Pira vorgeschlagenen „Etatismus" fürchtete. Auf Sturzos Kritik reagierte der Bürgermeister von Florenz mit folgendem Schreiben:

Ich möchte nicht, dass man unter dem Vorwand, man wolle keinen totalitären Staat, in Wirklichkeit keinen Staat will, der eingreift, um die strukturellen Ungerechtigkeiten des Finanz-, des Wirtschafts- und des Gesellschaftssystems des sogenannten „liberalistischen Staates" zu heilen (der mit olympischer Gelassenheit dem schmerzlichen Kampf „zusieht", den das Entbehren des täglichen Brotes zwischen den Schwachen und den Mächtigen auslöst) ... wie sich nämlich die Einheit der menschlichen Gesellschaft nicht auf den Klassengegensatz stützen kann, so kann auch die rechte Wirtschaftsordnung nicht dem freien Wettstreit der Kräfte überlassen werden. Vielmehr sind von diesem Anfang wie aus einer vergifteten Quelle all die Irrtümer der individualistischen Wirtschaftswissenschaft ausgegangen, die – weil sie vergisst oder verkennt, dass die Wirtschaft nicht nur einen moralischen, sondern auch einen sozialen Charakter hat – der Auffassung war, die öffentliche Autorität müsse ihr freie Hand lassen.

Texte

„Was kann ich tun?“

Ich habe auch im Arbeitsministerium ein paar Erfahrungen gesammelt, und an einem bestimmten Punkt bot sich mir ein Schauspiel dar, wie ich es noch nie erlebt hatte. Mortati war auch dabei, als wir es gemacht haben … diese Sache, die Verfassung. Das war eine interessante Erfahrung … Aber wenn ich diese eher begrenzte Erfahrung jetzt mit der Erfahrung später im Arbeitsministerium und danach mit der als Bürgermeister einer Stadt vergleiche, dann sehe ich, dass ich noch ein bisschen naiv war, als ich manche meiner Artikel geschrieben habe, sehr schöne Artikel: Ich betrachtete die Dinge von einer theoretischen Warte aus, ohne die Phänomene des nationalen und globalen Lebens wirklich zu kennen. Im Arbeitsministerium dagegen kam ich plötzlich mit den Strömen der Arbeiter in Berührung, solchen, die eine Beschäftigung hatten, und solchen, die keine hatten. Und dann hat sich das Problem ausgeweitet. Ich musste die Probleme im globalen Maßstab studieren, um mir bewusst zu machen, was Arbeitslosigkeit bedeutete. Anfangs dachte ich, es gehe um einen Menschen, der keine Arbeit hatte. […] An einem bestimmten Punkt fand ich heraus – ich habe es nicht selbst herausgefunden: Es gibt Studien, die gemacht worden sind, statistische Beobachtungen –, dass es sich um eine Krankheit des nationalen und internationalen Systems handelt, etwas Großes mit einer eigenen Logik, einer eigenen Struktur und einer eigenen Therapie. Und das heißt – um auf meine Gewissenserforschung zurückzukommen –, dass ich abends nicht umhinkann, gewisse Überlegungen anzustellen. Ich versuche mir zu sagen: „Ach geh, die Welt regelt sich von allein", aber dann muss ich doch wieder an das Schauspiel denken, das ich den Tag über gesehen habe, und dann kommt mir das Jüngste Gericht in den Sinn. Was kann ich tun? Es gibt zwei Möglichkeiten: Entweder, es ist wahr, oder es ist nicht wahr, dass es ein Weltgericht gibt. Und da es wahr ist, erinnere ich mich also daran, dass über jenes Jüngste Gericht Folgendes geschrieben steht: „Ich war hungrig und du hast mir zu essen gegeben, ich war durstig und du hast mir zu trinken gegeben, ich war ohne Obdach und du hast mich aufgenommen, ich war krank und du hast mich besucht". Ich füge hinzu: „Ich war arbeitslos und du hast mich angestellt.

(G. La Pira, *Il tempo della politica. Discorso al III Convegno Nazionale di studio dell'Unione Giuristi Cattolici*, 14. November 1951, in: *Giorgio La Pira Autobiografico. Pagine antologiche*, Turin [SEI] 1994, S. 59–60; dt. Fassung in Teilen angelehnt an: G. La Pira, *Struktur einer christlichen Politik. Essays*, Olten/München [Roven] 1961, S. 18 ff.).

Glaube und Wirtschaft

Welche globalen Dimensionen haben die Probleme der armen Leute?

Diese Frage muss sich jeder im Vorfeld stellen, der Verantwortung übernehmen und sich ein möglichst vollständiges Bild von der wirtschaftlichen, sozialen und politischen Lage und der sie widerspiegelnden kulturellen, religiösen und „historischen" Situation der Welt machen will.

Hier sind einige grundlegende Daten, die diese Situation ein wenig erhellen können.

Pro-Kopf-Einkommen [jährlich, berechnet in Dollar für 1949]: Vereinigte Staaten 1.486 Doll.; Australien 542; Kanada

944; Frankreich 474; Großbritannien 599; Italien 282; Spanien 153; Deutschland 247; Schweiz 947; Belgien 579 [laut *Mondo Economico* vom 25. Oktober 1950]; Indien 43; Indonesien 35; China 23; Japan unter 100 [*berechnet in US-Dollar,* 1946: laut *Economic survey of Asia and Far East* 1947].

Welche berechtigte Kritik man auch immer an diesen Angaben üben mag, steht doch eines außer Zweifel: Das durchschnittliche Pro-Kopf-Einkommen der überwiegenden Mehrheit der Menschen – mindestens eineinhalb der insgesamt zweieinhalb Milliarden Menschen auf der Erde – reicht nicht aus, um die elementarsten und unumgänglichen Bedürfnisse des Lebens zu decken: Mindestens eineinhalb Milliarden Menschen leben in einem Zustand dauerhafter Not und sind nicht in der Lage, sich in angemessener Weise mit dem Lebensnotwendigsten (Verpflegung, Wohnung, Heizung, Kleidung, Medikamenten: elementare Posten des familiären Haushaltsplans) zu versorgen.

[…]

Ist es ein wesentlicher Akt des Christentums oder nicht, sich dringend, liebevoll und organisch zu diesem Leiden von globalen Ausmaßen „hinabzubeugen"?

Die Antwort gibt uns Jesus Christus selbst [Mt 25,32 ff.] in der Rede zum Abschluss seines öffentlichen Wirkens [vom Kardienstag]. Die Rede vom Letzten Gericht macht zweierlei deutlich: a) den Maßstab des Gerichts, der eben in diesem „Sich-Hinabbeugen" zu den Menschen besteht, um sie vom Hunger zu befreien, von der Kälte, von der Arbeitslosigkeit und so fort. Dieses liebevolle „Sich-Hinabbeugen" zum eigenen, gefallenen Bruder – wer immer er sei – ist auch der Kern des großartigen Gleichnisses vom Samariter; b) die Universalität des Gerichts: Alle werden da sein: Weil der mystische Leib Christi einer ist, hat er globale Ausmaße und umfasst in Akt und Potenz alle Menschen [Thomas v.

Aquin] ... [...] Die Probleme des menschlichen Leidens – Probleme der Diagnose, die es für uns sichtbar und messbar macht: therapeutische Probleme im Hinblick auf die für den heilenden Eingriff geeigneten Instrumente – sind daher „Probleme“ Christi: Jesus sagt dies ausdrücklich und wiederholt: Das habt ihr mir getan [Mt 25,31 ff.]: vgl. für die Kinder [Mt 18,5]. Der christliche Humanismus ist ein vollständiger, wenngleich geordneter und hierarchisierter Humanismus: Er betrifft solidarisch den Menschen vom höchsten Gipfel der innersten Genießung und Betrachtung Gottes bis in die „Niederungen“ der Wirtschaft.

(G. La Pira, *L'attesa della povera gente*, Florenz [LEF] 1978 [1. Aufl. 1951], S. 18–24).

Die neue Ökonomie

Was die armen Leute (Arbeitslose und Bedürftige ganz allgemein) erwarten? Die Antwort ist klar: eine Regierung, die einem gewissermaßen einzigen Zweck dient: *dem organischen Kampf gegen die Arbeitslosigkeit und die Not*, und im Hinblick auf diesen organisch strukturiert ist. Eine Regierung also, die ernstlich (unter Anwendung aller angemessenen technischen, finanziellen, wirtschaftlichen und politischen Maßnahmen) auf die Maximalbeschäftigung und bestenfalls auf die „Vollbeschäftigung“ hinarbeitet.

[...]

Aber die Maximalbeschäftigung und im besten Fall die Vollbeschäftigung ernsthaft zu wollen bedeutet, einige Voraussetzungen zu akzeptieren und einige Hilfsmittel zu wollen, ohne deren Verwendung jenes Ziel unmöglich zu erreichen ist.

Da ist vor allem eine ausgesucht christliche Voraussetzung: Es ist müßig – für eine Regierung –, vom Wert der menschlichen Person und von einer christlichen Zivilisation zu sprechen, wenn sich dies nicht auf organische Weise darin ausdrückt, dass man kämpft, um die Arbeitslosigkeit und die Bedürftigkeit auszumerzen, die die furchtbarsten äußeren Feinde der Person sind.

[…]

Das ist eine Voraussetzung, die die Regierungsmitglieder immer fest im Blick behalten müssen: der Polarstern ihres politischen, rechtlichen, wirtschaftlichen und finanziellen Handelns, *allen Arbeit zu geben, allen ihr täglich Brot zu geben*: Auf diesen ersten, unaufschiebbaren, elementaren Zwecken muss das gesamte Gebäude der Wirtschaft, der Finanz, der Politik und der Kultur aufbauen: Die Freiheit selbst, Atemluft der Person, ist diesen Urbedürfnissen nach Arbeit und Brot in gewisser Weise nachgeordnet und durch sie bedingt.

Das grundlegende Gebet des Herrn: Unser tägliches Brot gib uns heute!

Diese grundlegende christliche Voraussetzung wird im Übrigen durch eine nicht minder grundlegende ökonomische Voraussetzung bestätigt: eine Voraussetzung, die zwar nicht im Bereich der klassischen Ökonomie gilt, jetzt aber dem gesamten Gebäude der neuen Ökonomie zugrunde gelegt wird: *Die Arbeitslosigkeit ist ein Konsum ohne entsprechende Produktion: Sie ist mithin eine Verschwendung von Gütern und Produktionskräften* (und außerdem eine sittliche und geistliche Zerrüttung der Person).

Und der Grund liegt auf der Hand: Die Arbeitslosen existieren: Wenn sie existieren, müssen sie leben: Um zu leben, müssen sie konsumieren. Konsumieren, ohne zu produzieren: Das ist das wirtschaftliche Paradoxon der Arbeitslosigkeit.

Die armen Leute – die ein gutes Gespür haben – geben keine Ruhe, wenn sie über diese Unstimmigkeit der gegenwärtigen Wirtschaftsstruktur nachdenken: So viele Häuser müssen gebaut, soviel Land muss bestellt, so viele essentielle Güter müssen produziert, so viele „rückständige Gebiete" müssen auf Vordermann gebracht werden – wie kann man dann zulassen, dass es so viele untätige Arme gibt?

[...]

Die armen Leute verstehen nicht, wie diese wirklich „verrückte" ökonomische und moralische Entwicklung möglich ist: Sie verstehen nur, dass an der unmenschlichen Antwort, mit der dieses traurige Phänomen der Arbeitslosigkeit in der Regel gerechtfertigt wird, etwas fadenscheinig, etwas *von Grund auf falsch* ist: Es fehlt an Geld!

[...] Es fehlt weniger an Geld als an der nötigen Beschäftigung, um das im Boden vergrabene Talent in Umlauf zu bringen! Das ist ein Problem der „Dynamik" des Willens, der kreativen Technik, des Finanzwesens, der Wirtschaft, der Politik.

Und dass diese Ahnungen der armen Leute (die auf den Dingen und auf dem Evangelium basieren) wissenschaftlich nicht falsch sind, beweist der Ansatz der modernsten und lebendigsten Wirtschaftstheorien.

[...]

Wenn die Arbeitslosigkeit beseitigt werden soll – das ist das grundlegende Ziel eines in sittlicher, sozialer und wirtschaftlicher Hinsicht gesunden Staates –, müssen die Mittel zu ihrer Beseitigung gewollt und benutzt werden; diese Mittel lassen sich in einem einzigen zusammenfassen: *Ausgaben*. [...]

Das ist der Dreh- und Angelpunkt der ganzen neuen Wirtschaftstheorie: Keynes sagt es ausdrücklich: *Die Beschäftigung hängt von den Ausgaben ab*: Und es gibt zwei Arten von Ausgaben: Ausgaben für den Konsum und Ausgaben für Investitionen. Was gespart, will sagen, was nicht für Konsumgüter ausgegeben wird, schafft nur dann Arbeitsplätze, wenn es investiert, das heißt wenn es ausgegeben wird, um Kapitalgüter wie Fabriken, Maschinen und Schiffe besser auszurüsten oder um die Rohstoffvorräte aufzustocken (vgl. Beveridge, op. cit. § 120). *Die Ausgaben – und damit die Produktion – an die Beschäftigung anpassen*: Das ist das Problem.

Vor allem stellt sich die Frage, wer diese Anpassung vornehmen soll. Muss der Staat lediglich einige finanzielle, wirtschaftliche und politische Maßnahmen zugunsten der privaten Initiative beschließen, damit die beabsichtigen Ausgaben und damit der gewünschte Abbau der Arbeitslosigkeit automatisch erfolgt? Nein: Dass der Staat die Pflicht hat, die private Initiative dergestalt zu begünstigen, dass er ihr die Richtung vorgibt und ihre Produktionsgeschwindigkeit und damit ihre Ausgaben- und Beschäftigungskapazitäten fördert und steigert, steht außer Frage: Aber ebenso steht außer Frage, dass die Vollbeschäftigung der Arbeitskraft auf diesem indirekten Weg niemals erreicht werden wird: Die „automatische Anpassung“ ist eine jener ökonomischen Pseudoharmonien, die seit jeher durch die schmerzliche und dauerhafte Erfahrung der Arbeitslosigkeit widerlegt wird.

[…]

Die Maßnahmen der ersten Art reichen also nicht aus: Man muss weitere, andersgeartete ergreifen: Das heißt, der Staat muss direkt mit einem organischen Investitionsplan intervenieren, der den schrittweisen Abbau der Arbeitslosigkeit in bestimmten Fristen bewirken kann: Diese „massiven“ öffentlichen Investitionen stellen im Übrigen einen überaus wirksamen Anreiz für die privaten Investitionen dar. […].

(G. La Pira, *L'attesa della povera gente*, Florenz [LEF] 1978 [1. Aufl. 1951], S. 26–40).

Das Finanzwesen

Nachdem nun von diesen Dingen – die die Regierung betreffen – die Rede war, müssen andere zur Sprache kommen, die die Privatleute betreffen: *Ersparnisse sind nur als Ausgabeninstrument von Wert, das neue Beschäftigung und damit neue Produktion zu schaffen vermag.* Eine andere soziale Rechtfertigung besitzen sie nicht: Das ist ein ökonomisches Gesetz. Ersparnisse sind per se ein rein negativer Sachverhalt: Sparen heißt, nichts auszugeben ...; Ersparnisse an sich haben keinerlei soziale Wirkkraft. Die soziale Wirkkraft der Ersparnisse eines Menschen hängt davon ab, ob ein anderer diese Ersparnisse ausgeben will (Beveridge, op. cit. § 123). Und das ist auch ein Gesetz des sittlichen Lebens: *Sammelt euch nicht Schätze,* sagt das Evangelium kategorisch (Mt 6,19): Die Verurteilung des geizigen Sparers ist auf entsetzliche Weise in dem Ängstlichen veranschaulicht, der seine Scheunen füllte, ohne an den Tod zu denken, der ihn erwartete (Lk 12,16): *sparen, um auszugeben oder ausgeben zu lassen* (Das Talent sollte nicht in der Erde vergraben, sondern zumindest anderen übergeben werden, die in der Lage sind, es Früchte tragen zu lassen (Lk 19,22; Mt 25,14–30); das ist die „Wirtschafts- und Finanzpolitik" des Evangeliums.

Das ist es, was die privaten Besitzer von Ersparnissen verstehen müssen: Auf ihnen lastet eine furchtbare, zugleich sittliche und wirtschaftliche Verantwortung, weil nicht ausgegebene Ersparnisse verhinderte Arbeit und mithin gesteigerte Arbeitslosigkeit bedeuten.

Deshalb ist das Problem der Ersparnisse – also das Problem der Quellen, aus denen die Ausgaben kommen – in gewisser Weise das fundamentale Problem einer staatlichen Gemeinschaft: Auf ihm nämlich ruht, eben wie auf einem

Fundament, das Gebäude der Vollbeschäftigung (vgl. Beveridge, op. cit. § 124).

Doch die geschaffene oder vergrößerte Arbeitslosigkeit bedeutet eine schwere Verletzung der moralischen, der ökonomischen und der sozialen Ordnung: In dieser Verletzung wurzeln Hass und Umsturz wie parasitäre Pflanzen auf fruchtbarem Boden (vgl. Beveridge, *Vorwort*).

(G. La Pira, *L'attesa della povera gente*, Florenz [LEF] 1978 [1. Aufl. 1951], S. 43–45).

Die Wirtschaftsplanung und die Wirtschaft im Dienst des Menschen

Man muss Geld ausgeben: Der Staat muss Geld ausgeben und die Privatleute müssen Geld ausgeben. Aber wie? Ungeordnet oder organisch, das heißt nach Maßgabe bestimmter Produktionspläne, die sich über einen gewissen Zeitraum erstrecken (langfristig geplante Ausgaben)? Die Antwort liegt auf der Hand: organisch, nach bestimmten Plänen Geld ausgeben (Beveridge § 32, S. 202; § 209). Man braucht sich nicht von den Worten beeindrucken zu lassen: „Planen" heißt ordnen, auf ein Ziel ausrichten: Es bedeutet, dass das Wirtschafts- und Finanzsystem eines Staates – ja das Wirtschafts- und Finanzsystem der ganzen Welt – nicht mehr sich selbst überlassen werden darf, sondern auf Ziele ausgerichtet werden muss, die an die Beschäftigung und an die wesentlichen Bedürfnisse des Menschen angepasst sind: Selbst das ERP [*European Recovery Program* oder Marshallplan] sollte letztlich auf nichts anderes abzielen. Auch hier kommt uns das Evangelium zu Hilfe: Wer ein solides Haus bauen und wer erfolgreich Krieg führen (hier: erfolgreich gegen Arbeitslosigkeit und Not kämpfen) will, muss sein Vorhaben „planen", damit es zu einem glücklichen Ausgang führt (Lk 14,28).

Welche Ziele werden diese Pläne haben? Natürlich werden sie nach einem Kriterium der sozialen Priorität ausgewählt werden ...: Es gibt Grundbedürfnisse, die schnell befriedigt werden müssen: Häuser, die gebaut werden müssen (was spricht gegen eine Ausweitung und schnellere Umsetzung der bestehenden Pläne?), Energien, die produziert, Landflächen, die urbar gemacht, rückständige Gebiete, die industrialisiert werden müssen: so viel Gutes, das man tun, so viel konkrete Liebe, die man beweisen, so viel Hoffnung und so viel Freude, die man schenken kann!

Wie sollen diese Pläne finanziert werden? Wo findet sich das nötige Geld für diese Ausgaben? Ehe wir auf diese Fragen antworten – die uns zu Faulheit verleiten könnten: Es ist kein Geld da, weil der Staatshaushalt im Defizit ist –, müssen wir eines vorausschicken: nämlich dies: Erzwungener Müßiggang ist eine Verschwendung von materiellen Ressourcen und von Menschenleben, die nie wiedergutgemacht und mit finanziellen Begründungen nicht gerechtfertigt werden kann (Beveridge § 198). Man muss die übliche Art, an das Problem heranzugehen, auf den Kopf stellen: das heißt, die Kasse an die Ausgaben und die Ausgaben an die Beschäftigung anpassen: Diese Herangehensweise, das versteht sich, erfordert eine große Anstrengung des Nachdenkens und des kreativen Wollens. Nicht vom Geld, sondern von der Beschäftigung ausgehen: vom Menschen, das heißt vom Zweck, und nicht vom Geld, das heißt vom Mittel ausgehen.

[...]

Diese „Umkehrung" ist in der Wirtschafts- und Finanzpolitik der großen modernen Staaten übrigens gar nicht so neu: Außer den kommunistisch strukturierten Staaten legen inzwischen auch die großen Länder des Westens (von Großbritannien bis Amerika) ihren Haushalten – wenngleich in unterschiedlichen Abstufungen – das Ziel der Vollbeschäftigung und des höchstmöglichen Lebensstandards der Bevölkerung zugrunde.

(G. La Pira, *L'attesa della povera gente*, Florenz [LEF] 1978 [1. Aufl. 1951], S. 45–48).

Die Beschaffung der Mittel

Was also ist konkret zu tun? [...] Wo findet man die „Quellen", die „Löcher", in denen die Ersparnisse herumliegen?

Ich möchte folgende Fragen stellen: Kann man allen Ernstes behaupten, dass der Lire-Fonds [ein im Rahmen des als Marshallplan bekannten europäischen Wiederaufbauprogramms vorgesehener Fonds, *A. d. R.*] – bei intelligenter Handhabung – nicht eine wertvolle Quelle hätte sein und eine Menge an produktiver Arbeit hätte generieren können (und noch immer generieren kann)? [...] Und dann ist da die andere Seite des Lire-Fonds: die Verwendung der Dollars aus dem ERP (*European Recovery Program*), um industrielle Ausrüstung anzuschaffen; welche Faulheit auch hier, das heißt, wie viel an verhinderter Arbeit und wie viel an nicht erreichter Produktion. [...] Und weiter: Wofür stehen jene 466 Milliarden *sonstiger Schuldner* (Jahresabschluss der *Banca d'Italia* am 31. Dezember 1949)? Die berühmten harten Devisen? Aber ist das nicht absurd, diese Begeisterung über Auslandskredite, während wir im Inland mangels Ausgaben und mithin mangels Investitionen zwei Millionen Menschen schmachten lassen? [...] Weiter: Kann man allen Ernstes behaupten, man hätte alle Banken „inventarisiert", in denen Milliarden und Abermilliarden an untätigen Ersparnissen herumliegen? […] Weiter: Was ist mit dem Rückgriff auf ausländische Kredite? Und der vernünftigen Nutzung des Staatsvermögens? Und dem Methan? So viel unbestelltes Land, so viele brachliegende Güter! […]

Schlussfolgerung: Es ist nicht seriös, zu sagen: Es ist kein Geld da, um zu investieren und mithin Arbeitsplätze zu schaffen. Man muss sagen: Um das Geld aufzutreiben, muss man dem ganzen Wirtschafts- und Finanzapparat des Staates einen energischen Tritt versetzen, man muss ihn aus dem Schlaf und aus der Faulheit aufrütteln, in die er versunken ist, und ihn daran erinnern, was dieser Schlaf und diese Faulheit bedeuten, nämlich a) die moralische Zerrüttung von zwei Millionen Arbeitslosen; b) eine Verringerung des nationalen Einkommens um mindestens 500 Milliarden jährlich. Und es muss endlich Schluss sein mit dem Gespenst, das immer und immer wieder heraufbeschworen wird, um die Einfaltspinsel zu erschrecken: der Inflation!

Alle wissen, dass man die Inflation nicht anheizen darf, aber die Inflation ist eine ernste Angelegenheit und nicht dieses journalistische Ding, mit dem tagtäglich herumgewedelt wird.

Und schließlich: *Inflation heißt Geld ohne Sachen, Darstellung ohne Dargestelltes*; aber wenn die Sachen da sind und wenn Geld da ist, das für die Sachen steht, wo ist dann die Inflation? Wenn die Bevölkerung wächst (und damit auch die Ausgaben); wenn die Produktion wächst (und damit auch die Ausgaben), dann liegt es auf der Hand, dass – bei gleicher Umlaufgeschwindigkeit – auch das Volumen des in Umlauf befindlichen Geldes wachsen muss. *Inflation gibt es nur dort, wo dem wachsenden Umlauf – bei gleicher Geschwindigkeit – kein verhältnismäßiges Produktionswachstum entspricht.* Das ist so klar!

Und weiter: Wenn ich eine Million Lire ausgebe, um eine Million (oder sogar mehr) Häuser zu bauen oder um eine

Million Land urbar zu machen oder um eine Million Energie zu produzieren, wo ist dann die Inflation? Die „Inflationslücke“ wird als der Geldbetrag definiert, den das Kollektiv [...] über sein Vollbeschäftigungseinkommen und über den Wert der tatsächlich produzierten Waren hinaus auszugeben versucht (Di Fenizio, op. cit., S. 473). Die Arbeitslosigkeit dagegen bringt die Inflation ja gerade hervor: weil Arbeitslosigkeit in letzter Konsequenz verhinderte Produktion bei dennoch getätigten Ausgaben (um die Arbeiter am Leben zu erhalten) bedeutet, will sagen: *Geld ohne Sachen!*

Und schließlich darf man einen wesentlichen Aspekt des derzeitigen Finanzsystems nicht vergessen: Die Finanzphänomene werden nicht mehr von diesem oder jenem Land nach Gutdünken hervorgerufen: Die Währungen sind inzwischen in ein organisches System von globalen Dimensionen eingebunden: Sie umschreiben die Kreisbahn eines bestimmten Plans (die Kreisbahn des Dollars im Westen, des Rubels im Osten); und daher sind Inflation und Deflation keine Phänomene mehr, die „automatisch“ geschehen: Es sind Phänomene, die ausgelöst, verhandelt, reguliert werden: Auch der Währungsmarkt ist mittlerweile reguliert.

(G. La Pira, *L'attesa della povera gente,* Florenz [LEF] 1978 [1. Aufl. 1951], S. 49–52).

Bibliographie

La Pira, G., *L'attesa della povera gente*, Florenz (Libreria Editrice Fiorentina) 1951.

Pagliai, L., *Per il bene comune: poteri pubblici ed economia nel pensiero di Giorgio La Pira*, Florenz (Polistampa) 2009.

–, *Giorgio La Pira e il „piano latte". La funzione sociale della Centrale*, Florenz (Polistampa) 2010.

Roggi, P. (Hg.), *L'attesa della povera gente: Giorgio La Pira e la cultura economica anglosassone*, Florenz (Giunti) 2005.

6 | Die Stadt als Gemeinschaft

Einleitung

Mit der Stadt Florenz verband Giorgio La Pira eine ganz besondere Beziehung: vor allem eine tiefe, geradezu instinktive Liebe, die diesen Mann von den fernen Ufern einer sizilianischen Kleinstadt in tiefster Seele berührte. Doch auch eine reflektierte, vom Nachdenken über die Geschichte der Stadt, ihre Seele und ihre erhabensten künstlerischen, poetischen, philosophischen und religiösen Ausdrucksformen genährte Liebe. Und schließlich eine gelebte und von tagtäglichen Beziehungen nicht nur zu ihren Monumenten, sondern auch zu ihren Menschen durchzogene Liebe: zu herausragenden Vertretern der Kultur und der Wohltätigkeit (man denke nur an Don Giulio Facibeni), zu Personen, die nur scheinbar weniger namhaft waren, tatsächlich jedoch immer als lebendige Glieder einer großen Familie Gehör fanden, und schließlich zum Volk der Armen. In dieser täglich – und zwar sozusagen „werktäglich", nicht „feiertäglich" – erlebten Stadt verfestigt sich in La Pira die Ahnung, dass Florenz in der Geschichte der Menschheit eine bestimmte Berufung zugedacht ist. Florenz wird für La Pira zum Musterbild der Stadt. Die Stadt ist ein Netz aus Bauten und Räumen, die dem Leben der darin wohnenden Gemeinschaft dienen: Stätten der Arbeit, der Beziehungen, des sich in seinen jeweiligen Momenten entfaltenden Daseins. Und es braucht Strukturen, Einrichtungen wie Schulen, Krankenhäuser, Gerichte, Kirchen, Straßen und Plätze.

Im Bild der Stadt, das La Pira in Florenz entwickelt, hallt die Botschaft der prägenden Ereignisse der florentinischen Geschichte nach: die Zeugnisse der Spiritualität, des Gebets und des gemeinsamen Lebens, die Erfahrungen der menschlichen Arbeit und Kreativität, die Errungenschaften der Kunst, der Architektur und der Wissenschaft. In Florenz erkennt La Pira eine Ordnung und einen Glanz, den er als Berufung und Sendung deutet, die Städte der Erde anzuführen und zusammenzurufen. Er hat die Vision, dass Florenz wie ein zweites Jerusalem dazu bestimmt ist, die Wege der Völker im Frieden zusammenzuführen und zu vereinigen. Diese Aufmerksamkeit für das Leben der Stadt im Verhältnis zur Welt lenkt ihn nicht von der konkreten Aufgabe ab, darauf hinzuweisen, dass es für das Leben einer Stadt unerlässlich ist, in einem Horizont der Gerechtigkeit auf die elementaren Probleme jedes Einzelnen zu achten.

La Pira vereint die spirituelle Tiefe eines Menschen, der entdeckt, dass „jede Stadt eine Berufung und ein Geheimnis in sich birgt", mit der präzisen Aufmerksamkeit für die Erwartungen der Menschen, die eine Stadt bevölkern und beleben, und ihre Grundbedürfnisse in allen Aspekten des Lebens.

Die Städte, davon ist La Pira überzeugt, dürfen nicht dem Tod preisgegeben werden, der das Erbe historischer Wege und Kulturen hinwegraffen würde. Das Leben der Städte ist nämlich nicht Eigentum des Nationalstaats, sondern gehört den künftigen Generationen und ist Baustoff eines gemeinsamen Hauses der Völker, das niemals zerstört, sondern für alle verbessert und verschönert werden soll.

Nach seiner Ansprache vor dem Internationalen Komitee vom Roten Kreuz 1954 in Genf, wo er seine These erläutert hatte, dass die Nationalstaaten kein Recht hätten, die Städte zu bombardieren, lädt er im darauffolgenden Jahr die Bürgermeister der Hauptstädte nach Florenz in den Palazzo Vecchio ein: 38 Bürgermeister aus allen Erdteilen und unterschiedlichen politischen Systemen unterzeichnen einen Freundschaftspakt. La Pira wollte mit ihnen gemeinsam einen Antikriegsappell an die Ebenen der Weltregierung richten, einen Appell, der sich auf die Existenz der Städte selbst gründete.

Nach dem Ende seiner politisch-administrativen Erfahrung in Florenz nahm La Pira 1967 in Paris am Kongress des Weltbundes der Partnerstädte teil und wurde bei dieser Gelegenheit zum Vorsitzenden des besagten Bundes gewählt, den er daraufhin in Weltbund der Vereinten Städte umbenannte. In seiner programmatischen Ansprache griff er das Thema wieder auf, das er bereits auf der Konferenz der Hauptstadtbürgermeister vorgestellt hatte: „Die Staaten haben nicht das Recht, dieses Erbe, das die Kontinuität des Menschengeschlechts darstellt und der Zukunft gehört, aus welchem Grund auch immer – mit einem Atomkrieg – zu vernichten". Diese Einsichten verdichten sich zu der Aussage, dass den Städten in der derzeitigen weltgeschichtlichen Konstellation die Aufgabe zukomme, „an der Einheit der Welt mitzuarbeiten". Den Städten müsse das apokalyptische Moment der gegenwärtigen Stunde bewusstwerden, ein Moment, das entweder auf den Weg des Friedens oder in die vollständige Vernichtung führe. Die Städte müssten der Zerstörung ein entschiedenes Nein entgegenhalten: Und „Nein" zum Atomkrieg zu sagen bedeute, „Nein" zu sagen zu einer Politik der Abschreckung und des „Gleichgewichts des Schreckens". Auf diese Weise könnten die Städte zum Knotenpunkt für ein System von Brücken werden, das die Einheit der Welt ermögliche. Auch wenn die Einheit der Nationen noch an den großen Schwierigkeiten und Konflikten scheitert, die zwischen ihnen bestehen, hält La Pira eine Einheit der Städte in der Welt für machbar: „Die vereinten Städte: das andere – integrative und in gewisser Weise essentielle – Antlitz der vereinten Nationen […], eine Realität, die dazu bestimmt ist, das noch instabile und unvollständige Gebäude der Vereinten Nationen zu renovieren, indem sie es an der Basis konsolidiert und am Gipfel vervollständigt“.

Texte

Keine Häuser, sondern Städte

[...] Und jetzt ein Wort zu euch, Florentiner, Empfänger und Glieder dieser neuen Stadt.

Ich möchte euch drei Dinge sagen: Das erste betrifft die Stadt: Das zweite betrifft eure Häuser, den Wohnsitz eurer Familien, das dritte betrifft euch selbst.

Das erste ist folgendes: Liebt sie, diese Stadt, sozusagen als wesentlichen Bestandteil eurer Persönlichkeit.

Ihr seid in sie hineingepflanzt, die künftigen Generationen, die in euch wurzeln werden, werden in sie hineingepflanzt sein: Das ist ein kostbares Erbe, das ihr unversehrt, ja besser und größer an die Generationen weitergeben sollt, die da kommen werden.

Jede Stadt birgt in sich eine Berufung und ein Geheimnis: Ihr wisst das: Jede von ihnen wird genau wie jeder Mensch durch einen Schutzengel von Gott behütet. Jede von ihnen ist ein fernes, aber wahres Abbild der ewigen Stadt in der Zeit: Ihr habt eben die Worte des großen Dichters Péguy gehört, den ich zitiert habe: [„Glücklich, die die Städte des Menschen bauen ... denn sie sind der Anfang und der Leib und der Beweis der Stadt Gottes!“, *A. d. R.*].

Liebt sie also, wie man das gemeinsame Haus liebt, das für uns und unsere Kinder bestimmt ist.

Hütet ihre Plätze, Gärten, Straßen, Schulen: Behandelt die Bildstöcke der Gottesmutter, die darin aufgestellt werden, pfleglich und liebevoll und schmückt sie stets mit Blumen und Lichtern, sorgt dafür, dass das Gesicht dieser eurer Stadt immer freundlich und sauber ist. Vor allem macht sie zu einem wirksamen Instrument eures Vereinslebens: Fühlt euch durch sie als Mitglieder ein und derselben Familie: Es gebe keine ernstlichen Spaltungen unter euch, die den Frieden und die Freundschaft trüben: Vielmehr sollen der Friede, die Freundschaft, die christliche Brüderlichkeit in dieser eurer Stadt blühen wie der Ölbaum im Frühling!

Zweitens will ich euch Folgendes sagen: Jedes eurer Häuser soll, wie es im Sprichwort heißt, wie eine Abtei sein: wie ein Garten mit gutem Boden, der Blumen und Früchte hervorbringt: die Blumen und die Früchte der familiären, religiösen und bürgerlichen Tugenden.

Eine Pflanzstätte der Gnade, der Reinheit, der Zuneigung und des liebevollen Friedens, wo die neuen Sprösslinge – die Kinder – wie euer Augapfel und als der größte Reichtum der ganzen Stadt behütet werden! Wo die alten Menschen freundlichen Trost, einen liebevollen Lebensabend finden!

Diese eure Häuser, Florentiner – und das wünsche ich euch aus tiefstem Herzen! – sollen niemals die Angst der Arbeitslosigkeit und der Not kennenlernen! Sondern sie sollen heute und immer Häuser von fleißigen Arbeitern sein, die im Schweiße ihres Angesichts das geheiligte Brot eines jeden Tages verdienen!

Drittens schließlich will ich euch Folgendes sagen: Es betrifft jeden von euch! Der Bürgermeister sagt euch (vor allem den Jugendlichen, denen mit dem größten Einfallsreichtum und Idealismus): Haltet euch die erhabenen Großwerke der christlichen Zivilisation vor Augen, an denen eure Mutterstadt Florenz für alle Nationen der Welt so reich ist.

Nun denn: Erschafft auch ihr in dieser Satellitenstadt eine Keimzelle der Zivilisation: Stellt die Talente, an denen ihr reich seid, in den Dienst der höchsten Ideale des Menschen – Ideale der Heiligkeit, der Arbeit, der Kunst und der Poesie –, sorgt dafür, dass in dieser Satellitenstadt für die künftigen Generationen eine fruchtbare Saat des Guten und der Zivilisation gehegt wird.

Diese Zivilisation soll die Zivilisation widerspiegeln, mit der sich die Mutterstadt, Florenz, schmückt: die christliche Zivilisation, Gipfel reiner Schönheit und imstande, den Blick jeder anderen Zivilisation nicht nur in Italien, sondern in Europa und der Welt auf sich zu ziehen.

Das sei ein Traum, sagt ihr jungen Leute?

Mag es ruhig ein Traum sein: Aber das wahre Leben ist das Leben derer, die von den erhabensten Idealen zu träumen und das, was sie im Glanz der Idee erahnt haben, in die zeitliche Wirklichkeit zu übersetzen vermögen.

(*Non case ma città*, Ansprache von Bürgermeister La Pira anlässlich der Übergabe der ersten 1.000 Wohnungen des neuen Stadtviertels Isolotto am 6. November 1954, in: *Giorgio La Pira Sindaco*, Bd. I: *1951–1954*, hg. v. U. de Siervo – Giorgio Giovannoni – Gianni Giovannoni, Florenz [Cultura Nuova Editrice] 1988, S. 482–484).

Die Bedeutung der Stadt

Herr Präsident, meine Herren Experten,

als Sie die Freundlichkeit hatten, mich zu dieser Sitzung des Internationalen Komitees vom Roten Kreuz einzuladen, war ich zunächst unschlüssig: Sollte ich annehmen oder nicht?

Mit welchem Recht, so dachte ich, kann ich legitimerweise an der Versammlung eines Expertenkomitees teilnehmen, das sich in einer Aufgabe engagiert, die völkerrechtstechnisch sowie hilfs- und militärtechnisch bereits so präzise definiert ist?

Meine Unschlüssigkeit verschwand jedoch, als Sie, Exzellenz, die Güte hatten, mich daran zu erinnern, dass ich der

Bürgermeister einer Stadt – Florenz – bin, die gewiss im gesamten Komplex der menschlichen Zivilisation eine herausragende und grundlegende Rolle spielt, einer Stadt, die noch von den Wunden gezeichnet ist, die nie geheilt werden können und die ihr – und damit der gesamten menschlichen Zivilisation – während des Zweiten Weltkriegs sinnlos zugefügt worden sind.

Ihr Hinweis, Exzellenz, musste mir, wenn ich ihn einerseits zu den Arbeiten dieses Komitees und andererseits zu gewissen jüngeren Erfahrungen der Zerstörung in Beziehung setzte, einige gewiss reichlich dramatische Aspekte der Probleme der Gegenwartsgeschichte vor Augen führen: das Problem der historischen Bedeutung der Städte und das damit zusammenhängende Problem der historischen Verantwortungen, die strukturell mit der Bedeutung und dem Schicksal dieser Städte verbunden sind. […]

Wenn ich sage, dass alle Städte der Welt angesichts der realen Gefahr eines Todesurteils einmütig ihr unverletzliches Daseinsrecht einfordern, dann ist das keine Rhetorik und schon gar kein Nominalismus, will sagen: Ich gebrauche keine Wörter und Bilder, denen nicht eine konkrete Wirklichkeit entspräche.

Nein, ich gebrauche Wörter und Bilder, um eine konkrete, wenn auch nicht deutlich erkennbare Wirklichkeit auszudrücken.

*Die Städte haben ein eigenes Leben und eine eigene, eine selbständige, geheimnisvolle und tiefe Beschaffenheit: Sie haben ein eigenes, charakteristisches Gesicht und sozusagen eine eigene Seele und eine eigene Bestimmung. Sie sind keine zufälligen Steinhaufen, sondern geheimnisvolle Menschenwohnungen, ja mehr noch, möchte ich sagen, sie sind in einer gewissen Weise die geheimnisvollen Wohnungen Gottes: *Gloria Domini in te videbitur.* Nicht umsonst weist der letzte Hafen der geschichtlichen Seefahrt des Menschen an den Gestaden der Ewigkeit die quadratische Anlage und die kostbaren Mauern einer seligen Stadt auf: der Stadt Gottes! *Ierusalem quae aedificatur ut civitas cuius partecipatio eius in idipsum*, sagt der Psalmist. Die Offenbarung des Alten und des Neuen Testaments – und überhaupt alle größeren religiösen Überlieferungen der Menschheit – versichert uns, dass der Schutz der Engel sich wie auf die einzelnen Menschen so auch auf einzelne Städte erstreckt. Unsere Empfindungslosigkeit für diese Grundwerte, die den Dingen der Menschen auf unsichtbare, aber deshalb nicht weniger reale Weise Gewicht und Schicksal verleihen, hat dazu geführt, dass wir das Geheimnis der Städte nicht mehr wahrnehmen: Und doch gibt es dieses Geheimnis, und gerade heute – in diesem so entscheidenden Abschnitt der menschlichen Geschichte – tut es sich durch Zeichen kund, die sich immer deutlicher bemerkbar machen und auf die Verantwortung jedes einzelnen und aller Menschen hinweisen.

Herr Präsident, meine Herren Experten, es ist eine unbestreitbare Tatsache, was vor unseren Augen geschieht, eine Tatsache von zweifellos außergewöhnlicher historischer und symptomatischer Bedeutung: Es ist sozusagen die historische Epoche der Städte angebrochen, die historische Epoche, die ihren Begriff, ihre Gestalt und ihren Namen von der Kultur der Städte herleitet. [...]

Alle fragen sich: Was würde aus der Welt ohne diese wesentlichen Zentren, ohne diese unersetzbaren Quellen, ohne diese Leuchttürme, die das Licht der Zivilisation widerspiegeln?

Das ist das Grundproblem unserer Tage, das auch juristische Relevanz besitzt.

Es stellt sich so: Haben die Staaten das Recht, die Städte zu zerstören? Diese „lebendigen Einheiten“ zu töten – echte Mikrokosmen, in denen sich die wesentlichen Werte der vergangenen Geschichte konzentrieren, und echte Ausstrahlungszentren von Werten eben für die zukünftige Geschichte –, die das ganze Gewebe der menschlichen Gesellschaft und Zivilisation bilden?

Unserer Ansicht nach muss die Antwort nein lauten! Die Generationen von heute haben kein Recht, einen Reichtum zu zerstören, der ihnen mit Blick auf die künftigen Generationen anvertraut worden ist! Es handelt sich um Güter, die von den früheren Generationen stammen und denen gegenüber die jetzigen Generationen die rechtliche Stellung der fiduziarischen Erben bekleiden: Die letzten Empfänger dieses Erbes sind die nachfolgenden Generationen (*et hereditate acquirent eam*, Psalm 68).

Wir haben es hier mit einem Fall zu tun, den die Römer als fideikommissarische Substitution definiert haben, das heißt mit einem Familienfideikommiss, durch das gewährleistet sein sollte, dass ein bestimmtes Erbe auf Dauer im Schoß der Familiengruppe blieb. *Ne domus alienaretur sed ut in familia relinqueretur* (D. 31-32-6), sagt Papinian.

Damit ist die rechtliche Position der Staaten und der derzeitigen Generationen gegenüber den Städten, die ihnen von den vorangegangenen Generationen übergeben worden sind, in aller Klarheit und Schärfe definiert: *Ne domus alienaretur sed ut in familia relinqueretur!*

Niemand hat das Recht, sie zu zerstören. Wir müssen sie erhalten, ergänzen und wieder übergeben; sie gehören nicht uns, sie gehören anderen. Wenn wir das anerkennen, sind wir im engen Raum der Gerechtigkeit: *Neminem laedere suum unicuique tribuere.*

Damit sind die rechtlichen Verhältnisse definiert, die meine Anwesenheit unter euch rechtfertigen. Ich bin gekommen, um das Daseinsrecht der menschlichen Städte einzufordern, ein Recht, das uns zusteht, den Angehörigen der gegenwärtigen Generation, das aber mehr noch den Menschen der künftigen Generationen zusteht; ein Recht, dessen historischer, sozialer, politischer, kultureller und religiöser Wert desto größer wird, je klarer sich im heutigen menschlichen Nachdenken die geheimnisvolle und tiefe Bedeutung der Städte abzeichnet.

Jede Stadt ist eine Festung auf dem Berg, ein Leuchter, dazu bestimmt, den Weg der Geschichte zu erhellen. Niemand kann eine Stadt zum Tode verurteilen, ohne ein nicht wiedergutzumachendes Verbrechen an der gesamten Menschheitsfamilie zu begehen!

[...].

(G. La Pira, *Il valore delle città* (Ansprache vor dem Internationalen Komitee vom Roten Kreuz), Genf, 12. April 1954, in: ders., *Le città non vogliono morire – The cities do not want to die*, hg. v. M. P. Giovannoni – P. D. Giovannoni, Florenz [Polistampa] 2015, S. 109–114; dt. Fassung in Teilen angelehnt an: G. La Pira, *Struktur einer christlichen Politik. Essays*, Olten/München [Roven] 1961, S. 7–10).

Die Städte können nicht sterben

Meine Herren Botschafter, meine Herren Bürgermeister der Hauptstädte aller Welt, Exzellenzen, meine Damen und Herren, was für ein Schauspiel bietet sich Ihren Augen und den Augen der ganzen Welt heute Abend dar!

[...]

Lebendiges und sichtbares Bild also der einen, universalen, solidarischen menschlichen Familie. *Multi unum corpus sumus,* wie der heilige Paulus es gleichsam in Stein gemeißelt sagt.

Deshalb, liebe Kollegen, muss ich Ihnen, wenn ich Sie nun im Namen von Florenz auf das Brüderlichste willkommen heiße, sogleich nicht nur im Namen von Florenz, sondern – gestatten Sie mir die Übernahme dieses stillschweigenden Auftrags – im Namen aller Städte und aller Völker der Welt lebhaftesten Dank aussprechen: weil Ihre Teilnahme an diesem Kongress eine neue Hoffnung auf dem Weg der Brüderlichkeit und des Friedens entzündet, den alle Völker anstreben: Niemand wird nämlich mehr ignorieren können, dass am Abend des 2. Oktober in Florenz im Saal der Fünfhundert zum ersten Mal eine neben der anderen in brüderlicher Gemeinschaft und Eintracht die Hauptstäte der Welt versammelt waren: Amsterdam, Bangkok, Belgrad, Bogotá, Bonn, Brüssel, Bukarest, Budapest, Kapstadt, Djakarta, Jerusalem, Guatemala, Helsinki, Karatschi, Lima, Lissabon, London, Madrid, Managua, Monaco, Monrovia, Moskau, Neu-Delhi, Panama, Paris, Peking, Prag, Rangoon, Rom, San Salvador, Sofia, Stockholm, Teheran, Tirana, Warschau, Wien, Vientiane und Washington. Unterstützung kam auch von den Bürgermeistern der Städte Addis Abeba, Amman, Athen, Bagdad, Bern, Ciudad Trujillo, Colombo, Kopenhagen, Dublin, Luxemburg, Manila, Oslo, Reykjavik, Riad, Saigon, Santiago, Sydney, Tokyo, Vaduz und Wellington.

Nicht länger also sind Orient und Okzident durch ein Tal des Misstrauens getrennt, sondern durch eine Brücke der Hoffnung und Freundschaft brüderlich verbunden.

Eine Brücke, die Florenz – sicherlich kraft einer geheimnisvollen Berufung der Mittlerschaft zwischen Ost und West – zu planen und zu verwirklichen die Ehre und die Kühnheit hatte. Denn, meine Herren, auch die Städte haben – wie die Personen – eine Berufung und eine Bestimmung, deren Züge in bestimmten, besonderen historischen Notzeiten klar zutage treten. Nun denn: Die Mittlerberufung von Florenz trat bei jener großen historischen Begegnung zwischen Orient und Okzident zutage, die im dritten Jahrzehnt des

15. Jahrhunderts eben in Florenz stattfand. Die Brücke, die damals zwischen den beiden gegenüberliegenden Ufern der Christenheit geschlagen wurde, war das Werk der Signoria. Die sich überstürzenden Ereignisse in der damaligen politischen Welt – mit dem Untergang des Oströmischen Reichs – verhinderten, dass jene große Begegnung die Entwicklungen in Gang setzte, die man sich vorgenommen hatte. Doch das Geschehen bleibt: Und weil die Jahrhunderte und die Generationen nicht isoliert dastehen, ist dieses Geschehen von gestern Same der Hoffnung und des Friedens für die Jahrhunderte und die Generationen von morgen. Von jenem Geschehen – einem Geschehen von Weltbedeutung und zugleich einem großen religiösen, kulturellen und politischen Geschehen, zu dem sich die höchsten religiösen, kulturellen und politischen Autoritäten der damaligen Zeit in christlicher Eintracht in Florenz versammelten: In Florenz anwesend waren Papst Eugen IV., Palaiologos, der byzantinische Kaiser, sowie Kardinäle, Patriarchen, Erzbischöfe, Bischöfe, Mönche, Theologen, Künstler, Denker und Politiker der westlichen und der östlichen Kirche (unter ihnen auch der russische Patriarch Bischof Isidor von Kiew) – werden in Florenz noch immer Erinnerungsstücke und Dokumente von allerhöchstem historischem und künstlerischem Wert aufbewahrt: Erinnerungsstücke und Dokumente (darunter die schon ausgefertigte Unionsbulle zwischen der West- und der Ostkirche, die in der Laurenziana aufbewahrt wird, und das Fresko von Benozzo Gozzoli in der Kapelle des Palazzo Riccardi), die anzusehen Sie in diesen Tagen Gelegenheit haben werden. […]

Wie ist die Idee zu diesem Kongress entstanden, wodurch ist sie ausgelöst worden? Sie ist durch ein besonderes Ereignis entstanden: meine Teilnahme – eben als Bürgermeister von Florenz – an einer außerordentlichen Sitzung des Internationalen Komitees vom Roten Kreuz in der Karwoche 1954 in Genf.

Das Thema, das zur Diskussion stand, war sicherlich von herausragender Tragweite: Es ging um das Problem, wie die Zivilbevölkerung der Städte vor Luftangriffen geschützt werden kann: Doch dieses altbekannte und vom Internationalen Roten Kreuz in Bezug auf die sozusagen „normalen" Luftangriffe umsichtig ausgearbeitete Thema wurde angesichts der völlig neuen Perspektiven, die sich durch den Einsatz der Atombomben eröffnen, mit einem Mal zu einem unbekannten und nahezu unlösbaren Thema.

Was soll man noch schützen, wenn der Einsatz solcher Bomben von vorneherein die völlige Zerstörung der Städte und ganzer Regionen bedeutet?

Entsetzt lauschten wir den durchdachten und nüchternen Berichten von Männern von allerhöchstem technischem und moralischem Format (allesamt westliche Berichterstatter – es waren auch Berichterstatter aus Indien und aus Japan anwesend, wobei Letztere leider aus eigener Erfahrung schildern konnten, wie sich der Einsatz der Atombomben auf die Städte auswirkt). Bei dieser Gelegenheit stellten sich mir im Geiste einige grundlegende Probleme, die eben auf der einen Seite die Bedeutung und Bestimmung der Städte und auf der anderen Seite die – historische, politische und soziale – Verantwortung betreffen, die hinsichtlich der künftigen Generationen auf der gegenwärtigen Generation lastet.

Und daraufhin, im Zusammenhang mit diesen Problemen, kam mir die Idee in den Sinn – analog zu dem, was schon bei den Kongressen für den Frieden und die christliche Kultur geschehen war –, die größten Städte der Erde nach Florenz einzuberufen.

Den Anlass zu dieser Einberufung lieferte mir sozusagen eine *Negotiorum Gestio*, die ich eigenmächtig übernommen hatte; denn in meiner Ansprache auf der Sitzung des Internationalen Roten Kreuzes in Genf sagte ich, ich hätte das Gefühl, nicht nur als Bürgermeister von Florenz, sondern in Vertretung aller – großen und kleinen – Städte der Welt zu sprechen.

Und während ich ihre historische Bedeutung und providentielle Bestimmung geltend machte, erklärte ich in ihrer aller Namen, dass die gegenwärtige Generation nicht das Recht habe, ein Kulturerbe auf immer zu zerstören, das ihr von den früheren Generationen lediglich zu treuen Händen übergeben worden ist, um an die kommenden Generationen weitergereicht und nicht verschleudert, sondern vergrößert zu werden. Auf diese Weise wurde die jetzige Konferenz mit ihrer globalen Ausrichtung und sogar mit ihrer Problematik (die ja gerade die historische Kontinuität der Städte, ihren unermesslichen Wert und ihre providentielle Bestimmung im Gesamtgewebe der menschlichen Zivilisation sowie die Verantwortung der gegenwärtigen Generationen betrifft, die dieses wesentliche Erbe für die kommenden Generationen und für den geistlichen und sittlichen Fortschritt des Menschen bewahren müssen) als Idee bereits vorgebildet: Alle Städte der Welt – vertreten durch die Hauptstädte – sollten sich in Florenz (der Mittlerstadt!) treffen, um sich ihren historischen Charakter und ihre geheimnisvolle Bestimmung bewusster zu vergegenwärtigen; und um feierlich vor den Augen der ganzen Geschichte ihr unzerstörbares Daseinsrecht einzufordern.

Meine Herren Bürgermeister, diese Idee, die vor eineinhalb Jahren, im April 1954 – als der Gedanke an Frieden eher noch eine ganz ferne Hoffnung und beinahe eine Utopie zu sein schien – in Genf entstanden ist, ist heute Abend Wirklichkeit geworden: Dank einer Reihe von wahrhaft geheimnisvollen und providentiellen Umständen – die Menschen eilen umher und Gott lenkt sie, sagt ein Sprichwort der christlichen Weisheit! – haben sich die Dinge so entwickelt, dass Sie alle – hochrangige Vertreter aller Städte der Erde – heute Abend in diesem gleichfalls geheimnisvollen und providentiellen Savonarola'schen Saal der Fünfhundert anwesend sein können. [...] Diese Konferenz, die heute Abend eröffnet wird, ist keine akademische oder administrative oder gar eine im allgemeinen Sinne kulturelle und touristische Konferenz! Nein: Das ist uns allen bewusst: Es ist eine einzigartige Konferenz, die weit blickt: die sich tatkräftig in den Lauf und in die Perspektiven der Geschichte von heute und morgen einfügt. Deshalb ist das eine oder andere Innehalten und Nachdenken zwar schwer, aber nötig und fruchtbar.

Wir kommen nämlich nicht umhin, schon heute Abend den wesentlichen Rahmen der Fragen abzustecken, die wir wegen der damit einhergehenden Verantwortungen auf der Bühne der Geschichte gestellt wissen wollen. Es sind dies in der Hauptsache zwei Fragen: Die erste betrifft sozusagen die „Entdeckung" der Bedeutung und Bestimmung der Städte; die zweite betrifft die neuen, unermesslichen Verantwortungen, die auf den Politikern – den Lenkern – der gegenwärtigen Generation lasten. Ich spreche von „Entdeckung", weil wir die eigentliche Bedeutung der Personen und der Dinge gerade dann entdecken, wenn uns zum ersten Mal der Gedanke in den Sinn kommt, dass sie verschwinden könnten.

Die Bedrohung des Atomkrieges hat ebendiese Wirkung gezeitigt: Sie hat die, die für sie verantwortlich sind und sie lieben, den geheimnisvollen und in gewissem Sinne unendlichen Wert der menschlichen Stadt entdecken lassen.

Was sie ist, was sie gilt und welche – zeitliche und ewige – Bestimmung sie hat, ist ein Problem, das jeder von Ihnen, meine Herren Bürgermeister, in seinem Kopf rasch lösen kann, wenn er nur an die Geschichte der Stadt denkt, deren Oberhaupt er ist. Wenn ich mir diese Fragen für Florenz stelle – und Sie jeweils für Ihre Stadt –, dann können meine Antworten nur ungefähr die folgenden sein. Was ist Florenz? [...] Ein um die zwei Hauptpole der Stadt – die Kathedrale Santa

Maria del Fiore und den Palazzo della Signoria – gedrängtes organisches Gefüge von Schätzen und Werten, die sich durch Klöster und Basiliken, Handwerkerläden und Werkstätten, kulturelle und karitative Zentren sowie wissenschaftliche und technische Versuchslabors harmonisch entfalten. Es ist müßig, die berühmtesten Heiligen, Dichter, Baumeister, Bildhauer, Maler, Wissenschaftler, Politiker, Seeleute, Bankiers und Unternehmer mit Namen zu nennen, die die Vorsehung hier hervorgebracht hat und deren Werk und Berufung ein Ganzes bilden mit der Struktur und Gesamtberufung der Stadt! Mit Florenz verbunden wie die Propheten mit Jerusalem! Das also ist, kurz gesagt, die Bedeutung von Florenz: Das ist in analoger Weise die Bedeutung Ihrer Städte, das die Bedeutung aller – großen und kleinen – Städte der Erde. Und was ist ihre Bestimmung?

Meine Herren, wie geheimnisvoll weit dieses Problem gefasst ist, zeigt sich, sobald man einige grundlegende Städte aus der Geographie der Offenbarung, der Gnade und des Gebetes nennt: Ich nenne nur zwei: die Stadt, in der wie in einem einzigen leuchtenden Zentrum alle Glaubenden in Abraham zusammenströmen (Jerusalem); und die Stadt des Petrus und des Paulus, jenes Rom, wo – um es mit Dante zu sagen – Christus Römer [Dante, Purgatorium XXXII, 102] ist.

Doch ich müsste noch weitere dieser Städte des Gebets anführen, die gewaltigen Ballungen von Völkern und Nationen so viel geistliches und ideelles Licht eingießen.

Und was ist nun ihre Bestimmung, wenn man genauer hinsieht, aus dem Blickwinkel der menschlichen Person und der menschlichen Zivilisation?

Beginnen wir mit Letzterem. Nun denn: Stellen Sie Florenz – und jede Ihrer Städte – in die Gesamtperspektive der Geschichte und der Zivilisation hinein: eine Perspektive, die – wie die Ringe einer einzigen und solidarischen Kette –

die ganze Reihe der Jahrhunderte und der Generationen umfasst. Sagen Sie mir: Können Sie auch nur eine dieser wesentlichen Städte aus diesem Bild fortnehmen, ohne ihm einen unheilbaren Bruch zuzufügen?

Ohne tief – im negativen Sinne – in die gesamte Geschichte der Menschen einzugreifen? Es ist nicht schwierig, diese Frage zu beantworten: Der geschichtliche Kontext wird durcheinandergebracht, wenn auch nur eine der wesentlichen Seiten, aus denen er besteht, herausgerissen wird. Das Schicksal jeder Stadt wirkt sich zutiefst auf das gesamte Schicksal des Aufstiegs und Fortschritts der menschlichen Geschichte und der menschlichen Zivilisation aus. Jede Stadt und jede Zivilisation ist durch ein enges Band und einen engen Austausch organisch mit allen anderen Städten und mit allen anderen Zivilisationen verbunden: Gemeinsam bilden sie einen einzigen, großartigen Organismus.

Jede für alle und alle für jede.

Und überdies haben die menschliche Geschichte und die menschliche Zivilisation gerade in der Stadt ihr *Suppositum*. Geschichte und Zivilisation schlagen sich nieder und verfestigen sich sozusagen, werden in den Mauern und Tempeln, in den Palästen und Häusern, in den Werkstätten, Schulen und Krankenhäusern, aus denen die Stadt besteht, gleichsam zu Stein.

Die Städte, insbesondere die grundlegenden, überdauern hoch oben auf dem Fels der ewigen Werte und tragen über alle Jahrhunderte und Generationen hinweg die historischen Ereignisse mit sich, an denen sie mitgewirkt und die sie mitangesehen haben.

Sie überdauern als lebendige Bücher der menschlichen Geschichte und der menschlichen Zivilisation: dazu bestimmt, die kommenden Generationen geistlich und materiell zu bilden.

Sie überdauern als unerschöpfliche Vorräte an jenen wesentlichen menschlichen Gütern – von den oberen, religiösen und kulturellen, bis hin zu den unteren, technischen und ökonomischen –, deren alle Generationen unweigerlich bedürfen. [...]

Meine Herren Bürgermeister, all das, was ich über die Bedeutung der menschlichen Stadt gesagt habe, ist nicht gesagt worden, um die kulturellen Aspekte eines so gewaltigen und schwerwiegenden Problems anzugehen: Es ist vielmehr gesagt worden, um der fundamentalen Frage den Boden zu bereiten, die dieser florentinischen Konferenz zugrunde liegt.

Einer Frage, die sich erst jetzt, in unserer Zeit, aufgrund der Zerstörungsgewalt der nuklearen Technik aufs Aktuellste und Dramatischste stellt. Und die Frage ist folgende: Was für ein Recht haben die jetzigen Generationen auf die Städte, die sie von den früheren Generationen übernommen haben?

Die Antwort ist klar, sie kann nur die folgende sein: Sie haben das Recht, ein sichtbares und unsichtbares, reales und ideelles Erbe zu gebrauchen – und dabei nicht zu zerstören oder zu verschleudern, sondern zu verbessern –, das ihnen von den früheren Generationen ausgehändigt worden und dazu bestimmt ist, vergrößert und verbessert an die zukünftigen Generationen weitergegeben zu werden.

Das gemeinsame Haus nutzen, verbessern und wieder weitergeben! Es handelt sich um ein fideikommissarisches Erbe, wie die römischen Juristen sagen würden: Die gegenwärtigen Generationen sind seine fiduziarischen Erben; die kommenden seine fideikommissarischen Erben.

Da sind wir, meine Herren: am Kern des in gewisser Hinsicht gänzlich neuen und größten Problems, vor das die Gegenwartsgeschichte uns stellt: eines Problems, dessen theologische, moralische, juristische, politische, militärische und historische Aspekte untrennbar miteinander verbunden sind.

Die Lösung dieses Problems steht für uns Bürgermeister wie auch für die Bevölkerungen, die wir repräsentieren, völlig außer Zweifel.

Die Städte können nicht für den Tod bestimmt sein: einen Tod überdies, der den Tod der gesamten Zivilisation zur Folge hätte. Sie gehören nicht uns, sodass wir nach Belieben über sie verfügen könnten: Sie gehören anderen, den kommenden Generationen, deren Recht und deren Erwartung niemand verletzen darf. Niemand hat, aus welchem Grund auch immer, das Recht, die Städte aus der Erde zu reißen, in der sie blühen: Sie sind – wir sagen es noch einmal – das gemeinsame Haus, das genutzt und verbessert werden muss; und das niemals zerstört werden darf! Und damit, meine Herren Bürgermeister, sind wir an der eigentlichen Wurzel dieser einzigartigen Konferenz: Genau das ist alles, worauf sie abzielt: nämlich die Bedeutung und die Bestimmung der Städte wiederzuentdecken und das unveräußerliche Recht einzufordern, das die kommenden Generationen auf sie haben: mithin zu erklären, dass die gegenwärtigen Generationen nicht das Recht haben, sie zu verschleudern oder zu zerstören.

Und um unseren Idealen Sichtbarkeit und Gestalt zu verleihen, werden wir – meine Herren Bürgermeister – zum Abschluss dieser unserer Konferenz einen symbolischen Freundschafts- und Friedenspakt eingehen: Das Pergament, das wir unterzeichnen werden, enthält – in den beiden grundlegenden Sprachen der antiken Welt, Griechisch und Latein – genau den folgenden Satz: Die Hauptstädte aller Welt, die in Florenz zusammengekommen sind, versprechen einander Freundschaft und Frieden (*pax et bonum*). [...]

Und gerade im Hinblick auf diesen Aufbau des Friedens gedenken wir, mit weiteren Konferenzen dieser Art, die in den folgenden Jahren abgehalten werden sollen, die Leuchte der Hoffnung wiederaufflackern zu lassen, die in diesen Tagen entzündet worden ist.

Denn, meine Herren, der Friede besteht nicht mehr in einem Akt, der von den höchsten Verantwortlichen des politischen Lebens der Nationen feierlich unterzeichnet wird: Er besteht heute mehr und mehr in einem Prozess des Aufbaus, der umfassende Analysen erfordert und sich über eine lange Strecke entwickelt.

Das betrifft alle lebenswichtigsten Interessen der menschlichen Gemeinschaft: die wirtschaftlichen, die politischen, die sozialen, kulturellen und religiösen. Ein Prozess, dessen Gravitations- und Entwicklungszentrum ein Wert von immenser Tragweite ist; ein Wert, der trotz seiner Verirrungen dennoch die Achse bleibt, um die herum sich der ganze Organismus der abendländischen Werte dreht: der unvergleichliche, gefährliche und kostbare Wert der menschlichen Freiheit und Verantwortung. Deshalb erfordert dieser Prozess des Friedensaufbaus viel Zeit und viel Besonnenheit und Hoffnung. Es wird in ihm unweigerlich Höhepunkte des Fortschritts und Tiefpunkte des Niedergangs geben. Und gerade im Hinblick auf diese möglichen Phasen der Skepsis meinen wir, dass die florentinischen Konferenzen geeignet sind, den tatkräftigen Willen zu einem brüderlichen und ehrlichen Frieden in den Gemütern aller wieder neu zu entfachen.

(G. La Pira, Eröffnungsansprache bei der Konferenz der Hauptstadtbürgermeister, Florenz, 2. Oktober 1955, in: ders., *Le città non vogliono morire – The cities do not want to die*, hg. v. M. P. Giovannoni – P. D. Giovannoni, Florenz [Polistampa] 2015, S. 115–132; dt. Fassung in Teilen angelehnt an: G. La Pira, *Struktur einer christlichen Politik. Essays*, Olten/München [Roven] 1961, S. 11–16).

Die Städte vereinen, um die Nationen zu vereinen

[...] Was also sollen die Städte der ganzen Erde tun, die im Geiste auf die historische Terrasse von Paris hinausgetreten sind, um von dort aus die apokalyptischen Grenzen des neuen Weltzeitalters zu sehen, und über welche Straßen müssen sie gehen, um in das neue und – wenn wir nicht wollen, dass das Menschengeschlecht und der Planet zerstört werden – unvermeidliche Land des totalen Friedens zu gelangen? Sie müssen dreierlei tun: erstens diese Epoche in ihrer wesentlichen Neuheit „sehen", jener Neuheit, die sie definiert, sie einzigartig macht und (in gewisser Hinsicht) jeden Vergleich mit den vorangegangenen Epochen verbietet, will sagen: die Neuheit dieses Zeitalters entdecken, das – im doppelten, zweiwertigen Sinne des Wortes – wahrhaft apokalyptisch ist! Ein Zeitalter des totalen Friedens oder der totalen Zerstörung! Die Neuheit entdecken – und fassungslos, voller Angst und zugleich voller Hoffnung bestaunen –, die diese Epoche zur Epoche der Apokalypse macht: sie zur Epoche von Sein oder Nichtsein macht, um es mit Günther Anders zu sagen, zur Epoche des totalen Friedens oder der totalen Zerstörung. Die apokalyptische Neuheit – im doppelten, negativen oder positiven Sinn, den diese apokalyptische Neuheit haben kann – dieser Epoche entdecken und all unsere Völker, das heißt im Idealfall alle Völker des gesamten Planeten an dieser Entdeckung teilhaben lassen. Wir alle können, um dieses Zeitalter einzuschätzen, die treffende und exakte Definition akzeptieren, die Günther Anders formuliert hat: Am 6. August 1945, dem Tag von Hiroshima, ist eine neue Ära angebrochen: die Ära, in der wir zu jedem beliebigen Zeitpunkt jeden Ort, ja die gesamte Erde, in ein zweites Hiroshima verwandeln können ... Unabhängig von ihrer Länge und Dauer ist diese Epoche die letzte: weil ihre spezifische Eigenart, das heißt die Möglichkeit der Selbstzerstörung der Menschheit, nur mit dem Ende selbst enden kann. Das Endzeitalter und mithin in gewisser Weise das letzte der Weltgeschichte: das letzte, weil nunmehr zu jedem beliebigen Zeitpunkt das Ende der Zeiten hereinbrechen kann: Das Menschengeschlecht kann enden; die menschliche Geschichte kann enden; der ganze Planet kann in Stücke gehen. All das ist keine Science-Fiction: Es ist die mathematische Berechnung der Zerstörung, die die Explosion des schon jetzt in den Atomwaffenarsenalen der USA und der UdSSR vorhandenen Nuklearpotentials – mindestens 70.000 Megatonnen: In den nächsten Jahren werden es über 100.000 sein – anrichten kann. Wer sich die gegenwärtige Lage der Welt vor Augen führen will, darf niemals vergessen, dass die Hiroshima-Bombe lediglich 0,015 Megatonnen (weniger als 20 Kilotonnen) wog und dass Berechnungen zufolge einige 100-Megatonnenbomben oder sogar weniger ausreichen würden, um sämtliche Städte und die gesamte Oberfläche des Planeten dem Erdboden gleichzumachen. Und jetzt? Im Bewusstsein dieser endzeitlichen Situation der Welt treffen die Städte und die Völker der ganzen Erde angesichts der Alternative „10.000 Jahre Frieden" oder „Brand des Planeten" – dieses Dilemma hat Kennedy am 15. September 1961 in seiner Rede vor den Vereinten Nationen aufgezeigt – ihre Entscheidung: Sie sagen für immer „Nein" zum Atomkrieg und sie sagen „Ja" zum totalen Frieden, zu „10.000 Jahren Frieden". Den Städten ist bewusst, dass sie das Erbe der Welt sind, weil in ihnen die gesamte Geschichte und die ganze Zivilisation der Völker Gestalt annimmt: ein Erbe, das die früheren Generationen aufgebaut und – von Jahrhundert zu Jahrhundert, von Generation zu Generation – an die gegenwärtigen weitergegeben haben, damit sie es ihrerseits vergrößern und an die künftigen Generationen weitergeben. Die Staaten haben nicht das

Recht, dieses Erbe, das die Kontinuität des Menschengeschlechts darstellt und der Zukunft gehört, aus welchem Grund auch immer - mit einem Atomkrieg - zu vernichten. Damit sind wir bei der „zweiten Sache", die auf diesem Pariser Kongress getan und auf organische und konkrete Weise in allen Städten und bei allen Völkern der Erde wiederholt werden muss: die Entscheidung für den tausendjährigen Frieden! Diese Entscheidung haben die Hauptstädte der Welt bereits 1955 in Florenz - am Fest des hl. Franziskus in Santa Croce und im Palazzo Vecchio - mit der Unterzeichnung eines feierlichen Friedens- und Freundschaftsvertrags getroffen: Peking war eine dieser Hauptstädte, und auch Hanoi und Saigon haben Botschaften geschickt. „Nein" zum Atomkrieg zu sagen heißt, „Nein" zur Politik der Abschreckung und des „Gleichgewichts des Schreckens" zu sagen, wie sie die größten Atommächte auf gefährliche Weise betreiben. Wenn wir, bildlich gesprochen, nur einen Meter weitergehen, dann wird die „nukleare Explosion" der Erde, und sei es auch nur aus Versehen, von Tag zu Tag wahrscheinlicher! Die Wissenschaftler, die Techniker, die Theologen und die Politiker warnen tagtäglich in immer dramatischeren Tönen vor der Möglichkeit dieser „versehentlichen Weltexplosion". Ein sehr ernster Artikel, den P. Dubarle im Mai diesen Jahres geschrieben hat, endet mit einer furchtbaren Warnung: Möge es dem Herrn gefallen, dass die Politik der Abschreckung nicht zum Unumkehrbaren führt! „Nein" zum Atomkrieg; „Nein" zur Abschreckungspolitik; „Nein" mithin auch zu den lokalen Kriegen der Völker des Wohlstands gegen die Völker des Hungers, die immer vor dem Hintergrund der Abschreckung geführt werden und daher die nukleare Explosion der Welt zur Folge haben können; und „Ja" zur totalen Abrüstung, dem einzigen Werkzeug des Friedens: weil der Friede die Methode des Propheten Jesaja verlangt: Er verlangt die Abrüstung und die

Umwandlung der Waffen in Pflugscharen, der Kriegsausgaben in Friedensausgaben. Das ist der tiefe Sinn der Friedensdefinition am Ende – als Siegel gleichsam – der Enzyklika *Populorum progressio* Pauls VI.: Entwicklung ist der neue Name des Friedens! Das nukleare Zerstörungspotential in ein Potential des Aufbaus zu verwandeln! Das ist „die zweite Sache", die die Städte der ganzen Welt dieser Tage in Paris vollbringen: die Entscheidung für den immerwährenden Frieden, die Entscheidung für die totale Abrüstung (abgesehen von den technischen und zeitlichen Vorkehrungen, die diese erfordert), die Entscheidung, die Kriegsausgaben in Friedensausgaben zu verwandeln: zum Aufbau der neuen planetarischen, „universalen" – wie es in *Populorum progressio* heißt – Zivilisation für die Völker der ganzen Welt. Vergessen wir nie die Statistiken der Rüstungsausgaben: 130 Milliarden Dollar jährlich, die 50 Milliarden Dollar (oder mehr) nicht eingerechnet, die die USA bis zum jetzigen Zeitpunkt ausgegeben haben, um die Dörfer in Vietnam „dem Erdboden gleichzumachen" und Hanoi zu bombardieren. Diesen Zahlen stehen zehn Milliarden Dollar jährlich für die Hilfsleistungen an die unterentwickelten Länder gegenüber: die nicht einmal die Zinsen für die Kredite aufbringen, die ihnen gewährt worden sind! Dieser Zahlenvergleich stellt uns das Problem der Völker des Hungers, deren Appell an die Völker des Wohlstands von Tag für Tag inständiger und eindringlicher wird, auf dramatischste Weise vor Augen: Für dieses Problem gibt es nur eine Lösung: Die Ausgaben, die derzeit für die Zerstörung aufgewandt werden, in Ausgaben für den Bau neuer Städte umzuwandeln (man denke an die sechs Milliarden Menschen im Jahr 2000): Ausgaben also für die neuen Flächennutzungspläne der alten Städte; Ausgaben für den Bau von Häusern, Schulen, Fabriken, Krankenhäusern, Kirchen und so fort – Zivilisationsausgaben, das heißt: alle

Schwerter in Pflugscharen umzuwandeln! Doch es gibt noch eine „dritte Sache“ – in Ergänzung der beiden anderen –, die die Städte auf diesem Pariser Kongress tun wollen: an der Einheit der Welt, an der Einheit der Nationen mitwirken: Sie wollen sich vereinen, um die Nationen zu vereinen; um die Welt zu vereinen. Sie wollen ein System aus – wissenschaftlichen, technischen, wirtschaftlichen, kommerziellen, städtebaulichen, politischen, sozialen, kulturellen, spirituellen – Brücken schaffen, das die großen und kleinen Städte der ganzen Welt organisch miteinander verbindet. Auch wenn die Einheit der Nationen noch nicht möglich ist – man denke nur an die großen Lücken in den Vereinten Nationen (China!) –, ist, so meinen wir, doch die Einheit der Städte möglich, ihre organische Verbindung über den gesamten Planeten hinweg. Diese einfache Idee kann zu einem einigenden Gewebe werden, das dazu bestimmt ist, die Städte, die Nationen und die Völker der ganzen Welt in Frieden und Fortschritt zusammenzuhalten. Das ist die neue Idee, der neue Zweck der Städtepartnerschaften: ein System aus Brücken zu bauen, das sich über die ganze Welt erstreckt und auf Stadtebene die Einheit aller Völker, aller Städte und aller Nationen verwirklicht. Die vereinten Städte: das andere – integrative und in gewisser Weise essentielle – Antlitz der vereinten Nationen! Das ist die „dritte Sache“, zu der der Pariser Kongress aufruft! Die – durch die Städte – an der Basis verwirklichte Einheit unter den Völkern der ganzen Welt: Eine an der Basis vollständig geeinte Welt wird eher imstande sein, auch am Gipfel zu einer effektiven und vollständigen Einheit zu gelangen. Nur ein Ideal? Ein Traum? Nein; eine historische Realität, die sich gerade in unserer Zeit rasch entwickeln kann: eine Realität, die dazu bestimmt ist, das noch instabile und unvollständige Gebäude der Vereinten Nationen zu renovieren, indem sie es an der Basis konsolidiert und am Gipfel vervollständigt.

(G. La Pira, *Unire le città per unire le nazioni,* Ansprache anlässlich der Wahl zum Präsidenten des Weltbundes der Vereinten Städte, Paris, 15. September 1967, in: ders., *Il sentiero di Isaia,* Florenz [Cultura Editrice] 1978, S. 347–356).

Bibliographie

Gurrieri, F., *La Pira. La città. L'urbanistica,* Florenz [Leonardo Edizioni] 2012.

La Pira, G., *Le città sono vive,* Brescia [La Scuola] 2005.

–, *Le città non vogliono morire – The cities do not want to die,* hg. v. M. P. Giovannoni – P. D. Giovannoni, Florenz [Polistampa] 2015.

Luppi, M., *In viaggio verso Firenze. Una lettura storico-politologica su Giorgio La Pira,* Florenz [Polistampa] 2019.

Martino, S. *La città inquieta,* Rossano, CS [Ferrari Editore] 2015.

7 | Sowjetisches Russland und heiliges Russland

Einleitung

Das Wesen und die Rolle Russlands in seiner zweifachen Realität als „christliche Nation“ und als das erste Land der Welt, das den real existierenden Sozialismus und Staatsatheismus erlebte, ist ohne Zweifel ein zentrales Thema in Giorgio La Piras Denken und politischem Handeln.

Als ganz junger Mann begeistert sich La Pira – mit kaum 18 Jahren – für den Marsch auf Rom und sieht in Mussolini einen möglichen Lenin des Westens, wobei er dem russischen Leader das Verdienst zugesteht, die „Asiatische Idee“ *ad unum* zurückgeführt zu haben. Lenin habe weniger die kommunistische Idee – eine zufällige historische Erscheinungsform – als vielmehr etwas im spirituellen Sinne Substantielles, nämlich den echten russischen Geist verkörpert. Die jugendliche Faszination für die „Zweiteilung der Welt“, die Dialektik zwischen Rom und Moskau, den beiden Symbolstädten des Westens und des Ostens, ist sicherlich zum einen die Frucht der intensiven und leidenschaftlichen Lektüre der großen russischen Erzähler, allen voran Dostojewski, zum anderen aber auch ein Element, das die Zeit überdauern und in La Piras Denken zu einer festen Größe werden sollte.[1]

---

1 G. La Pira, *Roma e Mosca – Mosca e Roma*, in: G. Miligi, *Gli anni messinesi e le „parole di vita“ di Giorgio La Pira*, Messina [Intilla] 1995, S. 225–231.

Die enge Freundschaft mit Don Luigi Moresco – über den La Pira eine biographische Skizze verfassen wird[2] – bildet den Ursprung seiner besonderen Verehrung für die Muttergottes von Fátima und die den drei Hirtenkindern anvertraute Hoffnungsbotschaft: die Weihe der Menschheit an das Unbefleckte Herz Mariens und die besondere „politische" Verheißung: „Russland wird sich bekehren und es wird Friede sein in der Welt".

Es überrascht also nicht, dass La Pira in seiner Korrespondenz oder auch in seinen Gesprächen mit Persönlichkeiten aus der sowjetischen Politik, Diplomatie und Kultur konsequent und permanent auf drei Punkte hinwies: Die politische Ordnung und die Produktionsstruktur des Kommunismus setzten den Staatsatheismus nicht notwendig voraus; die bolschewistische Revolution habe zwar das moderne Russland begründet, werde aber niemals imstande sein, die zutiefst christliche Seele des russischen Volkes auszulöschen; und Moskau müsse, eben weil es sich mit Rom und Konstantinopel in das universalistische und christliche Erbe des römischen Reiches teile, seiner Aufgabe nachkommen, Sauerteig des Friedens unter den Nationen der Welt zu sein.

La Pira scheute sich nicht, dem Marxismus einige historische Verdienste zuzuerkennen: dass er die perversen Strukturen der kapitalistischen Profitlogik ans Licht der wissenschaftlichen Analyse gebracht habe; dass er die moralische und politische Berechtigung der Emanzipation des Proletariats erkannt habe; und dass er es vermocht habe, die Dialektik der Geschichte um eine messianische, biblisch geprägte Hoffnung auf Frieden und Wohlstand aller Menschen und aller Völker zu ergänzen. Dennoch war er der Meinung, dass der

---

2 G. La Pira, *La vita interiore di don Luigi Moresco*, Rom [AVE] 1945.

historische und dialektische Materialismus, wenn er auf eine Doktrin reduziert wurde, die authentische Natur der menschlichen Person verkannte. Die Religion als nicht wegzudenkender Ausdruck der menschlichen Sehnsucht nach Unendlichkeit, Schönheit und Ewigkeit ließ sich eben nicht auf einen Überbau eines beliebigen Wirtschafts- und Gesellschaftssystems reduzieren. Der Atheismus war für La Pira ein antihistorisches Überbleibsel der positivistischen und szientistischen Kultur des 19. Jahrhunderts: Ausdruck ebenjener bourgeoisen Geisteshaltung, die der Kommunismus hatte überwinden wollen.

Das sind, kurz zusammengefasst, die Hauptbestandteile der Rede, die La Pira im August 1959 in Moskau vor dem Obersten Sowjet halten wird. Und der nicht von ungefähr einige andere Termine „vorangingen“: die Messe und das Gebet für den Frieden in der katholischen Kirche St. Ludwig am 15. August, dem Fest Mariä Himmelfahrt; der Besuch im 40 Kilometer von Moskau entfernten Kloster Sagorsk, wo er am Grab des orthodoxen Mönchs und Humanisten Maxim des Griechen betete, Symbol der Einheit zwischen der griechischen Kirche (er war Mönch auf dem Berg Athos gewesen), der römischen Kirche (er hatte sich als Gast von Girolamo Savonarola im Kloster San Marco in Florenz aufgehalten) und der russischen Kirche (Großfürst Wassili III. hatte ihn nach Moskau berufen). Begegnungen, die genau wie die mit dem Metropoliten von Moskau Nikolai und mit dem Vikar des Metropoliten von Kiew die „Brücke des Gebets“ veranschaulichten, an der La Pira als „Verheißung“ einer echten Friedenspolitik mitbauen wollte.

Texte

Arbeitshypothese: Christus ist auferstanden

Sehr geehrter Herr Chruschtschow,

wie ich Ihnen gestern telegraphiert habe, haben wir in Florenz mit banger Zuneigung und lebhaftestem Gebet Ihre Gespräche mit Nixon verfolgt: In der berühmten Kirche der Badia Fiorentina (der Kirche von Dante) habe ich letzten Sonntag, den 26., mit unseren Gläubigen gesprochen (wie ich es nach der Messe immer zu tun pflege) und ihnen gesagt: Die Lage der Welt ist so heikel: In diesem Augenblick finden in Moskau entscheidende Gespräche zwischen Chruschtschow und Nixon statt: Von diesen Gesprächen hängt gewissermaßen der unmittelbare und zukünftige Friede der Völker ab: Also haben wir die Pflicht, zur Gottesmutter, der Königin des Friedens, und zur hl. Anna zu beten, deren Fest heute ist, damit sie diesen beiden Staatsoberhäuptern helfen, zu einem brüderlichen Einvernehmen zu gelangen: Aus diesem Einvernehmen wird eine neue Jahreszeit der Geschichte erwachsen, die – wie es die Gottesmutter in Fátima vorhergesagt hat –, eine historische Zeit des Friedens und des großen materiellen und spirituellen Fortschritts in der Zivilisation der Menschen sein wird: [...]

Sehen Sie, Herr Chruschtschow? Florenz ist immer auf dem Posten; immer wachsam; lebendig im Gebet und im Handeln: Und das Ziel war und ist immer dasselbe: der brüderliche Friede im materiellen und spirituellen Fortschritt aller Völker der Erde! Was haben wir nicht alles für diesen gesegneten Frieden getan, dieses Geschenk Gottes an die Völker!

Denken Sie nur: wie kühn wir waren, als wir – schon 1951 – mit unserer mühsamen Arbeit für die Wiederannäherung der Völker begannen: wie viele Hindernisse, wie viele Widerstände, wie viele Absagen: Nie haben wir aufgegeben: Unser Motto war: *Spes contra spem*: Das ist das berühmte Motto des hl. Paulus, das das Motto und die Devise Abrahams war (Hebräerbrief, XI, 1 ff.).

Hoffen wider alle Hoffnung!

Das haben wir getan, als wir uns am Dreikönigstag 1951 (der Weltkrieg stand vor der Tür!) durch den Abgeordneten Togliatti mit einer Friedensinitiative an Stalin wandten.

Das haben wir getan, als wir an den Dreikönigstagen 1952 und später auch in den Jahren 1953, 1954, 1955, 1956 den berühmten Kongress für den Frieden und die christliche Zivilisation einberiefen.

Das haben wir getan, als wir am Fest des hl. Franziskus von Assisi (4. Oktober 1955) die große und unvergessliche Konferenz der Hauptstadtbürgermeister aus aller Welt einberiefen.

Zum ersten Mal schlossen die Hauptstädte aller Welt (Moskau wurde durch Herrn Jasnow vertreten) einen brüderlichen Freundschafts- und Friedensbund: und gebrauchten dabei zwei Sprachen – Latein und Griechisch – als Symbol für die „vielfältige Einheit" aller Sprachen, aller Kulturen und aller Nationen!

Jene Konferenz, an der die Bürgermeister aller Länder des europäischen und des asiatischen Ostens teilnahmen, ist allen als teure Erinnerung in der Seele geblieben!

Jene Konferenz – das habe ich Ihnen schon einmal geschrieben – ist nicht zufällig entstanden: Sie war das Ergebnis eines längeren und wirkungsvollen Gesprächs, das ich im Frühling 1955 mit Herrn Bogomolow geführt hatte, der damals Botschafter in Rom war: Und sie war das Ergebnis einer offenen Friedenserklärung, die ich um dieselbe Zeit herum in Genf (IKRK) abgelegt hatte: Damals erklärte ich vor allen Vertretern aller Länder des Westens, dass die Städte einen „Wert“ darstellen: Sie sind die Sichtbarkeit der Geschichte der Völker: Sie sind das „Haus“ aller Generationen: Sie werden von Gott geliebt und haben einen Schutzengel: Sie dürfen nicht durch den Krieg ausgerottet werden: Keine Nation hat das Recht, dieses kostbare Erbe an unschätzbaren – religiösen und zivilen – Werten auszulöschen, das als etwas Heiliges von einer Generation an die nächste übergeben wird!

Diese Rede in Genf hat Eindruck hinterlassen: Sie war die Saat, aus der erfreulicherweise die florentinische Konferenz der Hauptstadtbürgermeister gekeimt ist.

[...]

Sie können sich gewiss vorstellen, verehrter Herr Chruschtschow, wie heftig die Widerstände und die Kämpfe um diese meine Friedensinitiativen gewesen sind: Sie haben zu mir gesagt (die Schlaumeier): Du spielst das Spiel der Kommunisten! Du bist naiv! Du bist ein Narr. Und ich habe geantwortet: Ich spiele das Spiel Gottes. Wenn ich mich dafür einsetze, den Krieg zu verhindern, dann spiele ich das Spiel der Gnade, des Friedens, der Liebe: Ich tue, was Jesus gesagt hat: Selig, die Frieden stiften, denn sie werden das Land besitzen (Mt 5,5.9).

Seit 1951 sind acht Jahre vergangen; seit 1955 sind fünf Jahre vergangen: Wie viel ist seither geschehen! Und wenn meine Gesprächspartner anderer Meinung sind als ich, dann sage ich oft zu ihnen: Sehen Sie? Man irrt sich nie, wenn man auf die Liebe setzt, auf Brüderlichkeit, Frieden und Freundschaft.

Man irrt sich immer, wenn man auf den Hass setzt, auf Feindschaft, Krieg und Spaltung.

[...]

Sie dürfen sich nicht wundern, Herr Chruschtschow, wenn ich Ihnen diese Dinge sage: Sie wissen es ja, denn ich habe es Ihnen schon einmal in einem Brief geschrieben (in dem ersten, in dem ich geschrieben habe: *Auch ich habe eine „Arbeitshypothese", die mein „politisches" Handeln leitet.*) Und diese Hypothese ist der Glaube an die Auferstehung Christi und mithin der Glaube an die mystische, aber reale Gegenwart des Auferstandenen in der Geschichte der Welt: *Ich bin bei euch alle Tage bis zur Vollendung der Zeiten* (Mt 28,20).

Diese göttliche Gegenwart Christi in der Geschichte – eine Gegenwart, die die Zeitalter und Generationen auf ihr Ziel hin ausrichtet! – bildet den Grund für die ursächliche Wirksamkeit des Gebets (wenn das Gebet wirklich Gebet ist, das heißt rein, durch die Güte veranlasst und durch die Liebe hervorgebracht): Das reine Gebet dringt durch die Wolken, geht durch die Hände Mariens, die in den Himmel aufgenommen wurde, wird vor Gottes Thron getragen und ist überaus wirksam in den Dingen und Ereignissen der Völker.

[...]

Das ist das tiefe Geheimnis, das unserem Handeln fern und nah Siegel, Gesicht und Wert gegeben hat!

Wollen Sie in diesem Zusammenhang eine Neuigkeit erfahren, die sich im Zusammenhang mit ebendiesem unserem Friedenshandeln gerade vor ein paar Tagen zugetragen hat?

Hier ist sie.

Am 7. Juli (dem Fest der heiligen Kyrill und Methodius) habe ich über die Weltlage nachgedacht (Vertagung der Konferenz von Genf auf den 13. Juli) und mir gesagt: Es braucht in den überaus heiklen Angelegenheiten der kommenden Wochen ein intensiveres Eingreifen von oben. Ich werde eines tun: Ich werde nach Fátima reisen (in Portugal, wo die Gottesmutter 1917 unter ganz außergewöhnlichen Umständen erschienen ist: am 13. Mai, am 13. Juni, am 13. Juli, am 13. August, am 13. September und am 13. Oktober): Ich werde am 13. Juli hinreisen: Und dort werde ich in Verbundenheit mit allen Klöstern der Welt für Russland und für den Frieden unter den Völkern beten.

Warum am 13. Juli? Weil die Gottesmutter am 13. Juli 1917 den drei Hirtenkindern von Fátima unter anderem Folgendes geoffenbart hat: „[...] *endlich wird mein Unbeflecktes Herz triumphieren, Russland wird sich bekehren und es wird Friede sein in der Welt*". (Zuvor hatte die Gottesmutter die unermesslichen Leiden des Zweiten Weltkriegs vorhergesagt: die alle wortwörtlich wahr geworden sind.)

Reisen wir also nach Fátima, sagte ich zu mir: und zwar genau am 13. Juli: am 42. Jahrestag dieser berühmten Offenbarung: *Und am selben Tag wird die Genfer Konferenz fortgesetzt.*

Und so habe ich es gemacht: Ich bin in ein Flugzeug gestiegen und nach Fátima gereist: Und wer mich nach dem Grund jener Reise fragte, dem habe ich meinen Standpunkt dargelegt. Ich weiß: Die „Schlaumeier" – die, die meinen, das Schicksal der Völker liege in ihren Händen – lachen: Aber ich sage zu ihnen: *Und wenn ich Recht habe?* Für die christliche Wiedergeburt der Völker (aber eine wirklich christliche Wiedergeburt) und für den Frieden unter den Völkern zu beten ist niemals falsch! Gott ist Vater; Christus ist unser Bruder; die Gottesmutter ist unsere Mutter der Gnade: also was? Um Frieden, Gnade und Brüderlichkeit zu beten ist niemals falsch!

Nun denn: Ausgerechnet in Fátima, vor dieser unüberschaubaren betenden Menge, traf ich während der Feier der heiligen Liturgie – ein echtes Paradies des Friedens, der Gnade, der Schönheit und der Liebe! – eine sehr wichtige Entscheidung: *nach Kiew und nach Moskau zu reisen.*

Will sagen, am Grab und an den Altären der großen Heiligen und Mystiker und Russlandmissionare, des hl. Methodius (der hl. Kyrill liegt in Rom begraben), des hl. Wladimir, des hl. Antonius, des hl. Theodosius (alle in Kiew) und des hl. Sergius in Moskau für den Frieden der Nationen, für den Frieden, die Gnade und das Gedeihen des russischen Volkes und aller Völker zu beten!

Von Fátima (dem marianischen Friedensheiligtum des Westens) nach Kiew und Moskau (den Marienheiligtümern des Ostens): Das, so sagte ich mir, ist das übernatürliche Gnadenfundament, auf dem das großartige Gebäude des vollständigen Friedens aller Nationen (das wir errichten müssen) aufruhen muss.

Doch das war noch nicht alles, die Entscheidung war sogar noch präziser: *pünktlich zum großen Fest Mariä Himmelfahrt in Kiew und Moskau zu sein*: dem größten Mariengeheimnis, dem der Aufnahme Mariens in den Himmel, diesem erhabenen marianischen Geheimnis, dem das russische Volk seine berühmtesten Kathedralen in Kiew und in Moskau geweiht hat: Sogar die Kreml-Kathedrale ist eine Himmelfahrts-Kathedrale!

Am 15. August – dem Fest der Aufnahme Mariens in den Himmel, das sowohl im Westen als auch im Osten gefeiert wird – in Kiew und Moskau zu sein: im Geist und sichtbar am größten Marienfest des russischen Volkes teilzunehmen: Das, so sagte ich mir, ist ein „mystischer" Akt, der unendlich viel Frieden und Gutes wert sein kann: ein Akt, den Gott mit etlichen Früchten des Friedens und der Hoffnung unter den Völkern segnen wird!

Denn, Herr Chruschtschow, die in Fátima getroffene Entscheidung, diese besondere „Wallfahrt" ins russische Land zu unternehmen, ist keine isolierte Entscheidung: Sie ist Teil einer größeren, komplexeren und an Friedensergebnissen (in gewisser Hinsicht) noch reicheren Entscheidung: *für das Jahr 1960 den VI. Kongress für den Frieden und die christliche Zivilisation einzuberufen.*

Dieser Kongress, an dem die Sowjetunion und (so hoffen wir) alle Staaten des Westens und des Ostens teilnehmen werden, wird dazu dienen, diesen tiefgründenden Fundamenten, die wir auf dem Felsen ausheben (wie es in Mt 7,24 heißt) und die das gesamte Gebäude des Friedens unter den Völkern tragen sollen, größere Festigkeit zu verleihen.

Wie Sie wissen, Herr Chruschtschow, folgt unser Friedenshandeln einer Logik: einer Logik, die von einer übernatürlichen Voraussetzung ausgeht: *dass Christus auferstanden und dass Maria in den Himmel aufgenommen worden ist.*

Von dieser Voraussetzung her entwickeln sich das Denken und das Handeln mit der strengen Folgerichtigkeit des Syllogismus! Das Gebäude des Friedens errichten? Gut, also graben wir die Fundamente und Grundmauern in den Fels: Auch hier bietet uns das Evangelium eine Lehre von unschätzbarem Wert: Ich bitte Sie von Herzen, Mt 7,24–25 wieder zu lesen.

Das ist die tiefe, zugleich „mystische“ und „politische“ Bedeutung meiner Reise nach Fátima und nach Kiew und Moskau: gleichsam eine Gnadenbrücke – die marianische Brücke der in den Himmel Aufgenommenen – zwischen West und Ost zu schlagen: und somit das Gebäude des Friedens auf denkbar solide Grundmauern zu stellen!

Phantasie? Nein, Wirklichkeit: Wenn die Voraussetzung wahr ist (und sie ist wahr, denn Christus ist auferstanden und Maria ist in den Himmel aufgenommen worden), dann ist auch die Folgerung wahr!

Im Übrigen ist es eine Tatsache, dass sich im Westen (in gewisser Hinsicht) einzig und allein Florenz unablässig und ohne den Mut zu verlieren für die Verständigung und den Frieden zwischen den beiden Blöcken eingesetzt hat und einsetzt: Warum? Weil die Grundlage des florentinischen Handelns – heute wie gestern und wie morgen – das Gebet war und ist (und sein wird).

Es gibt einen Psalm, in dem es heißt: Wenn nicht der Herr das Haus baut, arbeiten umsonst, die daran bauen (Ps 127,1)!

Nach acht Jahren (seit wir begonnen haben, 1951) können wir sagen: *Das sind die Fakten: Wir hatten Recht, für den Frieden der Völker zu beten, zu hoffen und zu arbeiten!*

Und nicht nur das – und es soll Ihnen nicht missfallen, dass ich Ihnen das schreibe: Ich glaube fest daran, dass im Zuge des wirtschaftlichen und gesellschaftlichen Wiederaufbaus auch die große christliche Wiedergeburt Russlands stattfinden wird: Das russische Volk, das nunmehr von der traurigen Last des Elends und der Arbeitslosigkeit und von der drangvollen Mühe um das tägliche Brot befreit und zu einem Leben in größerer sozialer und kultureller Würde aufgestiegen ist, wird es so machen wie der Sucher im Evangelium: Es wird einen Schatz von unermesslichem Wert entdecken, der in seinem Acker versteckt ist (Mt 13,44). Dieser Schatz ist nichts anderes als Ihr großer christlicher Glaube: Ihre Wurzeln und Ursprünge der Heiligkeit und des Gebets: Ihre Kathedralen und Ihre Klöster: das Vater- und Mutterhaus des auferstandenen Christus und der in den Himmel aufgenommenen Maria: die unendlichen Schönheiten und die vollkommenen himmlischen Harmonien Ihrer heiligen Liturgie: die vollkommenen Schönheiten Ihrer Kunst, Ihrer Inspiration: jene liturgischen Schönheiten, die in den mystischen Tiefen wurzeln und die Russland zu Recht den Beinamen „Heiliges Russland" und Moskau und Kiew den Beinahmen „heilige Stadt" eingetragen haben.

Glauben Sie mir, Herr Chruschtschow: Ich täusche mich nicht, wenn ich Ihnen das sage: Ich bin kein Visionär: Ich bin überaus realistisch! Die göttlichen Wurzeln, die sich in der russischen Erde finden, werden der ganzen Welt einen neuen Frühling der Heiligkeit und mystischen Größe bringen: einer Heiligkeit und mystischen und künstlerischen Größe, die dazu dienen werden, das hohe Niveau der technischen und sozialen Errungenschaften zu ergänzen und zu konsolidieren!

Und im Übrigen will ich Ihnen insbesondere eines sagen, was ihnen womöglich neu vorkommt: nämlich dies: Der Atheismus, die Christenfeindlichkeit ist typisch für die Aufklärung, die „Bourgeoisie", den „Kapitalismus": nicht für das Volk: das „Mystische" dagegen ist seinem Wesen nach volkstümlich, gemeinschaftlich, kirchlich, einheitsstiftend: Nicht umsonst definiert der exakteste aller Theologen (der hl. Thomas von Aquin) die Eucharistie als das *Sacramentum Ecclesiasticae Unitatis*.

Eine Gesellschaft mit einer gemeinschaftlichen Struktur ist (oder wird zwangsläufig in einem gewissen Sinne) eine Gesellschaft, die (wie ein Leib) bereit ist, den christlichen Sauerteig der Gnade aufzunehmen, ja mehr noch: Sie ist ein (wenn auch indirektes und scheinbar entgegengesetztes) Ergebnis des christlichen Sauerteigs.

Wenn Marx heute leben und schreiben würde, dann würde er Sie vielleicht mit aller Entschiedenheit auf diese im historischen Sinne so wahre These hinweisen!

(Brief an Chruschtschow, 26.–29. Juli 1959, in: *Giorgio La Pira e la Russia*, hg. v. M. Garzaniti – L. Tonini, Florenz [Giunti] 2005, S. 20–27).

Die Kuppel von St. Peter und die Himmelfahrts-Kathedrale im Kreml

Lieber Herr Bajan,

[...] wissen Sie, welche Aufgabe Ihnen die Vorsehung meiner Meinung nach in diesem so wichtigen Augenblick der Weltgeschichte zugedacht hat? Diese: *Ihren aufmerksamen und nachdenklichen Blick auf die höchste „Kuppel der Welt“ zu richten.*

Der Friede der Nationen lässt sich mit einem Gebäude vergleichen: nun denn: Wenn es solide gebaut sein soll, dann braucht dieses Gebäude die „Peterskuppel“.

Es ist von höchstem politischem und historischem Wert, sich diese „architektonische“ Wahrheit bewusst zu machen: An dieser Einsicht hängt die Geschichte von morgen!

Lieber Herr Bajan: Einmal – in Kiew – haben wir gemeinsam etwas Wichtiges gesagt: *Nur die Dichter sind zu angemessenen Einsichten in die größten Dimensionen der Politik und der Geschichte in der Lage.*

Nun denn: Warum sind Sie inzwischen so eng mit unserem Land verbunden? Warum hat die Vorsehung Sie dazu bestimmt, so oft nach Italien zu kommen? Eben um Ihnen diese große politische und historische Wahrheit von der wesentlichen architektonischen Notwendigkeit der „Peterskuppel“ „anschaulich“ zu machen: Das Gebäude des Friedens wird nur dann solide gegliedert und solide gebaut sein, wenn die Peterskuppel – in gewissem Sinne – seine gelungene Krönung darstellt.

Es ist müßig, Ihnen den Sinn von alledem zu erklären: Er ist Ihnen vollkommen anschaulich.

Sie sind gut mit Herrn Chruschtschow befreundet: Herr Chruschtschow vertraut Ihnen: Auch er kommt nicht um die Anschauung herum, dass die ganze Geschichte des Westens in der Peterskuppel ihren geheimnisvollen und wesentlichen (historischen und zugleich spirituellen) Schwerpunkt und Kraftpunkt hatte, hat und haben wird.

Es braucht mithin eine Öffnung zum Himmel hin: Es braucht eine Beziehung der neuen, aufrichtigen und tiefen Hoffnung zwischen der Peterskuppel und der Himmelfahrts-Kathedrale des Kreml! Das ist das Problem der Probleme: ein Problem, dem man nicht aus dem Weg gehen kann: Man muss es mit großer Liebe und großer Klugheit angehen: Von seiner Lösung hängt der gesamte Verlauf der zukünftigen Geschichte ab!

Das ist Ihre große Aufgabe, lieber Herr Bajan: Der Täufer dieser neuen Situation zu sein: den Weg zu bereiten, das Eis zu brechen, als Bote – die erste Schwalbe – eines neuen Frühlings zu dienen!

[...]

Das alte Gefäß des Atheismus zu zerbrechen, der nichts mehr bedeutet und nur ein Stolperstein in der Weltgeschichte ist; mit kluger Liebe auf die Peterskuppel zu schauen, die auch die Ideengeschichte des gesamten Westens verkörpert; und die ideelle Verbindung mit der Himmelfahrts-Kathedrale im Kreml ins Werk zu setzen, die die Ideengeschichte des gesamten Ostens verkörpert.

[...]

Sie, lieber Herr Bajan, müssen der Sowjetunion dabei helfen, diese große Öffnung zu Gott, zur Kirche, zum Obersten Pontifex hin zu vollziehen!

1) Peterskuppel, 2) Himmelfahrtskathedrale des Kreml: Das sind die beiden Pfeiler, die dazu bestimmt sind, die Friedensbrücke zwischen Ost und West zu tragen!

Und Bajan wird an dieser Brücke mitgebaut haben!

Was für ein Programm!

West und Ost von neuem ideell vereint, um gemeinsam Licht, Liebe und Fortschritt in die ganze Welt zu tragen!

Ein Traum? Ein Gedicht? Ja: aber ein wahrer Traum, ein wahres Gedicht: das heißt ideelle Lichter und ideelle Schönheiten und ideelle Liebe, die zu menschlichen Wirklichkeiten und historischen Sichtbarkeiten geworden sind: Wirklichkeiten, die im Leben der Völker und im Leben der Einzelnen Fleisch geworden sind.

Ich bin so sicher, lieber Herr Bajan, dass diese Dinge, die ich Ihnen schreibe, keine Höflichkeitsfloskeln, sondern wirksame Samenkörner sind, um diese neue Welt des brüderlichen Friedens zu errichten, der wir unser Leben geweiht haben.

(Brief an Nikolaj Platonovic Bajan, Vorsitzender des *Gruppo Parlamentare URSS-Italia*, 13. November 1959, in: *Giorgio La Pira e la Russia*, hg. v. M. Garzaniti – L. Tonini, Florenz [Giunti] 2005, S. 52–53).

Die marianische Fátima-Verheißung für Russland

Ehrwürdige Mutter,

Sie werden mich fragen: Und die Reise nach Moskau und Kiew? War sie „erfolgreich“?

Was heißt das?

[...]

Nun denn, unser ganzes Wirken in Florenz hatte immer diese eine, grundlegende Ausrichtung: Es war immer auf das christliche Russland gerichtet. Das „Problem“, das in Florenz (mit den Friedenskongressen und den Bürgermeisterkonferenzen und anderen Initiativen) aufgeworfen wurde, war (in gewisser Weise) einzig und allein das russische: das heißt das Problem von Fátima, das Problem der Kirche, das Problem der Geschichte!

Die ganze „florentinische Aktion“ hat von diesem Problem her ihre Einheit und Bedeutung gewonnen! Das, ehrw. Mutter, erklärt die Tragweite der Rundschreiben von 1953:

„Jericho belagern, die Stadt mit den befestigten und verschlossenen Mauern“. [...]

Das also, ehrw. Mutter, ist die Bedeutung und der Zweck meiner Reise: die marianische Hoffnungs-, Gebets- und Friedensbrücke zwischen Fátima und Moskau (und Kiew) zu schlagen: dies 1959, an der Schwelle zu 1960, zu tun: es am Tag der in den Himmel Aufgenommenen zu tun, jenem gewissermaßen (wie die Auferstehung Christi) sowohl für die Kirche des Westens (das Fátima-Geheimnis ist in letzter Konsequenz ein Aspekt des Geheimnisses der Aufnahme Mariens in den Himmel) als auch für die Kirche des Ostens (ein großer Teil der Kathedralen im Osten ist der Aufnahme Mariens in den Himmel geweiht) grundlegenden Marienfest: und schließlich, es im historisch günstigsten Augenblick zu tun, als – unerwartet und beinahe wundersam – der große, mühsame, aber providentielle und entscheidende Dialog zwischen den beiden größten politischen und militärischen Mächten der Welt, der UdSSR und den Vereinigten Staaten von Amerika, begann. Und nun die Frage: *War mein Vorhaben erfolgreich? Ist es mir gelungen, diese Botschaft von Fátima ihren unmittelbarsten Adressaten förmlich, ausdrücklich, klar und unmissverständlich (in ihrem übernatürlichen Inhalt: Rückkehr zu Christus und Frieden) zu überbringen?*

Die Antwort darf nicht ich geben, sie muss durch die objektive Chronik der Ereignisse gegeben werden. Aber diese Reise war (an sich und in meiner Seele) so bedeutend, dass sie eine wahrhaft „aufmerksame“ und mit himmlischen Hilfen angefüllte Vorbereitung erforderte: Ehrw. Mutter, ich muss Ihnen einen ganz kurzen Abriss dieser unmittelbaren Vorbereitung geben, die mich beinahe die ganze erste Augusthälfte hindurch beschäftigt hat.

Ehrw. Mutter, es würde zu lange dauern, Ihnen die Einzelheiten dieser Vorbereitung zu schildern: Sie war wie eine jener „Novenen“, die gehalten werden, wenn ein entscheidendes Ereignis unseres Lebens ansteht.

Ich war in La Verna (weil der hl. Franziskus in La Verna wie eine missionarische Spur ist, die auf alle Völker, insbesondere die des Islams und Israels, hinausgeht); ich war in Camaldoli, weil der hl. Romuald in Camaldoli wie eine missionarische Spur ist, die auf den slawischen und byzantinischen Osten hinausgeht (ein Schüler des hl. Romuald – der hl. Bruno – ging im Jahr 1000 nach Kiew, wo er bei dem hl. König Wladimir zu Gast war); ich hätte gerne auch Vallombrosa (den hl. Giovanni Gualberto) und Monte Senario (die sieben hll. Gründer) „besucht“.

Dann war ich in Rom: Ich habe die Basiliken „besucht“ und war auch in San Clemente am Grab des hl. Kyrill; und ich habe alle Märtyrer und Heiligen Roms um Beistand gebeten!

Und schließlich habe ich vor meiner Abreise, das heißt am 12. (dem Fest der hl. Clara) auch die Heiligen in Florenz „besucht“.

Ich habe mit San Marco begonnen, das im Hinblick auf Moskau ein echter Brückenkopf ist; denn Moskau hat (seit dem 16. Jahrhundert) einen Großteil seiner Spiritualität und seiner Kultur einem Sohn von San Marco zu verdanken: dem Savonarola-Schüler Maxim dem Griechen, der ein Mönch im berühmten Moskauer Sergius-Kloster und eine der prägendsten Gestalten des damaligen Russland wurde: Das Grab dieses Mönchs (eines Seligen der russischen Kirche) befindet sich im besagten Kloster des hl. Sergius (und ich habe es besucht).

Dann bin ich in den Dom gegangen, in dem sich anlässlich des berühmten Konzils von Florenz 1439 der Metropolit von Kiew und alle Metropoliten und Bischöfe der Ostkirche versammelt hatten.

Dann habe ich selbstverständlich die Santissima Annunziata besucht, um mich der holdseligen Königin von Florenz (deren liebliches Bild ich nach Russland mitgenommen habe) in besonderer Weise anzuempfehlen.

Und endlich habe ich Santa Maria Novella besucht, wo sich das Grab des Patriarchen von Konstantinopel befindet, der 1439 zum Konzil nach Florenz gekommen und dort verstorben war (und hier in Santa Maria Novella beigesetzt wurde).

Nachdem ich den Segen meines Erzbischofs (genauer gesagt des Kardinalerzbischofs und des Erzbischof-Koadjutors) empfangen hatte, bin ich schließlich Richtung Rom aufgebrochen (13. August), um dort das Flugzeug zu nehmen, das mich (am Abend) nach Wien und tags darauf (Vigil von Mariä Himmelfahrt) nach Moskau bringen sollte.

(G. La Pira, *Lettera alle claustrali*, Oktober 1959, in: *Giorgio La Pira e la Russia*, hg. v. M. Garzaniti – L. Tonini, Florenz [Giunti] 2005, S. 39–51).

Bibliographie

Garzaniti, M. – Tonini, L. (Hg.), *Giorgio la Pira e la Russia*, Florenz [Giunti] 2005.

Giovannoni, P. D., *Russia sovietica e „santa Russia". La nascita del progetto del primo viaggio di Giorgio La Pira in URSS (1951–1959)*, in: *Giorgio la Pira e la Russia*, hg. v. M. Garzaniti – L. Tonini, Florenz [Giunti] 2005, S. 80–130.

8 | Der Mittelmeerraum als Versuchslabor für den Weltfrieden

Einleitung

Dass auf den Kongressen für den Frieden und die christliche Zivilisation zahlreiche Vertreter der arabischen und muslimischen Welt anwesend gewesen waren, hatte das Nachdenken des florentinischen Professors über den religiösen Pluralismus und die Notwendigkeit eines Dialogs zwischen den Religionen, das sich, ausgehend von der Begegnung mit dem „Geheimnis Israels", bereits in den 1940er Jahren angebahnt hatte, unfehlbar bereichert und ihn auf zwei wesentliche Aspekte der Religionen aufmerksam werden lassen: Als Trägerinnen einer nicht zum Materialismus hin verflachten Anschauung sind sie Ursprung und Seele der „metaphysischen Zivilisationen" und somit imstande, einen spezifischen Beitrag zu den Herausforderungen zu leisten, mit denen sich die Menschheit sowohl auf dem Feld der Entwicklung und Elendsbekämpfung als auch bei der Problematik von Frieden und Krieg konfrontiert sieht. Angesichts der nuklearen Bedrohung, die der militärische, wirtschaftliche und ideologische Konflikt zwischen UdSSR und USA mit sich brachte, wurde das Szenario zunehmend apokalyptisch. Die Florentiner Treffen mit dem Herrscher von Marokko Mohammed V. und mit Louis Massignon (anlässlich seiner 1957 unternommenen Reise in das maghrebinische Königtum) gaben La Pira einige wenngleich rudimentäre Mittel an die Hand, eine theologische Lesart des religiösen Pluralismus für den Mittelmeerraum zu entwerfen, dessen Völker den drei großen, in Abraham wurzelnden Religionen angehören. Die von den drei Monotheismen des Mittelmeerraums geprägten Völkerfamilien sind demnach Treuhänderinnen einer Verheißung für alle Völker der Erde, die sich historisch in der Berufung Abrahams entwickelt hat.

Juden, Christen und Muslime sind gemeinsam dazu berufen, den göttlichen Plan des Friedens, der Gerechtigkeit und der Brüderlichkeit anzunehmen. Die Bedeutung dieser Einsichten ist heute, im Licht des nach dem II. Vatikanischen Konzil entwickelten Instrumentariums der theologischen Forschung und des von Papst Franziskus und dem Großimam der Al-Azhar-Universität Ahmad Al-Tayyeb am 4. Februar 2019 unterzeichneten „Dokuments über die Geschwisterlichkeit aller Menschen für ein friedliches Zusammenleben in der Welt“, nicht zu übersehen. Es geht hier jedoch nicht so sehr darum, die frühe Reife der lapiraschen Einsichten zu „feiern“: Vielmehr soll deutlich werden, dass diese Einsichten auf der Ebene der internationalen Zusammenarbeit ein denkbar konkretes politisches Engagement beseelten, das Gespräche mit den höchsten politischen Autoritäten und die Kooperation mit dem ENI unter Enrico Mattei umfasste. Der mediterrane Kontext, in dem La Piras mittelmeerische Strategie Gestalt annahm, war vom Konflikt zwischen Arabern und Israelis, von der Suezkrise und vom Prozess der Entkolonialisierung (Algerienkrieg) geprägt. Immer wieder berief sich La Pira auf eine Vision des Propheten Jesaja, der einen Weg des Friedens zwischen Ägyptern und Assyrern und Israel in ihrer Mitte vorhergesehen hatte (Jes 19,23), und stellte diesem Stück aus der jüdischen und christlichen Überlieferung einen Vers aus der dritten Sure des Korans zur Seite, der alle Völker des Buches dazu aufruft, Frieden zu halten und Gottes Wege zu entdecken.

1956 war er bei einem Florenzbesuch des marokkanischen Königs mit Mohammed V. zusammengetroffen. Bei dieser Gelegenheit hatte der König, während er vom Piazzale Michelangelo aus das Panorama der Stadt bewunderte, zu La Pira gesagt: „Rufen Sie alle Völker des Mittelmeerraums in dieser Stadt zusammen und bringen Sie sie dazu, Einheit und Frieden zu stiften".

Im Oktober 1958 veranstaltete La Pira das erste Mittelmeerkolloquium und erinnerte bei dessen Eröffnung an den Besuch des heiligen Franziskus beim Sultan in Damiette. Im Mittelpunkt stand der Algerienkonflikt. Ein zweites Kolloquium, das im Oktober 1960 stattfand, behandelte die algerische Frage und den arabisch-israelischen Konflikt. 1961 wurde ein drittes Kolloquium zum Thema *Der Mittelmeerraum und Schwarzafrika* abgehalten. Das vierte Kolloquium befasste sich 1964 mit dem Thema *Einheit und Gleichheit der Menschheitsfamilie.*

La Piras Sichtweise ist keineswegs naiv, und die dramatische Vergangenheit und Gegenwart des Mittelmeerraums steht ihm deutlich vor Augen. Er weiß um die Spaltungen und Konflikte, die zur Entfremdung zwischen den verschiedenen Völkern und Religionsfamilien geführt haben. Und doch erkennt er an ihrer Wurzel „eine gemeinsame historische Grundlage, eine gemeinsame spirituelle, kulturelle und politische Bestimmung", die er zum Ansatzpunkt seiner Bemühungen nimmt, die Vertreter der Völker zusammenzubringen, damit sie die aktuellen Konflikte angehen: Es gilt demnach, jene (kulturellen und religiösen, aber auch wirtschaftlichen, gesellschaftlichen oder politischen) Dynamiken, die die Einigung der Völker vorantreiben, zu identifizieren, zu fördern und in eine organische Perspektive des Gleichgewichts und der Gleichheit zu integrieren. Ein Projekt, das auf einer ganzheitlichen Sicht des Menschen fußt, seine nicht wegzudenkende transzendente Dimension respektiert und mithin geeignet ist, „die Krise der „Ideologien“, die den Wirtschafts- und Gesellschaftsstrukturen des 19. Jahrhunderts zugrunde liegen“, zu überwinden und „neue, wirkungsvolle Werkzeuge des „Abbruchs“ und des wirtschaftlichen und politischen Aufbaus zu schaffen; Werkzeuge von globalen Ausmaßen, die allen Völkern der Erde in wahrer Freiheit historische Würde und damit ein wirtschaftliches und soziales, kulturelles und politisches Fortkommen gewähren können“.[1]

So genüge es zum Beispiel nicht, den Rohstoffexport aus den ehemaligen Kolonien zu begünstigen: Man müsse auch die Rechte und Entwicklungsbedürfnisse der exportierenden Länder berücksichtigen. Das ist der Ursprung des „Mattei-Modells“, dessen „ideelle, organische Verbindung mit Florenz“ La Pira hervorhebt.

Vor diesem Hintergrund kommt den Völkern aus der Familie Abrahams eine besondere Sendung zu: Sie sind wesentlich dazu berufen, Friedensprojekte unter den Völkerfamilien der Erde voranzubringen. Der interreligiöse Dialog ist in diesem Zusammenhang eine – die einzig vertretbare – Metapolitik des Friedens: Es gibt keine Alternativen; die Abschottung und der Kampf der Kulturen sind unrealistisch!

---

1 G. La Pira, *Enrico Mattei e Firenze*, Ansprache von La Pira zum 30. Todestag, 27. November 1962, in: M. P. Giovannoni (Hg.), *Il grande lago di Tiberiade. Lettere di Giorgio La Pira per la pace nel Mediterraneo (1954–1977)*, Florenz [Polistampa] 2006, S. 167.

Texte

Rede von Giorgio La Pira auf der zehnten Generalversammlung der katholischen Intellektuellen Pax Romana, Beirut, 2.–7. April 1956

[...] Diese Krise besteht [...] in der Tatsache, dass Gott radikal ausgeschlossen worden ist aus dem Gewebe der Grundideen, die in ihrer Gesamtheit eine homogene, aber atheistische Anschauung der Welt und des Lebens darstellen.

Eine Krise von weltweiten Ausmaßen: Um sich dies bewusst zu machen, muss man nur einen Blick auf die politische und kulturelle Geographie unserer Zeit werfen: Man muss nur den ganzen, riesigen Raum betrachten, der von der kommunistischen Ideologie bedeckt ist, von jenem anderen – ebenfalls riesigen, aber im Vergleich zum ersten weniger präzise umrissenen – Raum ganz zu schweigen, der von Ideologien bedeckt ist, die mit der kommunistischen Ideologie eng verwandt sind (man denke an den Hegelianismus und die immanentistischen Ideologien im Allgemeinen).

Besteht nicht gerade in dieser gewaltigen Ausdehnung einer strukturell atheistischen Kultur die grundlegende Krise der Gegenwartsgeschichte?

Eine strukturell materialistische und atheistische Kultur, die zur ausschließlichen Kultur von Staaten geworden ist, die eine Milliarde Menschen ihrer Herrschaft und ihrem Credo unterwerfen: und nicht nur das: sondern eine Kultur, die, weil sie in der weniger entwickelten Wirtschaftsgesellschaft gewisse Veränderungen hervorruft, wie ein Anziehungspunkt auf die unendlichen Weiten derjenigen asiatischen, afrikanischen, europäischen und amerikanischen Völker wirken könnte, die sich noch in Verhältnissen eines ausgeprägten wirtschaftlichen und sozialen Niedergangs befinden. [...]

Warum [...] soll man die grundlegenden Kulturen analysieren? Die abendländische, die islamische und die indische?

Aus rein akademischen Gründen? Oder nicht vielmehr, weil wir uns durch die Existenz ebendieser atheistischen Kultur – der eigentlichen Ursache für die Krisen der Welt – herausfordern lassen, uns mit ihr auseinandersetzen und versuchen müssen, die großen Kulturen des Abendlands, des Islams und Indiens durch ihre gemeinsame theologale und metaphysische Basis zu einen und so einer nicht-authentischen materialistischen und atheistischen Kultur jene authentisch menschlichen Kulturen entgegenzustellen, die wie auf Fels auf Gott und den Geist gebaut ist?

[...]

Nun denn: Das Rütteln des westlichen Rationalismus an jener kostbaren Wertepyramide, an jenem kostbaren Maßstab der göttlichen und menschlichen Werte, die Ablösung des Menschen von Christus und von Gott, die fortschreitende Herabwürdigung der menschlichen Person, wozu hat das alles geführt?

Meine Herren, wer das Panorama der abendländischen Ideengeschichte zwischen dem 17. und dem 19. Jahrhundert vor Augen hat, erkennt sehr deutlich die ineinandergreifenden Glieder einer Kette, die zum idealistischen Immanentismus zunächst eines Hegel und schließlich eines Marx führt.

Leider beschränkt sich die Erschütterung nicht auf die Kultur, auf die Ideologie: Sie greift unerbittlich auch auf das Leben über; sie betrifft die grundlegenden Strukturen des Vereinslebens; sie prägt das Gesicht der Stadt und der Zivilisation, berührt ihre wesentlichen Strukturen: von den wirtschaftlichen bis hin zu den politischen. [...]

Das ist das doppelte Gesicht und das innerste Drama, das die Kultur des Abendlandes darbietet: ein theologales Gesicht – bei dem wahrhaftig Himmel und Erde Hand angelegt haben: das Alte und das Neue Testament; die griechische Kultur; das römische Recht; das abendländische Mönchstum und so fort; und ein Gesicht, das die theologalen Lichter nach und nach ausgelöscht hat, um schließlich in die schmerzlichen Düsternisse eines rücksichtslosen Atheismus und eines vollständigen Materialismus zu verfallen.

Die Ausmaße dieses kulturellen Dramas beruhen darauf, dass es sich nicht auf den Bereich der Kultur und der Ideen beschränkt, nein: Es nimmt sozusagen im kommunistischen Staat Gestalt an und wird zu dessen einzigem Credo: wird so – das zumindest ist die Absicht der kommunistischen Parteien und der kommunistischen Staaten – zu derjenigen Kultur, die die Völker schmieden und den neuen Generationen Siegel und Antlitz aufprägen soll.

Was ist angesichts eines so schwerwiegenden und weitreichenden Dramas zu tun? Für die westliche Kultur ist die Antwort klar: die Skala der Werte wieder zusammensetzen, ihre Pyramide wiederherstellen; alle ihre menschlichen Werte an Gott und an Christus festmachen.

Diese Wiederzusammensetzung ist kein bloß kulturelles Geschehen: Sie muss zu einem Maßstab werden, der den gesellschaftlichen Leib misst und von Grund auf wieder herrichtet: der den Städten ein neues Gesicht gibt. Dem Staat, der Wirtschaft, der ganzen Zivilisation.

Ein Maßstab, mit dem sich sowohl die größten als auch die elementarsten Probleme des Menschen messen lassen: das der Arbeit, der Schule, des Lebensstandards und so fort.

Eine Werteskala mithin, die, gerade weil sie auf Gott gegründet ist, eine immense weltverändernde Wirkung besitzt: die – und das weltweit – die schlimmsten Lücken der gegenwärtigen Gesellschaftsordnungen zu schließen vermag: die allen Geschöpfen Brot, Würde und Hoffnung gibt!

[...]

Aber wird die Kultur des Abendlands diese gewaltige Arbeit der Wiederherrichtung und Durchsäuerung der Welt allein bewältigen können? Oder ist es erforderlich [...], dass sie auf die liebevolle Mitarbeit der anderen großen Kulturen zurückgreifen kann, die in Gott gegründet und mithin wesentlich metaphysisch und theologal strukturiert sind?

Die Antwort steht außer Zweifel.

Diese Arbeit der Wiederherrichtung und Durchsäuerung der Welt ist eine in gewisser Weise gemeinsame Arbeit: Die besagten Kulturen müssen – damit sie zu einem Mittel der Durchsäuerung der Welt werden können – einander vervollständigen, einander anregen: Was der einen fehlt, soll die andere ergänzen.

[...]

Dass der Libanon als Ort für diese Zusammenkunft gewählt wurde, soll auf ebendiese Notwendigkeit hinweisen, dass die größten theologalen Kulturen sich mit vereinten Kräften für dieses gemeinsame Ziel des Schutzes und des Aufbaus einsetzen.

Erlauben Sie mir nun, einen zweiten, sagen wir, experimentellen Teil hinzuzufügen, der gewissermaßen dazu dient, den ersten, theoretischen Teil dieses meines Redebeitrags zu untermauern.

Dieser zweite Teil, den ich am Abend des zweiten Ostertages geschrieben habe, ist unabhängig vom ersten entstanden: Und zwar ungeplant: Das heißt, mir ist plötzlich aufgefallen, dass die Ideen, die ich ausgewählt hatte, um meine Rede zu schreiben, dieselben waren, die wir in Florenz auf den Prüfstein eines alltäglichen Experiments gestellt hatten, will sagen: die Ideen, die unser Tun in Florenz seit fünf Jahren inspiriert hatten [...].

Nun also, welches innerste Streben hat diese Art der politischen (im engeren Sinne des griechischen Wortes „polis“, nämlich auf die Stadt bezogenen) Aktivität hervorgerufen? [...]

Die Antwort ist in dem zu suchen, was weiter oben über die Krise der Gegenwartsgeschichte gesagt worden ist: in der Überzeugung nämlich, dass diese Krise nur [...] durch den Aufbau einer Kultur mit theologischer Struktur zu überwinden ist, die alle menschlichen Werte in sich umfasst und zu einem Sauerteig wird, der die menschliche Gesellschaft verwandelt. [...]

Diese selben Ideen haben unser soziales Tun und unsere solidarische, einheitliche, hierarchische Sicht von der Stadt geleitet: eine Sicht, wie gesagt, die ohne Kontinuitätsbruch von der Werkstatt bis zur Kathedrale reicht.

Diese kleine florentinische Erprobung einer theologalen Kultur und Zivilisation, die sich in das Gewebe der gegenwärtigen historischen Krise einzufädeln versucht, kann, wenn man sie im Kontext der großen im Nahen Osten und im gesamten Westen beheimateten metaphysischen und theologalen Zivilisationen betrachtet, eine höchst interessante Bedeutung gewinnen.

Denn letztlich ist ebendies das Problem des Westens, des ganzen Westens, und Afrikas: die großen technischen, wirtschaftlichen, sozialen und politischen Probleme zu lösen, die unsere Zeit inzwischen unaufschiebbar hat werden lassen – und sie zu lösen, ohne die höchsten Werte des Menschen zu leugnen.

Sie im Rahmen und im Maßstab einer Zivilisation und einer Kultur zu lösen, die wesentlich auf Gott – und mithin auf die religiösen, metaphysischen Werte der Schönheit und der Freiheit – gegründet sind. [...]

(M. P. Giovannoni [Hg.], *Il grande lago di Tiberiade. Lettere di Giorgio La Pira per la pace nel Mediterraneo [1954–1977]*, Florenz [Polistampa] 2006, S. 31–41).

Der Mittelmeerische Kulturkongress (19. Februar 1960)

Präambel zu den Statuten

Der Mittelmeerische Kulturkongress[1] verfolgt das Ziel, einige Vertreter der Mittelmeerkultur ungeachtet ihrer jeweiligen religiösen oder nationalen Gehorsamspflicht zu versammeln, um miteinander die gemeinsamen Werte zu fördern. Die Anrainervölker des Mittelmeers haben nämlich, ob sie es wollen oder nicht, ein gemeinsames Schicksal. Sie haben in der Vergangenheit der Menschheitsgeschichte entscheidenden Einfluss ausgeübt. Es ist daher möglich, dass sie dazu berufen sind, auch heute eine entscheidende Rolle an der Seite der anderen großen Weltkulturen zu spielen. Das setzt vor allem voraus, dass sich zwischen den bevollmächtigten Vertretern der verschiedenen Mittelmeerländer persönliche Beziehungen etablieren. Man muss anerkennen, dass die politischen und ideologischen Konflikte diese Begegnungen zu einem überaus schwierigen, aber auch besonders wichtigen Unterfangen machen. In Anbetracht des Einflusses, den die Intellektuellen in der gegenwärtigen Zivilisation besitzen, können diese Begegnungen einen wichtigen Friedensfaktor darstellen. Zudem sind sie eine Gelegenheit, einander kennenzulernen und Vorurteile und Unwissenheit zu überwinden.

---

1 Congrès Méditerranéen de la Culture, *Textes adoptés par l'Assemblée Générale du Congrès Méditerranéen de la Culture qui s'est tenue à Florence le 19 février 1960*, Florenz 1960, S. 1–10.

Das alles scheint jedoch nur eine erste Stufe zu sein, denn Begegnungen dieser Art ließen sich auch mit indischen oder russischen Intellektuellen rechtfertigen. Der Kongress setzt die Existenz einer gemeinsamen mittelmeerischen Kultur voraus. Diese gemeinsame mittelmeerische Kultur fußt sowohl auf der Juden, Christen und Muslimen gemeinsamen biblischen Tradition, durch die sie alle in Abraham verwurzelt sind, als auch auf dem Erbe der griechisch-römischen Zivilisation. Auf der Begegnung dieser beiden Traditionen, die ein gemeinsamer Besitz der Mittelmeervölker sind, beruht die mittelmeerische Kultur. Es muss daher die Hauptaufgabe des Kongresses sein, eine Bestandsaufnahme der wesentlichen Strukturen der Mittelmeerkultur durchzuführen und den mittelmeerischen Genius sowohl auf literarischer Ebene zu definieren als auch seine metaphysischen Züge, seine juristischen Strukturen und seine religiösen Überzeugungen offenzulegen. Es versteht sich von selbst, dass dies alles nur dann einen Sinn hat, wenn es dazu dient, in der Weiterführung dieser Tradition eine mittelmeerische, auf Gerechtigkeit und Glück gegründete menschliche Ordnung zu finden, die einen entscheidenden Baustein der Weltzivilisation von morgen darstellen wird. […]

Gemeinsame Werte

Der Mittelmeerraum war ein bevorzugter Ort, an dem sich unter dem Einfluss besonderer geographischer, historischer, wirtschaftlicher, kultureller und religiöser Faktoren eine Erscheinungsform des Menschen in Gesellschaften ausgeprägt hat, deren Zivilisationen unleugbar miteinander verwandt sind. Es ist legitim, von einem mittelmeerischen Menschen, einer mittelmeerischen Welt und Geisteshaltung und Lebensart zu sprechen, auch wenn sie schwierig zu definieren sind.

Wir wissen wenig oder nichts darüber, was die Menschheit dem Mittelmeerraum verdankt. Die Mythologie und die

Geschichte, die Literatur und die Museen, das unbewegliche und das bewegte Bild und schließlich das Reisen erinnern die Menschen ohne Unterlass daran, dass das Schicksal fernab seiner Gestade ein Exil ist.

Und doch haben sich die Machtgebiete zu den großen Kontinentalräumen hin verschoben. Die Wissenschaften, die Technologien, die Massenproduktion und der beschleunigte Austausch tendieren dazu, die Daseinsweisen zu vereinheitlichen und allen einen modernen Lebensstil aufzuzwingen, der die örtlichen Besonderheiten nach und nach verschwinden lässt.

Die Industriegesellschaft erschafft eine globale Zivilisation, in der sich ein Menschentypus entwickelt, dessen Modell – auf Kosten des Überlebens der Bräuche, Traditionen und Sprachen – überall wiederzufinden ist.

Wir können uns fragen, ob der Mittelmeerraum aus der Perspektive, die uns die Revolution des 20. Jahrhunderts eröffnet hat, noch immer eine treibende Rolle spielen kann und ob der mittelmeerische Mensch und die Werte, deren Träger er ist, nicht inzwischen überaltert sind. Wir glauben das nicht. Wir denken im Gegenteil, dass der mittelmeerische Humanismus keineswegs eine Ansammlung von Denkformen und Mythen ist, die dem Menschen des 20. Jahrhunderts fremdgeworden sind. Wir denken, dass der Mittelmeerraum bleibt, was er war: eine unversiegbare Quelle schöpferischer Kraft, eine lebendige und universale Feuerstelle, an der die Menschen die Funken der Erkenntnis, die Gnade der Schönheit und die Wärme der Brüderlichkeit empfangen können.

Die historische Konstellation, die wir gerade erleben, der Zusammenprall von Interessen und Ideologien, die die in unglaublicher Infantilität befangene Menschheit erschüttern, geben dem Mittelmeerraum eine kapitale Verantwortung zurück: die Normen eines Maßes neu zu definieren, in dem sich der dem Wahn und der Maßlosigkeit preisgegebene Mensch wiedererkennen kann.

Der Sinn der gemeinsamen Suche, die die auf dem Mittelmeerischen Kulturkongress versammelten freien Menschen beschäftigt, ist folgender:

- die traditionellen Werte von den Klischees zu befreien, die sie verknöchern lassen;
- unter allen Umständen die Sache des Menschen gegen die Kräfte zu verteidigen, die ihn unterdrücken und seinem Gedeihen im Wege stehen;
- die Maßlosigkeit der Macht und der Leidenschaften einzudämmen, kurzum: für die gleichzeitige Verwirklichung einer auf den Menschen zugeschnittenen Welt durch auf die Welt zugeschnittene Menschen zu arbeiten.

Botschaft an alle fernen und nahen Freunde

Im Oktober 1958 kamen Menschen von allen Küsten des Mittelmeers in Florenz zu einem Kolloquium zusammen, über dessen tatsächliche Bedeutung viele Gemüter in Verwirrung gerieten. Man bemühte sich zu glauben, das Kolloquium von Florenz wolle Probleme lösen, während es sich doch vor allem vorgenommen hatte, mittels und trotz dieser Probleme eine Gemeinschaft zu besiegeln, die durch die besagten Probleme oft überdeckt wird, und ein gemeinsames, nicht länger gespaltenes Bewusstsein zu wecken. Es ging – und geht noch immer – darum, das menschliche Ganze des Mittelmeerraums nicht im Hinblick auf Rivalitäten, sondern im Hinblick auf einen möglichen neuen Humanismus zu betrachten.

Offenbar entsprach das Kolloquium von Florenz einem lebhaften Wunsch, denn diese Initiative besteht fort, verfestigt sich und führt schließlich dazu, dass eine dauerhafte Einrichtung ins Leben gerufen wird: der Mittelmeerische Kulturkongress.

Die Spur der Arbeit dieser Einrichtung vereinigt sich – soweit man dies zum jetzigen Zeitpunkt absehen kann – mit der Spur der größten Hoffnung. Nichts wäre nämlich paradoxer, als wenn die Initiative zur Veränderung der Beziehungen zwischen den bislang durch unterschiedliche Regimes und Autoritäten getrennten Völkern nicht von den Küsten des Mittelmeers ausginge. Diesseits und jenseits gewisser ideologischer Grenzen sehen wir mit Genugtuung die Anfänge einer lange erwarteten Koexistenz. Der Mittelmeerraum jedoch scheint – mehr als jede andere Region der Welt – dazu bestimmt, dieses Phänomen, das sich allenthalben erst zögerlich kundtut, aufzunehmen, um ihm seine ganze Bedeutung und seine ganze Freude zu verleihen. Tatsächlich ist da aber noch eine zweite Frage. Es ist wichtig, dass unter denjenigen Menschen, die wissen, dass man die Zukunft nicht improvisiert, und die ebenfalls – und nicht weniger entschieden – wissen, dass die Freiheit kein austauschbares Gut ist, eine Art von Ko-Intelligenz geweckt werden kann. Der Mittelmeerische Kulturkongress will auf unterschiedliche Arten zu diesem zentralen Werk beitragen. Durch Beziehungen, Begegnungen, Arbeiten und Forschungen, die darauf abzielen, gangbare Perspektiven aufzuzeigen. In dieser Hinsicht ist der Kongress von dem Ehrgeiz beseelt, sich zu einer Denkfabrik zu entwickeln.

In der Welt von morgen, die von den triumphierenden Technologien beherrscht und vielleicht verfinstert zu werden droht, ist es die Aufgabe der Mittelmeervölker, die Möglichkeit der Weisheit zu verkörpern. Das ist kein Wunsch, sondern der Begegnungspunkt dreier großer Zivilisationen.

Der Erfolg des Unternehmens, dem sich der Mittelmeerische Kulturkongress widmet, hängt von der Überzeugung und Inbrunst ab, die seine Teilnehmer aufbringen. Wir appellieren an die nahen und fernen, bekannten und unbekannten Freunde. Wir bitten sie nicht um einen Moment der Sympathie, sondern um eine Bewegung, ein Mittun und vor allem eine Anstrengung, die Strahlkraft entfalten.

(M. P. Giovannoni [Hg.], *Il grande lago di Tiberiade. Lettere di Giorgio La Pira per la pace nel Mediterraneo [1954–1977]*, Florenz [Polistampa] 2006, S. 143–147).

„Einheit der Familie Abrahams und Friede der Mittelmeervölker". Internationaler Mittelmeerkongress – Cagliari 1973

[...] Wir machen seit 1956 ein bestimmtes, einzigartiges Experiment mit den so komplexen – historischen, spirituellen, kulturellen, gesellschaftlichen, wirtschaftlichen, militärischen und politischen – Problemen der Mittelmeervölker; [...] dieses Experiment hat sich im Licht einer Grundidee, einer Arbeitshypothese entwickelt, die durch die mittelmeerischen, europäischen und globalen Ereignisse der letzten 15 Jahre mitnichten erschüttert, sondern in gewisser Hinsicht sogar entschieden untermauert worden ist. Wir müssen uns also mit drei Fragen befassen: 1) Was war das für ein Experiment? 2) Im Licht welcher Grundidee oder Arbeitshypothese hat es sich entwickelt? 3) Und welcher aktuelle Bezug hat diesem Experiment und dieser Grundidee Ziel und Richtung gegeben? Erlauben Sie mir, ehe ich auf diese Fragen antworte, Ihnen brüderlich zu versichern, dass wir (in Florenz) immer nur das Ziel verfolgt haben, der historischen Notlage der arabischen Völker (der historischen Notlage der neuen Völker im Allgemeinen, wie in der Bandung-Konferenz 1955 formuliert) abzuhelfen und sie in ihrem Prozess der Befreiung und der historischen, gesellschaftlichen, wirtschaftlichen und politischen Emanzipation von den westlichen Mächten zu unterstützen.

Und dies alles haben wir nicht nur mit den gleichwohl überaus nützlichen Studienkongressen und mit gedanklichen Mitteln getan; wir haben es auch unter Einsatz wesentlicher technischer, ökonomischer und politischer Hilfsmittel getan, um diesen Prozess des historischen Fortkommens wirkungsvoll zu unterstützen. Man denke nur an die maßgebliche Rolle, die der Abgeordnete Fanfani und der unvergessliche Mattei seit 1956 bei diesem Befreiungs- und Emanzipationshandeln gespielt haben.

Niemals werde ich vergessen, wie Taha Hussein, Fanfani und ich 1956 während der Suez-Krise von der ägyptischen Botschaft in Rom aus mit Nasser telefoniert haben, um dem ägyptischen Präsidenten zu sagen, dass wir in diesem dramatischen und entscheidenden Augenblick der Geschichte Ägyptens und der gesamten arabischen Nation in Gedanken bei ihm sind. Nach diesem Telefonat entstand die Idee, Mattei nach Kairo zu schicken, um Nasser (im Rahmen einer adäquaten Energiepolitik) seine Mitwirkung am Aufbau des ägyptischen Industrie- und Wirtschaftssystems anzubieten.

Dieses „Befreiungshandeln" über drei Ecken – Florenz, Fanfani, Mattei – erstreckte sich schon bald auf den gesamten arabischen Mittelmeerraum: Es griff auf Marokko über (ich kann nicht umhin, an den unerwarteten und so bedeutsamen und wirkungsvollen Besuch Mohammeds V. im Winter 1957 in Florenz zu erinnern); durchquerte Tunesien (wo der politische Befreiungsprozess noch im Gang war); und war gewissermaßen die entscheidende Kraft bei der späteren Befreiung Algeriens (einem Prozess, der gewissermaßen auf dem I. Mittelmeerkolloquium vom 4. Oktober 1958 in Florenz angestoßen und mit dem französischen-algerischen Friedensvertrag im März 1962 in Evian abgeschlossen wurde). Ab 1957 weitete sich dieses „Dreieckshandeln" auf den gesamten arabischen Mittelmeerraum aus (Libyen inbegriffen); sprang sodann auf die asiatische Welt über (man denke an den Iran): erfasste den gesamten afrikanischen Kontinent (Matteis letztes Treffen in Florenz war das mit Senghor am 4. Oktober 1962); und war bereits auf dem besten Weg, sich nach Osteuropa, der UdSSR, Lateinamerika, Indien und, in der Breite wie in der Tiefe, auf China auszudehnen (ebendarauf, auf China nämlich, „zielten“ die großen Entwürfe von Ravenna).

Diese Hinweise - die ein umfassendes Nachdenken und eine umfassende Analyse verdient hätten - genügen, um zu zeigen, worin die historische und politische Entscheidung, die ab 1956, in einer für die Welt so neuen Phase, in Florenz getroffen wurde, konkret bestand.

Deshalb können wir unseren auf diesem Kongress anwesenden arabischen Freunden brüderlich sagen: Die Dinge, die wir getan, die Ideen, die uns geleitet, die Pläne, die wir ausgearbeitet haben und an die wir noch immer glauben, fußen auf dem „Sinn der Geschichte“; mithin auf einer unbestreitbaren historischen, spirituellen, kulturellen, gesellschaftlichen und politischen Freundschaft. Die Fakten sprechen für sich. Deshalb können Sie sich auf uns verlassen: Das Wohl der arabischen Nationen war und ist im solidarischen und globalen Kontext der Mittelmeernationen, also auch Israels, und aller Nationen der Welt immer unser Ziel; will sagen im Kontext der Einheit, der Gerechtigkeit und des Friedens zwischen den Völkern aller Welt, zu dem es - in diesem atomaren Zeitalter - keine Alternative gibt.

Was war das für ein Experiment? Es handelte sich um eine Aktion zugunsten aller Völker des Mittelmeerraums, zum Zweck der Annäherung und friedlichen Koexistenz, die im I. Mittelmeerkolloquium am 4. Oktober 1958 in Florenz ihren „Ort“ und ihr „Reifungsmittel“ fand; eine Aktion mithin, die - perspektivisch - auf die globale Lösung der Probleme dieser Völker abzielte.

Eine Aktion mit Erfolgen (der französisch-algerische Friedensschluss wurzelte ebenso in den Kolloquien des Palazzo Vecchio wie die Entspannung zwischen Tunesien und Frankreich) und Misserfolgen (die Spannungen zwischen Arabern und Israelis, die nach dem Kolloquium vorübergehend nachließen, sind leider noch immer erheblich und haben sich seit dem „Sechstagekrieg" von 1967 sogar verschärft); eine Aktion, die wir jedoch niemals ausgesetzt haben und die nach dem Krieg von 1967 mit den Reisen nach Paris, Jerusalem und Kairo 1967 und 1968 und mit den anderen Initiativen dieser letzten Jahre desto engagierter vorangetrieben wurde; eine Aktion, die nie aufgehört hat, bei allen Völkern (vor allem und besonders dringlich im Hinblick auf Vietnam) ihrer unbesiegten Hoffnung Ausdruck zu verleihen: der Hoffnung Abrahams, *spes contra spem*.

Der Aufbau dieses Experiments war einfach: Es ging darum, die Mittelmeervölker nach Florenz einzuberufen und in Florenz zusammenströmen zu lassen; sie in Santa Croce (im Gedenken an den hl. Franziskus und sein Friedenshandeln mit dem Sultan im 13. Jahrhundert) und im Palazzo Vecchio zusammenzubringen; und anlässlich dieser Begegnung in Florenz die ersten Fäden jenes globalen Gewebes der Verhandlungen und des Friedens zu verknüpfen, das allen Völkern des Mittelmeerraums – die Mitglieder der einen Familie Abrahams und dazu bestimmt sind, einen neuen, wesentlichen Beitrag zur neuen Geschichte und zur neuen Zivilisation der Welt zu leisten – Einheit, Gerechtigkeit und Frieden schenken soll.

Diese Idee keimte durch die 1956, 1957 und in den ersten Monaten des Jahres 1958 aufgenommenen Kontakte zu Nasser, König Hussein, Mohammed V., dem algerischen FLN, Ben Gurion, tunesischen Regierungsvertretern, zu Gronchi und Fanfani, zu General de Gaulle und hochrangigen Vertretern des Heiligen Stuhls: Pius XII. schickte dem Kolloquium – fünf Tage vor seinem Tod – sein Segenstelegramm.

„Die mittelmeerischen Probleme sind solidarisch und brauchen eine einzige, solidarische Lösung; rufen Sie alle Völker des Mittelmeerraums in Florenz zusammen und bringen Sie sie in Florenz dazu, Einheit und Frieden zu stiften", sagte Mohammed V. 1957 auf dem Piazzale Michelangelo zu mir, während er mit kontemplativem und geradezu prophetischem Auge auf Florenz' befreiende, friedenstiftende und einigende Schönheit blickte.

Kühn nahmen wir die Einladung an und warfen die Netze aus. Will sagen, wir organisierten das Mittelmeerkolloquium (mit wesentlicher Unterstützung der *Études Méditerranéennes*), wir beriefen die Völker (und die Staaten) des gesamten Mittelmeerraums – unterschiedslos und ohne irgendjemanden auszuschließen (das heißt, die Einladung erging an alle: Araber und Israelis; Franzosen und Algerier) – für den 4. Oktober 1958 nach Florenz ein. Würden sie kommen? Würden Algerier und Franzosen, Araber und Israelis einander in Florenz begegnen? Die Zweifel waren da: Aber die Hoffnung siegte; es siegte der Glaube; es siegte die anziehende und friedenstiftende Schönheit von Florenz.

Denn „das Wunder der Konvergenz" geschah: Das Gebet aller Klausurklöster der Welt, die wir für diese unsere große Hoffnung in Dienst genommen hatten, zeigte wahrhaftig Wirkung. Die Mittelmeervölker zogen hinauf zum „zweiten Jerusalem" (wie Savonarola Florenz genannt hatte) und trafen einander, um über den Frieden zu sprechen und für den Frieden zu arbeiten.

„Offiziöse" Delegationen von Algeriern der FLN und Franzosen (auch der Botschafter kam, wenngleich voller Zweifel; doch General de Gaulle hatte die Initiative mit einem persönlich an mich geschriebenen Brief unterstützt), und überdies für Italien Staatspräsident Gronchi und Ministerpräsident und Außenminister Fanfani. Den Vorsitz des Kolloquiums führte der Erbprinz von Marokko.

So wurden die Probleme der Mittelmeervölker auf den Renaissancetischen des Saals der Fünfhundert und der Zweihundert im Palazzo Vecchio „global" ausgebreitet. Was nie zuvor hatte stattfinden können, war nun eingetreten: Die „Begegnung" zwischen den Hauptkonfliktparteien (Arabern und Israelis, Algeriern und Franzosen) war zustande gekommen. Die Eingebung Mohammeds V. hatte sich bewahrheitet: Florenz war in gewisser Hinsicht zum Zentrum der historischen und politischen (und, da Mattei anwesend war, auch ökonomischen) Hoffnung der Mittelmeervölker geworden. Der mittelmeerische Friedensdiskurs hatte tatsächlich begonnen.

Die Ergebnisse? Der algerische Friede wurzelte in ebendiesem Kolloquium und erblühte wenige Jahre später in Evian; die französisch-tunesische Entspannung wurde auf dem Kolloquium erzielt; und die französisch-marokkanischen Beziehungen besserten sich auf dem Kolloquium ganz erheblich; selbst in den arabisch-israelischen Beziehungen war ein gewisses Aufklaren zu verzeichnen (das aber leider folgenlos blieb); Nasser sagte zu mir, als ich ihn im Januar 1960 besuchte: „Ich werde immer einen Vertreter [d. h. Kulturminister Tharwat Okasha] zu den Mittelmeerkolloquien entsenden".

Die politischen Auswirkungen des I. Kolloquiums waren auf allen Kontinenten weit- und tiefreichend: Die gesamte Weltpresse verfolgte aufmerksam und nicht ohne Bangen dieses erste, so sichtbare Zeichen des Friedens im Mittelmeerraum und auf der Welt. Die Regierungen von Washington, Moskau, Paris und London waren ebenso interessiert wie alle anderen Hauptstädte Europas und der Welt.

Nach jenem I. Kolloquium fanden weitere statt. Florenz war unvermindert aktiv: Weitere Aufklarungen folgten.

Dann aber kam es – mit dem so überaus traurigen Vietnamkrieg – auf allen Ebenen zum Bruch der militärischen, politischen und kulturellen Gleichgewichte der Welt; und dieser Bruch zog einen weiteren überaus traurigen Krieg nach sich: den der „sechs Tage".

Florenz ließ sich nicht entmutigen. Es nahm sein Friedenshandeln mit desto größerer Energie wieder auf: Sogleich trafen wir in Paris mit dem Vertreter der Arabischen Liga und mit den arabischen Botschaftern zusammen (insbesondere mit dem tunesischen Botschafter Masmoudi, der sich damals zum Wortführer der arabischen Sache machte und sich mehrmals mit Fanfani traf); ähnliche Schritte unternahmen wir auch bei hochrangigen und bevollmächtigten Vertretern der israelischen Welt (insbesondere Goldman); und mit Blick auf ein mögliches neuerliches Zusammentreffen in Florenz wurden wir von beiden Parteien eingeladen, sowohl Jerusalem als auch Kairo einen Besuch abzustatten. Und dieser Besuch – mit Reisepässen, die die Sichtvermerke des israelischen sowie des ägyptischen Botschafters trugen – erfolgte an Weihnachten 1967 und am Dreikönigstag des Jahres 1968. Wir wurden von hochrangigen israelischen Politikern (Außenminister Abba Eban persönlich) und in Kairo von Nasser begrüßt. Die Unterredung mit Nasser war lang und von großer Herzlichkeit und Hoffnung geprägt; unsere These lautete: „Ausgehend von der Lösung des Suez-Problems weltumspannende und wirkungsvolle Verhandlungen in die Wege zu leiten".

Erneut schien sich der Himmel aufzuklaren: Dann aber ließen neue, schädliche Militäroperationen am Kanal jenen Hoffnungsstrahl verblassen, und zwei Wochen später war alles wieder wie zuvor.

In der Zwischenzeit nahm das palästinensische Problem neue politische Formen an. Florenz ließ es sich nicht nehmen, bei der Diagnose und möglichen Lösung auch dieses

Problems neuerlich dabei zu sein, und verfolgte seine Entwicklung samt all der schmerzlichen Ereignisse, in denen es sich im Lauf dieser Jahre manifestierte. In einer in Jerusalem gehaltenen Rede wurde die florentinische These öffentlich auf den Punkt gebracht und folgendermaßen formuliert: „Die Lösung des palästinensischen Problems kann nur politisch sein; der mögliche politische arabisch-israelische Dialog ist (wenn er das Problem wirklich lösen soll) nur mehr als Dreiecksgespräch vorstellbar: zwischen Israel, Palästina und den anderen arabischen Staaten.“ Diese Thesen legten wir auch in einem Brief an Arafat dar. Diese „florentinische These“ von den Dreiecksgesprächen scheint mit jedem Tag gültiger. Alle sind in gewisser Weise davon überzeugt, dass die Verhandlungen und der Friedensschluss zwischen Arabern und Israelis unweigerlich über dieses Dreieck führt. […]

(M. P. Giovannoni [Hg.], *Il grande lago di Tiberiade. Lettere di Giorgio La Pira per la pace nel Mediterraneo [1954–1977]*, Florenz [Polistampa] 2006, S. 312–318).

Bibliographie

Bagnato, B., *La Pira, De Gaulle e il primo Colloquio mediterraneo di Firenze*, in P. I. Ballini (Hg.), *Giorgio La Pira e la Francia. Temi e percorsi di ricerca da Maritain a De Gaulle*, Florenz [Giunti] 2005, S. 99–134.

Castellani, R., *Giorgio La Pira e la pace. Il dialogo interreligioso nei Colloqui mediterranei*, Rom [Pro Sanctitate] 2009.

Giovannoni, M. P. (Hg.), *Il grande lago di Tiberiade. Lettere di Giorgio La Pira per la pace nel Mediterraneo (1954–1977)*, Florenz [Polistampa] 2006.

–, *La visione e la strategia mediterranea in Giorgio La Pira*, in: Egeria VI(2014), S. 59–78.

Giovannoni, P. D., *Dalla „civiltà cristiana" alle „civiltà teologali"*, in: A. Tarquini – A. Cortesi (Hg.), *Europa e Mediterraneo. Politica, economia e religioni*, Florenze [Nerbini] 2008, S. 161–186.

Mandreoli, F., *„La speranza di Abramo". Radici, intrecci e fonti teologiche della visione di Giorgio La Pira su Israele, Ismaele e il cristianesimo*, in: M. C. Rioli (Hg.), *Ritornare a Israele. Giorgio La Pira, gli ebrei e la Terra santa*, Pisa [Edizioni della Normale] 2016, S. 225–252.

Mandreoli, F. – Giovannoni, M. P., *Spazio europeo e Mediterraneo. Le analisi profetiche di Dossetti e La Pira*, Trapani [Il Pozzo di Giacobbe] 2019.

Marzano, A., *L'irrompere di Israele. La Pira e lo Stato ebraico*, in M. C. Rioli (Hg.), *Ritornare a Israele. Giorgio La Pira, gli ebrei, la Terra Santa*, Pisa [Edizioni della Normale] 2016, S. 167–194.

Rioli. M. C., *Le „due Palestine". Riflessioni e prassi lapiriana nel conflitto arabo-israeliano*, in: ders. (Hg.), *Ritornare a Israele. Giorgio La Pira, gli ebrei, la Terra Santa*, Pisa [Edizioni della Normale] 2016, S. 195–224.

Saija, M. (Hg.), *Giorgio La Pira dalla Sicilia al Mediterraneo, Atti del convegno di apertura delle celebrazioni per il centenario della nascita di Giorgio La Pira, Messina-Pozzallo, 8–10 gennaio 2004*, Messina [Trisform] 2005.

9 | Unmöglicher Krieg und unvermeidlicher Friede in der neuen Weltordnung

Einleitung

Das Problem der Zulässigkeit des Krieges wurde in La Piras Denken seit den Jahren 1937/38 zunehmend präsent, als die Angriffsabsichten von Nazideutschland immer deutlicher zutage traten. La Pira behandelte die Frage insbesondere in der Zeitschrift *Principi*, die er gegründet hatte, um den Wert der menschlichen Person gegen die „totalitären" Ansprüche des Staates oder einer vermeintlich überlegenen Rasse oder Gesellschaftsklasse – des Proletariats – zu verteidigen, der eine führende Rolle in der Geschichte zugeschrieben wird. *Principi* entstand also, um den Primat der Person gegenüber jedwedem „Totalitarismus" geltend zu machen. Das Klima, in dem *Principi* gegründet wurde, ist die Stimmung der Jahre 1938 und 1939: zwischen dem erleichterten Aufatmen über den „Viererpakt" zwischen Deutschland, Italien, Frankreich und England, einem kurzzeitigen diplomatischen Erfolg Mussolinis, mit dem die Kriegsgefahr in Europa gebannt schien, und der Erkenntnis, dass Nazideutschland dennoch früher oder später die Hölle entfesseln würde. *Principi* war eine Warnung vor dem totalitären Abdriften des Faschismus und mithin seiner Unvereinbarkeit mit der katholischen Lehre und zugleich ein Versuch, die katholische Welt Italiens so zu beeinflussen oder zumindest aufzurütteln, dass sie sich dem unheilvollen Ausgang der tödlichen Umarmung zwischen Italien und Deutschland entgegenstemmte. Es ist bezeichnend, dass La

Pira gerade während und nach der *Principi*-Erfahrung eine zunehmend aktive und zentrale Rolle in etlichen Initiativen des italienischen Katholizismus übernehmen wird, die sich unter anderem auf seinen Freund, Monsignore Giovanni Battista Montini, zurückführen lassen: Am 6. Januar 1939, als das erste Heft der *Principi* erschien, veröffentlichte La Pira seinen ersten Artikel im *Osservatore Romano*, der Zeitung des Heiligen Stuhls: „Contrasti", eine Reflexion über die Geburt Jesu, über die „Verwirrung", die das Liebesgebot über das damalige Reich brachte, und über die Angst des Herodes, seine Macht zu verlieren – eine ebenso subtile wie vielsagende Anspielung auf die aktuelle Politik. Ebenfalls 1939 begann La Pira für den *Bollettino di Studium* zu schreiben, und am 9. März 1940, als *Principi* auf Betreiben der Zensurbehörde sein Erscheinen einstellen musste, veröffentlichte La Pira im *Osservatore Romano* einen Artikel mit dem Titel „Apostasia del mondo": einen Kommentar zur ersten Enzyklika des neuen Papstes Pius XII. *Summi Pontificatus*.

In diesem Kontext der Furcht und der Hoffnung, der Beklemmung und des „Drangs", etwas zu tun, ist es bezeichnend, dass sich die in den *Principi* vertretene Einstellung zum Krieg im Zuge der dramatischen Ereignisse verändert. In den Nummern von März, April und Mai 1939, vor dem gemeinsamen Überfall des nationalsozialistischen Deutschland und des kommunistischen Russland auf Polen, hatte die Zeitschrift in der Rubrik *Letture dei padri e dei pensatori* auf die Unrechtmäßigkeit und Sittenwidrigkeit jedweden Angriffskriegs gepocht. Nur der Verteidigungskrieg – so die katholische Lehre nach Augustinus, Thomas von Aquin und Francisco de Vitoria – konnte in die Kategorie des gerechten Krieges eingeordnet werden. Als jedoch Deutschland und die Sowjetunion Polen unter sich aufteilten und Stalin auch Finnland und die baltischen Republiken angriff, änderte sich der

Standpunkt der Zeitschrift grundlegend. Die Artikel in der Oktober-, November- und Dezemberausgabe – „Principi sopra la guerra“, „Natura della guerra giusta“ und „Liceità della guerra giusta“ – standen unter entgegengesetzten Vorzeichen. Für den Fall eines ungerechtfertigten Angriffs eines Landes postulierte La Pira, wieder gestützt auf die katholische Denktradition, nicht nur die Zulässigkeit des Verteidigungskriegs, sondern beschwor sogar die Moral eines „Kreuzzugs“ im Sinne eines gemeinsamen Krieges und internationalen strafrechtlichen Akts gegen einen „Verbrecherstaat“, der sich keine „private *Iniuria*“, sondern ein „öffentliches *Crimen*“ hatte zuschulden kommen lassen. Der nötige Kreuzzug war der gegen die „neuen Türken“, womit – unschwer zu erkennen – Deutschland und die Sowjetunion gemeint waren, die zum damaligen Zeitpunkt einen „Nichtangriffspakt“ geschlossen hatten.

Die Aussicht auf einen kurzen Konflikt mit reicher Beute sollte Italien schon bald veranlassen, Deutschland in den Krieg zu folgen. Die Italiener würden ihre vorschnelle Begeisterung vom 10. Juni 1940 teuer bezahlen. An dieser Begeisterung nahm La Pira keinen Anteil, und auf Frankreichs Fall wird er mit Kummer und Schmerz reagieren.

Dass La Pira auch nach dem Zweiten Weltkrieg weiter über das Wesen und die Rechtmäßigkeit des Krieges nachdenkt, ist unvermeidlich. Auf der von der italienischen Verfassung vorgegebenen Linie – Ablehnung des Krieges und Anerkennung der Souveränität der mit dem Erhalt des Friedens betrauten internationalen Organisationen – wird in La Pira ein politischer und institutioneller Pazifismus heranreifen.

Auslöser seines persönlichen Friedensengagements war die dramatische Eskalation der Gewalt im Koreakrieg. Am 6. Januar 1951, dem Dreikönigstag, beschloss La Pira nach der Messe in der Chiesa Nuova in Rom, sich über den kommunistischen Abgeordneten Renato Bitossi an Palmiro Togliatti und Luigi Longo zu wenden, die sich gerade in Moskau aufhielten: Sein Friedensappell an Stalin enthielt auch die Bitte um eine aufrichtige diplomatische Öffnung gegenüber dem Heiligen Stuhl. Stalins Antwort war offenbar, dass die italienischen Abgeordneten sich an die „Partisanen des Friedens" wenden sollten, die bekannte sowjetfreundliche Friedensorganisation. La Pira ließ sich durch diesen Zynismus nicht entmutigen, sondern informierte Giovan Battista Montini über seinen vergeblichen Appell an den obersten Verantwortlichen der kommunistischen Welt. Die Antwort des Substituts im vatikanischen Staatssekretariat: *Pater vero rem tacitus considerabat* [sein Vater aber bewahrte die Sache, Gen 37,11], sollte für La Pira fortan zum *Leitmotiv* all seiner Friedensinitiativen werden: Initiativen, von denen manche kühn und unkonventionell waren, während andere die traditionellen politischen Kanäle nutzten – was aber nicht bedeutet, dass der „Vater" – in diesem Fall der „Heilige Vater" – sie nicht zur Kenntnis genommen hätte.

Für La Pira hatte der Krieg nach der entsetzlichen Tragödie des Zweiten Weltkriegs und insbesondere nach den Atomexplosionen von Hiroshima und Nagasaki sein Gesicht verändert. Die Zerstörungskraft der konventionellen Waffen und der Einsatz der Atombombe markierten in seinen Augen einen Punkt ohne Wiederkehr: Der Krieg wurde unmöglich, der Friede unvermeidlich.

Der „Kalte Krieg" schien diese lapirasche Formel zu widerlegen. Der ideologische Gegensatz zwischen den USA und der UdSSR, die Teilung der Welt in zwei Blöcke, das atomare Wettrüsten und das Aufflackern zahlloser – keineswegs „kalter" – regionaler Konflikte bewiesen, dass neben dem konventionellen Krieg nun auch die Gefahr einer nuklearen Eskalation bestand. Dennoch kristallisierte sich La Piras Friedensstrategie –

sicherlich unterstützt durch die beständig geübte göttliche Tugend der Hoffnung – immer deutlicher heraus.

In den vorangegangenen Abschnitten haben wir drei Aspekte seines Friedenshandelns veranschaulicht: den Dialog zwischen den Städten, die Begegnung zwischen Orient und Okzident und schließlich den Mittelmeerraum. Im Folgenden soll versucht werden, La Piras „Pazifismus“ näher zu beschreiben, an dem sich, wie uns scheint, einige zentrale und typische Merkmale herausstellen lassen.

Erstens gibt es für La Pira keinen Frieden ohne Gerechtigkeit, will sagen: Nur eine echte Gleichheit der Wirtschafts-, Produktions- und Verteilungssysteme wird eine internationale politische Ordnung hervorbringen können, die geeignet ist, die Ursachen der Konflikte aus der Welt zu schaffen; zweitens muss jedes Volk in der Einzigartigkeit dessen anerkannt werden, was es zum Menschengeschlecht beiträgt, und hat mithin ein Recht auf Land, auf Freiheit und auf Selbstbestimmung; drittens sind die Nationalstaaten aufgerufen, zugunsten eines Völkerrechtssubjekts, das juristisch und politisch berechtigt ist, den Frieden zu garantieren – das heißt der UNO –, auf einen Teil ihrer Souveränität zu verzichten; viertens ist angesichts der von Grund auf veränderten Natur des Krieges eine bis zum Letzten verfolgte Verhandlungsstrategie der einzig gangbare Weg; fünftens schließlich lässt sich ein dauerhafter Friede nicht nur und nicht so sehr durch spitzenpolitische Maßnahmen, sondern vor allem durch ein tiefes und aufrichtiges Kennenlernen der Völker untereinander aufbauen. Daraus ergeben sich einige Korollarien, um es mit einem in der lapiraschen Logik gerne benutzten Begriff zu sagen: die immer entscheidendere Rolle der Städte, die im Rahmen eines wechselseitigen Solidaritätspakts aufgefordert sind, zu verhindern, dass die jeweiligen Staaten sich des Verbrechens schuldig machen, die Zivilbevölkerung mit der entsetzlichen Plage der Bombardements zu überziehen; die ebenfalls zunehmend zentrale Bedeutung des religiösen Dialogs im Kontext einer Welt, die unweigerlich immer vernetzter und mithin immer globaler wird.

In Anbetracht dieser Überlegungen wird verständlich, dass La Pira die Enzyklika *Pacem in terris* Johannes' XXIII. als „das Manifest einer neuen Welt“ begrüßte.

La Piras Thesen waren in einer italienischen und internationalen politischen Welt, die in der ehernen Logik des Gegensatzes zwischen den USA und den UdSSR gefangen war, und in einer kirchlichen Welt, die sich den Perspektiven von Papst Johannes XXIII. noch nicht geöffnet hatte, wahrhaft mutig und unerhört und begannen in verschiedenen Kreisen Aufmerksamkeit zu erregen: von progressiven französischen Katholiken im Umfeld der Nouvelle Théologie über hochrangige Vertreter des arabischen Mittelmeerraums bis hin zu Intellektuellen und Politikern der kommunistischen und der angelsächsischen Welt.

Unter den zahlreichen Beispielen sei hier nur an La Piras Begegnungen während seiner USA-Reise im Oktober 1964 anlässlich der Städtepartnerschaft zwischen Florenz und Philadelphia erinnert: Er führt ein langes Gespräch mit Llewellyn Thompson, dem ehemaligen Botschafter in Moskau, der Präsident Johnson in Fragen der Ostbeziehungen berät; er wird von Nahum Goldman, dem Präsidenten des jüdischen Weltkongresses, und von UNO-Generalsekretär U Thant empfangen und gefeiert; vor allem aber trifft er in Louisville, Kentucky, mit Thomas Merton zusammen, der ihn unbedingt hatte persönlich kennenlernen wollen. Schon 1961 hatte La Pira eine Kopie eines von Merton verfassten Essays zum Atomkrieg erhalten, einen Beitrag, den Don Giovanni Rossi lieber nicht in *Rocca*, der Monatszeitschrift von Pro Civitate Christiana, hatte abdrucken wollen. Es handelte sich dabei um einen Artikel, den Merton in den erst viele Jahre später publizierten Band *Peace in the Post-Christian Era* aufnehmen sollte. Aus diesem Text übernahm La Pira – in Anbetracht der konkreten Möglichkeit der Vernichtung des Planeten und der Menschheit – die Definition des gegenwärtigen Zeitalters als eines „apokalyptischen Berggrats".

La Pira scheute jedoch nicht davor zurück, sich mit seinem Engagement für eine Anerkennung der Verweigerung aus Gewissensgründen auch persönlich zu exponieren: Am 18. November 1961 lud der Bürgermeister Hunderte von Journalisten, Kulturschaffenden und Theaterleuten zu einer „Privatvorführung" von Autant-Laras Film *Tu ne tueras point* ein, der bei den Filmfestspielen von Venedig angetreten, aber sowohl in Frankreich als auch in Italien unter dem Vorwand zensiert worden war, dass darin der Straftatbestand der Wehrdienstverweigerung und der Beleidigung der Streitkräfte gerechtfertigt werde. Verteidigungsminister Giulio Andreotti brachte privat sein „Bedauern" und „Erstaunen" über diesen Verstoß gegen das „Gesetz und die allgemeine Moral" zum Ausdruck; und selbst der *Osservatore Romano* kritisierte La Piras Vorgehen in zwei Artikeln von Chefredakteur Raimondo Manzini und seinem Stellvertreter Federico Alessandrini. Bekanntlich lenkten die Publikationen, in denen sich Ernesto Balducci 1963 und Don Lorenzo Milani 1965 für das Recht auf Kriegsdienstverweigerung aussprachen, sowie der diesbezügliche Gesetzentwurf des Florentiner Abgeordneten Nicola Pistelli die nationale Aufmerksamkeit später erneut auf die Lebendigkeit des florentinischen Katholizismus.

Texte

Frieden? Das Wort gebührt den Völkern

Wir gehören nicht zur Kategorie der Skeptiker, die alles anzweifeln und außerstande sind, die typische Wirkung des Sauerteigs zu würdigen, die die ideellen Werte im Gewissen der Einzelnen und der Völker entfalten [...]. Diese Saat des Friedens, die wir von Florenz aus mit vollen Händen über allen Städten und allen Völkern der Erde ausstreuen, ist eine fruchtbare Saat [...]. Denn den Frieden aufzubauen - oder den Frieden zu brechen - ist nicht länger die Sache derer, die an der Spitze des politischen Lebens der Staaten und der Nationen stehen. Das letzte Wort, das verbindlichste und entscheidendste Wort gebührt nunmehr in gewisser Hinsicht den Völkern. Ohne ihre wirkliche und wirksame Zustimmung wird kein Krieg geführt und kein Friede aufgebaut. Nun denn: Die Städte, die Nationen - und die betreffenden Völker - wollen keinen Krieg und wollen stattdessen den Frieden: Sie wollen anstelle des Krieges friedliche und konstruktive Verhandlungen!

(G. La Pira, *Rievocazione nell'anniversario del Convegno dei Sindaci*, 1956, in: *Giorgio La Pira Sindaco. Scritti, discorsi e lettere*, hg. v. U. de Siervo - Giorgio Giovannoni - Gianni Giovannoni, Bd. II: 1955-1957, Florenz [Cultura Nuova Editrice] 1988, S. 262).

Abrüstung und „Krieg gegen die Armut“

[...] Damit in der Stadt des Friedens Frieden herrsche (gestatten Sie mir diese Formulierung), muss nicht nur ein erster Schritt zur Abrüstung getan, sondern müssen ihren Bürgern obendrein von institutioneller Seite die für ein wahrhaft menschliches Dasein wesentlichen Güter garantiert werden: das heißt jene Güter, die, untrennbar miteinander verbunden und nach einer echten Wertehierarchie geordnet, das Brot des Leibes und das Brot der Seele umfassen; die Werte der Wirtschaft und des Gebets; die Werte der Technik und der Poesie; die zeitlichen und die ewigen Dinge; die Aktion, die erschöpft, und die Kontemplation, die erquickt.

Das ist der „Krieg“, den wir alle gemeinsam an der gesamten Frontlinie der Stadt des Menschen führen müssen: der Krieg, der den Menschen aus der Knechtschaft des Elends, der Arbeitslosigkeit, der Unwissenheit, der Krankheit, der Stofflichkeit befreien soll: um ihn zur Freude von Haus und Familie, zur schöpferischen Würde der Arbeit, zur erleuchtenden Wahrheit der Schule und zur unaussprechlichen und heiligmachenden Freude der Gnade, der Kirche und des Gebets zu erheben.

(G. La Pira, *Costruire la città della pace*, Botschaft an die Regierungschefs zur Ankündigung des Sechsten Kongresses für den Frieden und die christliche Zivilisation, Florenz, 5. Januar 1960, in: ders., *Le città non vogliono morire – The cities do not want to die*, hg. v. M. P. Giovannoni – P. D. Giovannoni, Florenz [Polistampa] 2015, S. 143).

„Schlagen wir den Weg Jesajas ein"

[...] welcher Grund legitimiert die Anwesenheit des Bürgermeisters von Florenz an diesem Runden Tisch? Ich habe über diese Frage nachgedacht, und hier ist die Antwort: Die Legitimation des Eingeladenen ist dieselbe, aufgrund deren er 1954 zum Internationalen Komitee vom Roten Kreuz in Genf eingeladen wurde (begleitend zur ersten Abrüstungskonferenz, die damals stattfand), nämlich als Bürgermeister einer Stadt, die durch die seit 1952 dort einberufenen Kongresse für den Frieden und die christliche Zivilisation zu der Stadt geworden war, die die einmütige Stimme und die einmütige Erwartung der Städte der ganzen Welt zum Ausdruck brachte: die Stimme der Abrüstung und des Friedens und die Erwartung der Abrüstung und des Friedens. Die Städte wollen nicht sterben: weil ein Krieg der Tod der großen und kleinen Städte auf der ganzen Erde wäre: Das ist die in Genf vertretene These: Die Staaten haben nicht das Recht, ein fideikommissarisches Erbe zu zerstören, das die gegenwärtigen Generationen nur als fiduziarische Erben gebrauchen dürfen: Die fideikommissarischen Erben sind die künftigen Generationen, für die dieses Erbe bestimmt ist: ein Depositum, das die gegenwärtigen Generationen vergrößern und nicht verschleudern oder gar zerstören sollen. Deshalb fordern alle Städte der Erde, die kleinen wie die großen, mit lauter Stimme Abrüstung und Frieden. Die Städte und die Völker, die darin wohnen, wollen nicht den zerstörerischen Krieg, sondern das, was aufbaut: Sie wollen Häuser für die Familien, Schulen für das Lernen, sie wollen Wissenschaft und Kultur; Krankenhäuser, um gesund zu werden; Kirchen und Klöster, um zu beten. Das ist der Grund, der die Anwesenheit des Bürgermeisters von Florenz 1954 in Genf legitimiert und das ist die These, die er – in stillschweigender und kühner Vertretung aller Städte der Welt – vertreten hat:

eine These, die von allen mit sehr respektvoller Aufmerksamkeit angehört wurde. Nun denn, meine Freunde, der Bürgermeister von Florenz ist heute aus demselben Grund und mit derselben, wenngleich genauer gefassten und aktualisierten These hier.

(G. La Pira, *Imbocchiamo la strada di Isaia,* Vortrag beim Runden Tisch Ost-West, Moskau, 4. Dezember 1963, in: ders., *Il sentiero di Isaia,* Florenz [Cultura Editrice] 1978, S. 169–170).

Für ein atomwaffenfreies Europa

Dieser Runde Tisch gewinnt heute wahrhaftig eine herausragende Bedeutung und Sinnhaftigkeit: weil der so verfinsterte politische und militärische Weltkontext erneut und dringend nach der Bekräftigung gewisser Prinzipien verlangt, die neue Hoffnung schenken und die Weltgeschichte auf dem Weg der Abrüstung und des Friedens voranschreiten lassen. Diese Prinzipien sind im Wesentlichen dieselben, die die Arbeiten und Ziele der vorangegangenen Runden Tische schon immer beseelt und auch die Arbeiten der letzten Runden Tische von Moskau und Florenz geprägt haben. Das Grundprinzip ist jenes von den ganz ohne Zweifel apokalyptischen Folgen eines Nuklearkriegs: Durch das unverhältnismäßige wissenschaftliche und technische Wachstum der letzten Jahre liegt die physische Zerstörung des Planeten nun im Bereich des Möglichen: Die aufmerksameren und verantwortungsbewussteren unter den Wissenschaftlern weisen darauf hin, dass Atombomben, die von einer „Mondstation" aus abgeschossen werden, durchaus gewisse wesentliche physikalische Gleichgewichte, von denen unser Planet getragen wird, stören und ihn damit wie ein Torpedo gleichsam im Weltraum versenken könnten!

Das ist keine Science-Fiction, sondern – wenn auch nur als zukünftige Möglichkeit – die Realität des Schicksals unserer Erde, das, wie man ohne Übertreibung sagen muss, nun endgültig in die Hände des Menschen gelegt ist! Realität des apokalyptischen Grats, zu dessen beiden Seiten zwei Berghänge abfallen: der des Aufbaus für „10.000 Jahre“ (mit Kennedy gesprochen) und der der endgültigen Zerstörung der Erde und der Geschichte der Menschen, die darauf wohnen. Globaler Selbstmord (der Ausdruck stammt von Thomas Merton) oder ein Jahrtausende währendes Zeitalter des zivilen Fortschritts: An dieser Alternative kommt man nicht vorbei! Wenn das „apokalyptische Prinzip“ wahr ist – und es ist wahr! –, dann sind die Korollarien, die sich daraus ergeben, dieselben, die, auf der Basis ebendieses Prinzips, die Arbeiten der Runden Tische von Moskau und Florenz gekennzeichnet haben, nämlich:

a) Das apokalyptische Prinzip unterscheidet das gegenwärtige vom vorangegangenen politischen Zeitalter ebenso grundlegend, wie die Entdeckungen eines Kopernikus oder Galilei das neue astronomische vom vorangegangenen ptolemäischen Zeitalter unterscheiden. In diesem neuen politischen (und mithin militärischen) Atomzeitalter geraten die „subtilen“ Techniken der „Erstürmungen“, der „örtlich begrenzten Kriege“, der „kalkulierten Kriege“ und so weiter auf allen Ebenen in eine grundlegende Krise. Wenn der Krieg – der Krieg per definitionem – nicht geführt werden kann, dann muss auch die Theorie „der Kriege“ von Grund auf revidiert und abgeschafft werden! Gewiss, die Sache ist extrem neu und umwälzend: Deshalb braucht es Mut, historischen Verstand, Vertrauen in die Geschichte, schöpferische Phantasie und Jugend des Geistes und des Herzens, um sich von überalterten Theorien und Fakten zu trennen, die die heutige Geschichte und die Zivilisation der Welt noch immer belasten! Es braucht die geistliche, historische und politische Jugendlichkeit eines Johannes XXIII. auf religiöser und eines Kennedy auf politischer Ebene! Vertrauen in die neuen Generationen; Vertrauen in den Wert und die schöpferische Wirksamkeit der neuen Ideale, die die neue Geschichte der Welt unweigerlich durchsäuern!

b) Der Weg des Friedens besteht in dem, was wir in Moskau den „Pfad Jesajas" genannt haben: das heißt dem Weg der Abrüstung: dem Weg, der am 5. August 1963 in Moskau mit dem Atomteststoppabkommen begonnen wurde (dem archimedischen Punkt, wie Kennedy gesagt hat, von dem aus man den Planeten zum endgültigen Frieden heben kann!); dieser Weg muss weiterbeschritten werden! Alle Nationen müssen ihn einschlagen. Eine Abrüstung, die sowohl vertikal als auch horizontal in immer größerem Umfang erfolgt: das heißt sowohl im Hinblick auf die Explosionen und überhaupt die Existenz der Atombomben als auch im Hinblick auf die immer größere geographische Ausdehnung der Abrüstung: das heißt im Hinblick auf die systematische Vergrößerung, die systematische Ausweitung der atomwaffenfreien Zonen: „Inseln des Friedens", aus denen nach und nach ganze Kontinente werden, bis sie sich über den ganzen Planeten erstrecken! Ein Schritt für Schritt von Atomwaffen befreites Europa? Das nach und nach, systematisch, zu einer großen „Insel des Friedens" geworden ist? Dem „Kontinent des Friedens"? Ist das ein Traum, eine Phantasie, politische Naivität? Oder nicht im Gegenteil die einzig gültige Wirklichkeit, die wahre Bestimmung, die echte – biblische, christliche, zivile – Größe unseres Kontinents? Könnte die Geographie der Gnade und der Zivilisation – die Geographie der Kathedralen! –, die den europäischen Raum (und damit auch den mittelmeerischen: Man denke nur an Jerusalem!) auf so markante Weise prägt, nicht mit der Geographie der Abrüstung und des Friedens in eins fallen? Gewiss, die These ist gewagt: Aber welche historische These wäre nicht in struktureller Hinsicht ein Risiko und eine Herausforderung? *Si vis pacem para pacem!*

c) Und schließlich muss, damit die Abrüstung Frieden hervorbringt, wie schon gesagt, die Methode Jesajas zur Anwendung kommen: das heißt, die Kriegsinvestitionen müssen in Friedensinvestitionen umgewandelt, die Bomben zu Pflugscharen, die Kriegsraketen zu Raumschiffen des Friedens umgebaut werden! Dieses Werk der Umwandlung der Investitionen, des Umbaus der Kriegs- zu Friedenswerkzeugen muss das gemeinsame Werk beider Parteien sein: Die potentiellen Feinde müssen zu Mitarbeitern am gemeinsamen Unternehmen des Aufbaus der neuen Geschichte und der neuen Weltzivilisation werden. Gemeinsam die Räume erkunden und die Tiefen der Meere, gemeinsam die Wüsten in Gärten verwandeln und mit gemeinsamen Werken den ganzen Planeten zur Blüte bringen! Warum sich nicht Seite an Seite in diesem gemeinsamen Abenteuer einsetzen, das Zivilisationen aufbaut und für die Völker der ganzen Erde zu einer Quelle des Glücks und des Friedens, des Fortschritts und der Schönheit wird? Utopie? Traum? Oder ist vielmehr dies der einzige Weg, auf dem man den Krieg überwindet und den Frieden aufbaut? Der Weg des Atomzeitalters: des Zeitalters also, in dem „der Krieg" (der Krieg per definitionem: der Atomkrieg) nicht möglich ist; und in dem „die Kriege" – die kontrollierten Kriege! – als Überbleibsel einer ptolemäischen politischen und militärischen Epoche, der ein rascher und unausweichlicher Untergang beschieden ist, keinen Sinn mehr haben!

Liebe Freunde, das sind die Prinzipien, zu denen sich der Runde Tisch von Belgrad – im Einklang mit dem, was ihn im tiefsten Wesen inspiriert – in diesem so heiklen und wolkenverhangenen Augenblick der Weltgeschichte von neuem bekennen kann, wenn die Vorsehung es so will: Es sind per definitionem die Prinzipien des Runden Tischs: Sie sind die Substanz der historischen und politischen Botschaft, die Johannes XXIII., dessen Tod sich morgen zum zweiten Mal jährt, und Kennedy der neuen Geschichte der Welt nicht umsonst hinterlassen haben. Diese Prinzipien erfordern gerade heute – da sie in gewisser Weise verletzt scheinen (man denke an den Krieg in Asien und an die Situation in Lateinamerika) – eine gläubige und mutige Bekräftigung. Belgrad muss den Völkern, die darauf warten, heute diese „Hoffnungsdinge" wieder sagen. Florenz hat sein Friedenswerk auch in den vergangenen Wochen fortgesetzt. Das beweist die Initiative in Vietnam und für Santo Domingo und jetzt auch die für den Nahen Osten!

(G. La Pira, *Per una Europa denuclearizzata*, Vortrag beim Runden Tisch Ost-West, Belgrad, 2. Juni 1965, in: ders., *Il sentiero di Isaia*, Florenz [Cultura Editrice] 1978, S. 260–261).

Der zivile Ungehorsam: Du sollst nicht töten

Was aber ist denn nun – von ihrem „historischen Fundus" her, das heißt bezogen auf das gegenwärtige Zeitalter der Welt – diese „Verweigerung aus Gewissensgründen", die wir in Florenz in den letzten Jahren (1961–1966) und gewissermaßen in einem organischen Zusammenhang mit dem besonderen, auf den Frieden, die Einheit und die Zivilisation der Welt ausgerichteten „florentinischen Experiment" so ausgeprägt und kraftvoll haben aufkeimen sehen?

[...]

Was für eine „Botschaft" bringt dieses Aufkeimen? Was für eine „neue Ära", was für eine „neue Jahreszeit", was für ein „neuer Tag" wird durch dieses Aufkeimen zugleich bezeichnet, vorgebildet und begonnen? Welche „neuen historischen Grenzen" und welche „neuen historischen Länder" kündigt es an und nimmt es vorweg?

[…]

Um diese Fragen zu beantworten, müssen wir über den „Finalismus" des *florentinischen Experiments* nachdenken.

[…]

In Florenz wurde der Ölbaum des Friedens all diese Jahre hindurch gehegt und gepflegt: Das Problem des Friedens, der Abrüstung und der Einheit der Welt wurde – auf den höchsten und verantwortungsvollsten Ebenen aller Nationen – nicht als ein Problem unter vielen, sondern als das einzige neue Problem der Welt angegangen: das heißt als das Problem, über das sich das neue (alternativlose) Zeitalter der Geschichte definiert: „das Zeitalter des immerwährenden Friedens", wie Kennedy wenige Monate vor seinem tragischen Ableben an der *American University* gesagt hat … Nun denn: Das in gewisser Hinsicht dramatischste und „apokalyptischste" Jahr war sicherlich das Jahr 1961.

Es ist das Jahr der sowjetischen Atomexplosion (allem Anschein nach eine 30-Megatonnen-Bombe): ein erster Vorgeschmack sozusagen auf die mögliche Zerstörung der Welt!

[…]

Es war wahrhaftig ein „Grenzjahr" für die Geschichte der Welt!

Kennedy hatte das Amt des Präsidenten der Vereinigten Staaten übernommen und am 20. Januar 1961 seine große programmatische Rede gehalten: „die Rede Jesajas", die Rede vom Kampf *„gegen die gemeinsamen Feinde aller Menschen: Tyrannei, Armut, Krankheit und den Krieg selbst.*"

Es ist das intensivste Jahr der Vorbereitung auf das Konzil; das Jahr der ersten großen Enzyklika des neuen Zeitalters, des Rundschreibens *Mater et Magistra* Johannes' XXIII.

[...]

Doch es ist auch das Jahr des „atomaren Schreckens", Chruschtschow selbst war erschrocken über die apokalyptische Zerstörungsgewalt der 20- oder 30-Megatonnen-Bombe (das hat er Fanfani bei dessen Moskaubesuch am 4. August 1961 anvertraut).

[...]

Also denn: Ebendiese (politische und nukleare) „Grenzsituation" der Weltgeschichte – eine Situation, die unter der Bevölkerung und den Bürgern von Florenz so deutliche Reaktionen ausgelöst hatte – ist der Hintergrund, vor dem die so „bewegte" Angelegenheit der Ausstrahlung des Films „Du sollst nicht töten" betrachtet werden muss, um gänzlich verstanden zu werden.

Der Sinn dieses „zivilen Ungehorsams" – so nannten sie es! – war offensichtlich: In dem Jahr, in dem die Weltgeschichte ihre apokalyptische Grenze erreicht hatte und das Menschengeschlecht (also alle Völker, alle Verantwortlichen, auf allen Ebenen) sich auf dramatische Weise vor die „endgültige Entscheidung" – Frieden oder Zerstörung – gestellt sah, vollzog Florenz einen symbolischen Akt der „endgültigen Ablehnung des Krieges" und der „endgültigen Entscheidung" für den Frieden! Es vollzog die „Entscheidung Jesajas": einen radikalen „Akt der Verweigerung" des Krieges („die Nationen werden den Krieg nicht mehr lernen", [n. Jes 2,1ff.]) und der Entscheidung – wie Kennedy gesagt hatte – für den „immerwährenden Frieden".

(G. La Pira, Vorwort zu F. Fabbrini, *Tu non ucciderai. I cattolici e l'obiezione di coscienza in Italia*, Florenz [Cultura Editrice] 1966, S. IX–XV).

Abrüstung, Entwicklung, Frieden: keine Utopie, sondern Wirklichkeit

Lieber Pino, jetzt muss ich wirklich Schluss machen! Ich weiß: all diese Punkte werfen endlose Fragen und Einwände auf! Unter anderem könntest du sagen (und könnten die jungen Leute mit dir sagen): Aber Professor, erscheint Ihnen dieses Szenario nicht „idealistisch", „utopisch"? Steht es nicht im Gegensatz zu der harten Wirklichkeit der letzten Jahre? Dem Vietnamkrieg und dem Krieg im Nahen Osten; dem Krieg in Afrika (Nigeria, Biafra, Sudan usw.); dem zunehmenden Hunger der armen Länder (2/3 der Menschheit) und der zunehmenden Bereicherung der reichen Länder (*Populorum progressio!*); der „Wut der Schwarzen"; der „Wut der Armen" in Lateinamerika; der „Jugendrevolte" (an allen Universitäten der Welt); der Rätselhaftigkeit Chinas und der tiefen Unruhe Europas; dem wachsenden Gleichgewicht des nuklearen Schreckens!

Ich weiß: diese Einwände sind real: Lass mich dir dennoch sagen: *und wenn die Abrüstung wahr würde?* (Und sie wird unweigerlich wahr werden, denn der Krieg ist unmöglich, er ist utopisch, und ebenso verhält es sich mit dem Gleichgewicht des Schreckens, es ist ein Unsinn und eine Utopie.) Wenn die (fruchtlosen) Rüstungsausgaben in Entwicklungsausgaben, in ökonomische und industrielle und kulturelle Pläne für die Dritte Welt (Schwerter zu Pflugscharen, damit sind wir wieder bei Jesaja!) verwandelt würden? Wenn (und das ist unvermeidlich, wenn wir nicht wollen, dass die Erde zerstört wird) der Übergang von der Zivilisation des Krieges zur „Zivilisation des Friedens", aus der „Wüste" in das „gelobte Land" (lies den neuesten, sehr eigenartigen und sehr subtilen „*Geheimbericht über die Möglichkeit und Wünschbarkeit des Friedens*": Man muss ihn gründlich lesen, auch zwischen den Zeilen! Anscheinend ist er von Galbraith) vollzogen würde? *Wenn all das geschähe* (und es kann nicht nicht geschehen! Es braucht Gebet, Hoffnung, Geduld und beharrliches und entschlossenes Handeln auf allen Ebenen: *Spes contra spem*), *dann würden alle Einwände verschwinden!* Abrüstung, Entwicklung, Frieden: das sind die unumgänglichen Leitlinien der heutigen Geschichte!

(G. La Pira, *Le nuove generazioni e la navigazione storica del mondo*, 14–17. Juli 1968, in: ders., *Il sentiero di Isaia*, Florenz [Cultura Editrice] 1978, S. 380–382).

Gewaltlosigkeit. Zum hundertjährigen Gedenken an die Geburt Gandhis

Die indische Erfahrung wird für Gandhi und für alle zum Prüfstein der historischen und politischen Gültigkeit der neuen Methode werden müssen, einer Methode, die mit der Gewaltlosigkeit eine neue, von Unterdrückung befreite, friedliche und brüderlich geeinte Welt aufzubauen vermag. „Ihr könntet zweifellos sagen, dass es keine gewaltlose Rebellion geben kann und dass eine solche in der Geschichte beispiellos wäre. Nun gut, es ist mein Ehrgeiz, einen Präzedenzfall zu schaffen; es ist mein Traum, dass mein Land auf dem Weg der Gewaltlosigkeit zur Freiheit gelangen kann …“. Das ist die zentrale Idee, der Polarstern, der Gandhis Beten (die Wurzel der Satyagraha, sagt Gandhi, ist das Gebet), Meditieren und Handeln mit einer neuen politischen Aktionsform Ziel und Richtung gibt: Indien zu befreien, um die Welt zu befreien. „Man muss immer weiter diskutieren“, schreibt er, „bis man die Gegner überzeugt hat oder sich geschlagen geben muss. Denn das ist meine Mission: Jeden Inder, jeden Engländer und schließlich die ganze Welt zur gewaltlosen Regelung sämtlicher – politischen, wirtschaftlichen, gesellschaftlichen oder religiösen – wechselseitigen Beziehungen zu bekehren. Wenn man mir vorwirft, ich sei zu ehrgeizig, werde ich mich schuldig bekennen. Wenn man mir sagt, mein Traum könne nicht wahr werden, dann werde ich antworten, dass er ‚möglich' ist, und meinen Weg fortsetzen. Ich glaube, dass meine Botschaft universal ist, aber für den Moment glaube ich, dass ich sie besser durch meine Arbeit hier in meinem Land vermitteln kann. Wenn ich in Indien einen sichtbaren Erfolg vorweisen kann, dann wird die Verkündigung der Botschaft perfekt sein". […] Für Gandhi geht die gewaltlose Methode über die Einzelnen hinaus und ist im Wesentlichen eine Methode des politischen Aufbaus. […] Die „neue Methode", sagt Gandhi, ist also politisch gültig und von universalem Wert …

(G. La Pira, *Per il centenario della nascita di Gandhi*, Budapest, im Oktober 1969, in: ders., *Il sentiero di Isaia*, Florenz [Cultura Editrice] 1978, S. 437–438).

Die Städte zur Umkehr bewegen, um die Nationen zur Umkehr zu bewegen

[…] Den Städten ist bewusst, dass sie das Erbe der Welt sind, denn in ihnen sind die Geschichte und die Zivilisation der Völker verkörpert: Die „Reiche" vergehen, die Städte bleiben; ein Erbe, das die vergangenen Generationen aufgebaut und – von Jahrhundert zu Jahrhundert, von Generation zu Generation – an die heutigen übergeben haben, damit sie es vergrößern und ihrerseits an die nachfolgenden Generationen weitergeben. Die Staaten haben nicht das Recht, dieses Erbe, das die Kontinuität des Menschengeschlechts darstellt und der Zukunft gehört, mit einem Atomkrieg zu vernichten.

NEIN also zum Atomkrieg. NEIN zur Politik des „Gleichgewichts des Schreckens", NEIN mithin auch zu den lokalen

Kriegen, die die Völker, die im Wohlstand leben (um eine Formulierung aus *Populorum progressio n.3* zu verwenden), gegen die Völker führen, die Hunger leiden.

JA zur friedlichen Koexistenz.

JA zur allgemeinen und vollständigen Abrüstung und JA zur Umwandlung der Kriegsausgaben (mindestens 200 Milliarden Dollar jährlich) in Friedensausgaben für die Entwicklung der Völker („*Entwicklung ist der neue Name des Friedens*“).

Der Friede erscheint desto unvermeidlicher, wenn man an den immer umfassenderen, unwiderstehlicheren, inständigeren Appell denkt, den die Völker des Hungers von Tag zu Tag eindringlicher an die Völker des Wohlstands richten. Für dieses Problem gibt es nur eine Lösung: sämtliche Zerstörungsausgaben in Ausgaben des Friedens für den Bau neuer Städte (man denke an die sieben Milliarden Menschen im Jahr 2000), in Ausgaben für die neuen Flächennutzungspläne der alten Städte, in Ausgaben für den Bau von Häusern, Schulen, Fabriken, Krankenhäusern, Kirchen, Sportanlagen (Zivilisationsausgaben also) umzuwandeln, „*die Schwerter zu Pflugscharen umzuschmieden*“.

Damit sind wir schließlich bei der dritten Leitlinie, die unser Handeln in diesen drei Jahren bestimmt hat: „die Städte vereinen, um die Nationen zu vereinen“, das heißt, als Werkzeuge für den Bau der Einheit der Völker „Partnerschaften“ zu schließen: ein System aus – wissenschaftlichen, technischen, ökonomischen, kommerziellen, städtebaulichen, politischen, gesellschaftlichen, kulturellen, spirituellen – Brücken zu schaffen, das schlussendlich die großen und kleinen Städte auf der ganzen Welt auf organische Weise Kontinent für Kontinent miteinander verbinden wird.

Diese einfache Idee könnte tatsächlich zu einem einigenden Gewebe werden, das dazu bestimmt ist, die Städte, die Nationen und die Völker der ganzen Welt in Frieden und Fortschritt zusammenzuhalten.

Die vereinten Städte: Das ist das andere, institutionelle, integrative – und in gewisser Weise essentielle – Antlitz der vereinten Nationen.

(G. La Pira, *Far convergere le città per far convergere le nazioni*, Vortrag auf dem Kongress des Bundes der Vereinten Städte, Leningrad, im Juli 1970, in: ders., *Il sentiero di Isaia*, Florenz [Cultura Editrice] 1978, S. 462–463).

Das Ende des gerechten Krieges

Nun denn: Angesichts dieser völlig neuen Situation der Geschichte ist die Struktur und Zweckbestimmung der Staaten in gewisser Weise eine radikal andere (anders als bisher, das heißt anders als zu jenen Zeiten, da man noch verrückt genug war, an die Möglichkeit eines Krieges zu denken): Unter anderem verlieren die Staaten das Recht auf Krieg (das *Ius Belli*); und auch das Recht auf Eigentum wird (weil strukturell verändert) von seiner Wurzel her (in gewisser Hinsicht) in Frage gestellt (das heißt auf die „Vollbeschäftigung" der Völker aller Kontinente ausgerichtet). Zwei grundlegende Infragestellungen also: Das Recht auf Krieg wird von der Wurzel her in Abrede gestellt (ausgerottet) (weil der Krieg so, wie er im voratomaren Zeitalter gedacht war, „ausgelöscht" ist: Er ist nun eine *Res nova*: weil ein Krieg, wenn er ausbräche, den Planeten zerstören würde); und die Struktur und Zweckbestimmung des Eigentumsrechts wird in Frage gestellt.

(G. La Pira, Brief an Pierangelo Catalano, 9. September 1971, in: *Diritto romano vivente. „Caro Catalano …" 1967–1975. Cinque lettere e quattro telegrammi di Giorgio La Pira*, Florenz [Polistampa] 2017, S. 11).

Bibliographie

Bocchini Camaiani, B., *Il dibattito sull'obiezione di coscienza: il „laboratorio fiorentino"*, in: G. Rochat (Hg.), *La spada e la croce. I cappellani italiani nelle due guerre mondiali*, Torre Pellice [Società di studi valdesi] 1995, S. 251–286.

–, *La Firenze della pace negli anni del dopoguerra e del Concilio Vaticano II*, in: M. Franzinelli – R. Bottini (Hg.), *Chiesa e guerra. Dalla „benedizione delle armi" alla „Pacem in terris"*, Bologna [Il Mulino] 2005, S. 509–538.

Caracciolo, M., *Aldo Capitini e Giorgio La Pira – profeti di pace sul sentiero di Isaia*, Lecce [Milella Edizioni] 2008.

Catalano, P. A. – Mezzanotte, M. R. (Hg.), *La „guerra impossibile" nell'età atomica. Dialogo delle città bombardate*, Atti del Convegno per il Centenario della nascita di Giorgio La Pira (Valmontone, 2–4 aprile 2004), Cagliari [Isprom] 2010.

Certini, M., Giorgio La Pira – *L'utopia salverà la storia*, Todi [Editrice Tau] 2016.

Conticelli, G. – Perez, E. (Hg.), *Giorgio La Pira, Firenze e la Cina*, Florenz [Polistampa] 2016.

Doni, R., *Giorgio La Pira, profeta di dialogo e di pace*, Rom [Paoline Editoriale Libri] 2014.

Giovannoni, P. D., *La Pira e Firenze „città sul monte"*, in: A. Canavero – G. Formigoni – G. Vecchio (Hg.), *Le sfide della pace. Istituzioni e movimenti intellettuali e politici tra Otto e Novecento*, Mailand [LED] 2008, S. 205–229.

La Pira, G., *Il sentiero di Isaia*, Florenz [Cultura Editrice] 1978.

Paolino, M., *Il dialogo per la pace tra La Pira e i comunisti*, in: A. Canavero – G. Formigoni – G. Vecchio (Hg.), *Le sfide della pace. Istituzioni e movimenti intellettuali e politici tra Otto e Novecento*, Mailand [LED] 2008, S. 197–204.

Primicerio, M., *Con La Pira in Viet Nam*, Florenz [Polistampa] 2015.

Scivoletto, A., *Giorgio La Pira: la politica come arte della pace*, Rom [Studium] 2003.

10 | Die Einheit der Menschheitsfamilie

Einleitung

„Die Welt einen, sie zu einer einzigen Familie machen" – das ist der Horizont, der La Piras Sicht der Geschichte als Treue zu einem göttlichen Plan und sein konkretes Bemühen leitet, konkreten und vorläufigen Verwirklichungen dieses Ziels den Boden zu bereiten.

La Piras Denken durchläuft einen Reifungsprozess. Gleich nach dem Krieg beginnt er zu ahnen, dass die ganze Welt sich in einer historischen Übergangsphase befindet. Dieser Übergang gestaltet sich als eine Bewegung der von den Hilfsmitteln der Technologie geleiteten Einigung. Doch ihm wird auch bewusst, dass eine Einigung, die allein auf der materiellen Ebene erfolgt, überaus ambivalent ist und ins Unheil führen kann. Deshalb erkennt er in der Notwendigkeit einer inneren Einigung, einer Seele, die Sinn bietet und den laufenden Prozessen eine Richtung gibt – einer Notwendigkeit, die als innere Konsequenz aus dem historischen Weg erwächst –, die Chance dieses Übergangs. Diese Chance liegt für La Pira in der Öffnung auf einen Humanismus hin, der, wie es der Inkarnationsdynamik entspricht, für die Kirche eine dienende Funktion vorsieht. Mit dieser Ausrichtung verortete er sich auf einer sehr anderen gedanklichen Linie als der des Antimodernismus, der die Haltung des katholischen Lehramts seit dem 19. Jahrhundert geprägt hatte, und machte sich die Anliegen der aufgeschlossensten Kreise des französischen Katholizismus – etwa eines Kardinal Emmanuel Suhard – zu eigen, die auf eine kirchliche Präsenz und Beteiligung an den Veränderungsprozessen der Gesellschaft drängten und der Kirche die Aufgabe zuwiesen, die Bedeutung der Einigung der Völker anzuerkennen und sich in den Dienst dieses Prozesses zu stellen, der Gottes Plan mit der menschlichen Geschichte entsprach.

Wenige Monate nach seiner Wahl zum Bürgermeister berief La Pira in Florenz den ersten der internationalen Kongresse für den Frieden und die christliche Zivilisation ein, die von 1952 bis 1956 stattfanden. Zu diesem Anlass kamen Persönlichkeiten und Delegationen vieler Länder insbesondere des Mittelmeerraums nach Florenz. Ziel der Initiative war es, zu prüfen, welchen Beitrag die christliche Zivilisation und die anderen theologalen Zivilisationen der Erde zum Aufbau eines dauerhaften, weil auf den festen Fels des Werts der Person gegründeten Friedens leisten konnten. In der Stadt Florenz sah La Pira ein historisches „Zeichen“ für die gesamte Menschheit: einen Weg, „den Pfad Jesajas“, der nicht nur den (dringend!) notwendigen wirtschaftlichen Fortschritt der sogenannten Schwellenländer Asiens und Afrikas umfasste, sondern überdies alle Völker um eine transzendente Achse herum versammeln wollte. In diesem Sinne hielt La Pira die von Abraham abstammenden Völker – Juden, Christen und Muslime – für berufen, eine Aufgabe und historische Sendung zu erfüllen, nämlich universale Zivilisationen zu verwirklichen, die als konkrete Modelle des Zusammenlebens dienen konnten. Die „theologalen Zivilisationen“, wie er sie nannte – und hierin zeigt sich seine eigenständige und prophetische Offenheit gegenüber den Religionen und philosophischen Traditionen Asiens –, erhielten das Bewusstsein aufrecht, zum Bau eines auf Fels gegründeten gemeinsamen Hauses beitragen zu müssen: das heißt, für alle konkreten und historischen Erfordernisse des Lebens der Völker - Haus, Arbeit, Wachstum der Schwächsten - Sorge zu tragen, dabei jedoch Gott die Treue zu halten, will sagen: die Priorität jener transzendenten Werte geltend zu machen, die jenseits jedweder materialistischen Sichtweise liberalistischen oder sozialistischen Zuschnitts der Menschheit ihre letzte Bestimmung aufzeigen.

Mit den Jahren gewinnt diese Vision an Tiefe und Reife, bis schließlich - in einem eigenständigen und für die damalige Zeit mutigen Übergang - aus der Vorstellung von der christlichen Zivilisation als dem einzigen Modell eines echten menschlichen Miteinanders die Vorstellung von einer Begegnung zwischen den verschiedenen theologalen Zivilisationen geworden ist, die alle gemeinsam zum Aufbau der Geschwisterlichkeit der gesamten Menschheitsfamilie beitragen.

Die Mittelmeerkolloquien - die zwischen 1958 und 1964 stattfanden und de facto eine umfassendere und „laikalere" Version der früheren Kongresse waren - gaben La Pira die Gelegenheit, den Blick auf die Völker Afrikas auszuweiten und im historischen Sich-Herausbilden dieser Völker, die im Zuge der Entkolonialisierung nun endlich zu Subjekten der Geschichte geworden waren, die erste Bewährungsprobe für den Aufbau einer „Zivilisation des Universalen" im Rahmen eines Sozialismus mit menschlichem Antlitz zu erkennen, der, so könnten wir sagen, die Ressourcen der Technologie in den Dienst des Menschen zu stellen vermochte.

In den historischen Ereignissen der Zeit nach dem Zweiten Weltkrieg sah La Pira einen großen Sozialisierungsprozess am Werk, der im Licht einer umfassenden Bewegung gelesen werden musste: einer Bewegung, die nicht auf das Maß des Markts und der Technologie - oder, wie wir heute sagen würden, auf die wirtschaftliche Globalisierung - reduziert, sondern nur im Rahmen des göttlichen Plans zu verstehen war, die über die ganze Erde verstreute Menschheit zu einer einzigen großen Nation zusammenzufassen, in der die Reichtümer und Lebenshoffnungen eines jeden Volkes Ausdruck finden konnten.

Vor dem Hintergrund dieser Anschauungen muss nicht nur La Piras unermüdlicher Einsatz für den Dialog in seinen Jahren als Bürgermeister von Florenz, sondern auch jene stillere, an den Rändern der Macht angesiedelte Aktivität gelesen werden, die er zwischen 1965 und 1977 in seiner Eigenschaft als Präsident des Weltbundes der Vereinten Städte entfaltete.

Am 24. Oktober 1963 – damals war er noch Bürgermeister von Florenz – erklärte er in einer Rede zum 18. Gründungstag der UNO und zum Welternährungstag:

> Wir sind uns [...] der radikalen, immer noch zunehmenden Neuheit der Weltgeschichte bewusst. Die These, die uns im Handeln leitet, ist so grundlegend und so wahr! Es ist die so einfache und so wahre These von der Einheit – der auf allen Ebenen reich gegliederten Einheit – der Menschheitsfamilie: ein gemeinsamer himmlischer Vater, eine gemeinsame Erde, eine gemeinsame Familie, eine gemeinsame Erlösung, eine gemeinsame Geschichte, eine gemeinsame zeitliche und ewige Bestimmung.

Wege des Friedens zu bahnen hieß für ihn, in die Dynamik von Jesajas Pfad einzutreten: die Hoffnung einer Welt in Taten und Pläne umzusetzen, die sich als solidarisch erkennt und die Logik des Krieges überwindet, um sich für die Wege der Zusammenarbeit und der friedlichen Begegnung zu entscheiden.

Texte

Die Einigung der Welt: eine neue Herausforderung für die Kirche

Warum hat das Pastoral[schreiben] (Fastenzeit 1947) des Erzbischofs von Paris in Frankreich – und nicht nur dort – ein so breites Echo und eine auch auf politischer Ebene so außergewöhnliche Reaktion hervorgerufen? (vgl. *Cronache sociali*, 5–6, 1947).

Die Antwort ist in der Besonderheit dieses Dokuments zu suchen, das nämlich weit über die üblichen Grenzen eines Hirtenschreibens hinausgeht und den Charakter einer durchdachten Analyse der gegenwärtigen historischen Krise annimmt: einer richtunggebenden Analyse und einer Art Gewissenserforschung, mit der die Kirche – indem sie sich der globalen Ausmaße und der grundlegenden Merkmale dieser Krise bewusst wird – das Problem ihrer Beziehungen zur Welt in „Angriff" nimmt, will sagen: zu einer Neubewertung und Verheutigung dieser Beziehungen voranschreitet und – im Einklang mit dieser Revision und Verheutigung – selbst dafür sorgt, die theoretischen und praktischen Grundzüge ihres Sendungsauftrags als Sauerteig der Eroberung zu entwerfen.

Wir haben es mit einer „historischen Krise" zu tun, und sie ist in vollem Gange: Was zurzeit geschieht, ist eine strukturelle „Umgestaltung" der Zivilisation und der Gesellschaft: Wir haben einen Reifepunkt erreicht, der mehr ist als eine bloße historische „Wende". Etwas stirbt und etwas anderes wird geboren; etwas geht unter und etwas anderes geht auf.

Das ist der positive Ausgangspunkt unserer Nachforschungen: Die Diagnose ist einhellig: Alle stimmen darin überein, dass wir es mit einem mühseligen und außergewöhnlichen historischen Übergang zu tun haben.

Doch was wird geboren und was stirbt? Was sind die wesentlichen Merkmale dieser Krise? Welches die Grundrichtungen dieses historischen Übergangs?

Die Beobachtung und das Nachdenken etlicher aufmerksamer Köpfe liefert ungefähre und dennoch treffende Antworten.

Und die grundlegende Antwort ist folgende: Es handelt sich nicht um die Krise einer alternden und sterbenden Welt; es handelt sich, so verworren sie auch sein mag, um eine Krise der Jugend und des Wachstums: eine organische Krise mithin, die alle Strukturen der menschlichen Ordnung – von den wirtschaftlichen bis hin zu den gesellschaftlichen, politischen, kulturellen und religiösen – betrifft: eine Krise mithin, die sich trotz ihrer Abirrungen, die sie verändern und verunklaren, als Krise der Vertiefung und Reifung der menschlichen Grundwerte darstellt.

Die Anzeichen dieses Wachstums und Fortkommens sind deutlich genug: Sehen Sie sie nicht? Die Welt durchläuft einen überaus schnellen Einigungsprozess: Inzwischen besteht eine weltweite wechselseitige Abhängigkeit der Wirtschaft, der Politik, der Kultur, jedweder zivilen Struktur: Ein Typus des zivilen Menschen wird geschaffen, der auf allen Kontinenten und Breitengraden beheimatet ist: Es gibt eine „Zivilisationsstufe“, die alle Völker anstreben und die allen Rassen und Klassen gemeinsam ist: Schon jetzt ist ein „globaler Humanismus“ verwirklicht, der überall gewisse gemeinsame Züge trägt: Die Welt ist so geeint wie noch nie. Das ist die Grundgegebenheit dieser Krise.

Und die nächstliegende, hauptsächliche, wenn nicht gar einzige Ursache dieser Einigung?

Die Technologie: Sie war und ist mit ihren immer gigantischeren Einigungswerkzeugen wahrhaft die grundlegende Matrix dieser neuen menschlichen Ordnung.

Ein Prozess der technologischen und äußeren Vereinigung der Welt: Das ist eine wesentliche Gegebenheit und eine mögliche Definition der Krise: Daraus folgt eine Veränderung und Beseitigung aller entgegenstehenden Vereinsstrukturen, die sich dem Druck dieses unwiderstehlichen Einigungsprozesses zwangsläufig beugen.

Hier aber drängt sich eine Frage auf: Eine äußere, (im aristotelischen Sinne) „materielle" Einigung ist noch keine umfassende menschliche Einigung: Ein vollständiger Einigungsprozess erfordert ein (im aristotelischen Sinne) „formales" Prinzip, das inneren Zusammenhalt und innere Einheit verleiht: Es bedarf einer Inspiration, einer Seele: Die historische „Physik" kann nicht von der „metaphysischen" Notwendigkeit einer inneren Einigung absehen.

Wer wird die ideellen Prinzipien liefern, die diesen von der Technologie erzeugten globalen Humanismus erhellen? Wer wird also den spirituellen Zusammenhalt dieses äußeren „Kosmos" bewerkstelligen, der aus dem unermesslichen und immer fortschreitenden Erfindungsdrang des Menschen hervorgegangen ist?

Das Christentum und die Kirche, die es konstitutionell und historisch verkörpert: Diese Antwort kommt jenen als erste in den Sinn, die noch unter der durchsäuernden Wirkung des Evangeliums leben …

[…]

Aber wird die Kirche einer Welt, die ohne sie und sogar gegen sie aufgebaut worden ist, wirklich entgegenkommen? Wird sie sich also dem Maß der Welt anpassen? Die Antwort findet sich in der Theologie der Kirche und in der Geschichte der Kirche: Erstere zeigt uns, dass die Kirche theandrisch ist, das heißt göttlich und menschlich zugleich, will sagen: Sie zeigt uns, dass diese „Begegnung" mit der Welt für die Welt und für die Kirche wesentlich ist. Und Letztere zeigt uns, dass die Geschichte der Kirche nichts anderes ist als die zeitliche und räumliche Abfolge dieser „Begegnungen". Die innere Unvergänglichkeit und Unwandelbarkeit der Kirche aber wird durch diese Begegnungen weder geschmälert noch verändert: Die durchsäuernde Wirkung ändert nichts am göttlichen Wesen des Sauerteigs, der der Welt „Geschmack und Licht" bringen soll.

Soweit die Grundsätze.

Im Bewusstsein der großen gegenwärtigen Krise ist die Kirche mithin bereit – und sogar schon dabei –, ihrem Sendungsauftrag der Einigung und Erlösung nachzukommen: Statt sich der Welt zu entfremden, hat sie bereits die Haltung desjenigen eingenommen, der die günstigsten Bedingungen prüft, um eine rasche und uneingeschränkte Eroberung zu bewerkstelligen.

[...]

Hier aber stellt sich ein grundlegendes Problem der apostolischen „Taktik": das der *Anpassung*. Das Apostolat muss „realistisch", das heißt an die Zeiten, Orte und Umstände angepasst sein, in denen es sich entfalten soll, will sagen: Das Apostolat muss sich an das *„Gesetz der Inkarnation"* halten.

Daher gibt es einige Merkmale, die das apostolische Wirken kennzeichnen müssen. Vor allem: [...] *Missionarisches Apostolat*. Die geographische Aufteilung in Christenheit und Nichtchristenheit hat nicht länger Bestand: Christentum und Heidentum koexistieren mittlerweile auf demselben Territorium: Die beiden Städte sind vermischt, das heißt, die Missionsgebiete sind überall. Daraus ergibt sich für den Apostel die Notwendigkeit, seine Methoden an diese missionarische Aufgabe anzupassen.

[...]

Gemeinschaftliches Apostolat: das heißt ein Apostolat, bei dem die Apostel aus dem gemeinschaftlichen Leben (das nicht zwangsläufig ein physisches Zusammenwohnen voraussetzt) Nahrung für ihr inneres Leben und Fruchtbarkeit für ihr äußeres Wirken schöpfen; und gleichzeitig ein Apostolat, das darauf abzielt, die Gemeinschaften, in die die Menschen von Natur aus eingegliedert sind – Gemeinschaften wie die Familie, das Arbeitsumfeld, das Wohnviertel usw. –, zu verchristlichen und somit zu heiligen: Ebendiese Gemeinschaften nämlich sind es, die zu Zentren der christlichen Strahlkraft werden sollen.

(G. La Pira, *Perché la Pastorale*, in *Cronache sociali* I[1947]10–12, heute in: G. La Pira, *Principi contro i totalitarismi e rifondazione costituzionale*, hg. v. U. de Siervo, Florenz [Firenze University Press] 2019, S. 719–734).

Die Zivilisation des Universalen

Herr Präsident des Senegal,

mit großer Freude heiße ich Sie und Ihre Minister in Florenz willkommen. Dieses Willkommen erstreckt sich in Gedanken auch auf das ganze senegalesische Volk und alle Völker Schwarzafrikas, die unseren Blicken entzogen, aber wirklich mit uns in diesem Saal der Fünfhundert anwesend sind! [...] Die afrikanischen Völker sind in die historische Jahreszeit ihrer Wiedergeburt eingetreten; sie haben die Verabredung erkannt und angenommen, die die Geschichte ihnen gewährt hat.

Mit ihrer Wiedergeburt verbinden sich unabsehbare Folgen des Guten und der Werte für die gegenwärtige und zukünftige Geschichte nicht nur Afrikas, sondern auch Europas und der Welt.

Völker und Nationen Afrikas in einer lebendigen Aufwallung der Wiedergeburt: einer Wiedergeburt in allen Bereichen:

Kultur, Gesellschaft, Wirtschaft, Politik, Religion; einer Wiedergeburt mit besonderen, eigenständigen Merkmalen, die die wesentlichen Züge der Nationen und Städte Schwarzafrikas darstellen, jene Züge, die Sie selbst, Herr Präsident, so treffend in einem einzigen Wort zusammengefasst haben: der *Négritude*.

Einer Wiedergeburt voller Aufwallungen des Lebens und der Werte: aber mit Blick worauf? Um sich in einem egoistischen und fruchtlosen Nationalismus zu verschließen? Um zu einer Ursache für weitere Spaltungen und weitere Kriege zu werden?

Nein: Die afrikanische Wiedergeburt, „die *Négritude*" dient nur einem Zweck: geordnet und wirkungsvoll und gemeinsam mit allen Völkern der Erde am Aufbau des Friedens in allen Teilen der Welt mitzuwirken und, genauer noch, am Aufbau jener „globalen Zivilisation" mitzuwirken, jener „Zivilisation des Universalen", jener sozialisierten Zivilisation mit globaler Bestimmung, der die gegenwärtige und zukünftige Geschichte der Welt unwiderstehlich und unumkehrbar entgegenstrebt!

[...]

Wir in Florenz glauben fest daran, dass die afrikanischen Völker der historischen Sendung treu bleiben, die die Vorsehung ihnen anvertraut; dass sie der Verabredung und Berufung treu bleiben, die die Geschichte ihnen gewährt hat.

„Ein Volk, das sich weigert, seine Verabredung mit der Geschichte wahrzunehmen, das sich nicht für den Träger einer einzigartigen Botschaft hält, dieses Volk ist am Ende: Es gehört in ein Museum. Der afrikanische Schwarze ist nicht schon am Ende, ehe er überhaupt zu sprechen und vor allem zu handeln begonnen hat, ehe er der Welt seine einzigartige Botschaft überbringt, um am Aufbau der Zivilisation des Universalen mitzuwirken". Diese Ihre Worte, Herr Präsident, machen wir uns zu eigen; an sie glauben wir!

[...]

Und diese Botschaft, Herr Präsident, beschränkt sich nicht darauf, die allgemeinen Ziele des Aufbauhandelns der Völker aufzuzeigen: Sie geht auch auf den „Weg", auf die Methode ein: Sie zeigt die Mittel auf! Sie spricht von der *„vie africaine au socialisme"* [dem „afrikanischen Weg zum Sozialismus"] und erläutert ihn genauer: *„Le socialisme se définit, désormais, pour nous, comme la méthode qui met la recherche et les techniques – politiques, economiques, sociales, culturelles – au service de la socialisation panhumaine: de la civilisation de l'universel: c'est l'humanisme des temps contemporains"*. [„Der Sozialismus definiert sich für uns fortan als die Methode, die die Forschung und die – politischen, wirtschaftlichen, sozialen, kulturellen – Technologien in den Dienst der panhumanen Sozialisierung stellt: der Zivilisation des Universalen: Das ist der Humanismus der gegenwärtigen Zeit".]

Ein *„spiritualistischer Sozialismus"*; ein *„demokratischer Sozialismus* (wie Sie gesagt haben), *der sogar die spirituellen Werte miteinschließt"*; der ein *„Humanismus"* ist; jener Humanismus, der aus Teilhard de Chardins Bemühen resultiert, „wissenschaftlichen Sozialismus und religiösen Glauben" (wie Pater de Lubac es formuliert hat) miteinander zu vereinbaren.

Und damit in letzter Konsequenz jene „Vergesellschaftung", von der – mit so viel Weitsicht und so viel Maß und so viel konstruktiver Weisheit – in der Enzyklika Johannes' XXIII. *„Mater et Magistra"* die Rede ist.

(G. La Pira, *La civiltà dell'universale*, Ansprache für den Präsidenten des Senegal Léopold Sédar Senghor, Palazzo Vecchio, 4. Oktober 1962, in: ders., *Il sentiero di Isaia*, Florenz [Cultura Editrice] 1978, S. 85–91).

Das Heraufdämmern des utopischen Zeitalters

[...] Die Utopie des Jesaja (Jes 2,1 ff.) wird mithin immer – trotz auch länger anhaltender Verfinsterungen – der Polarstern, der Omegapunkt sein, der der Weltgeschichte, dem Weg der Völker die Richtung vorgibt!

Und heute? Die Verwirklichung dieser „biblischen Utopie“ – die die gesamte Heilige Schrift inspiriert: von der Berufung Abrahams, der Patriarchen, der Propheten bis hin zur Auferstehung Christi und zur Gründung und Ausbreitung der Kirchen – scheint mit unbestreitbarer Eindeutigkeit das grundlegende und unumkehrbare (es sei denn durch die Zerstörung des Planeten) Ziel der gegenwärtigen Weltgeschichte zu sein!

Es gilt heute wahrhaftig eine Wüste hinter sich zu lassen: ein „gelobtes Land“ zu erreichen; einen Jordan zu überqueren; ein Erwachen zu vollbringen; und – in diesem Sinne – eine Bewegung von Völkern zu bewerkstelligen!

Das ist ein neues – und in gewissem Sinne endgültiges – Kapitel der „Teleologie der Geschichte“, das von den Völkern der neuen Weltgeschichte geschrieben werden muss!

Die Aufgaben, die den Völkern beim Aufbau dieses „utopischen Zeitalters“ zugewiesen werden, sind – wie schon zu Zeiten des Augustus – in der hellsichtigen, präzisen, realistischen Prophezeiung des Jesaja festgelegt, die Christus in seiner programmatischen Rede von Nazaret aufgegriffen hat (vgl. Lk 4,16–19):

Der Friede (und die Abrüstung) der Völker;
die (vielfältige) Einheit der Völker;
die (Verteilungs-)Gerechtigkeit der Völker;
die Gnade (und die Heiligkeit und die Schönheit) der menschlichen Person und der Völker.

Das alles soll ein Traum sein? Nein, es ist die unausweichliche Aufgabe, die allen Völkern – und allen Menschen – gerade an diesem Wendepunkt der Geschichte verantwortlich anvertraut wird! Es bedeutet, „den Jordan zu überqueren" und das „gelobte Land" zu betreten, wo Milch und Honig fließen!

Es bedeutet, aus dem Winter der Geschichte (dem Krieg) in den Frühling der Geschichte (den Frieden) einzutreten.

Frieden und Abrüstung: das heißt, in den zwischenstaatlichen Konflikten von der Gewalt zur Rechtsprechung überzugehen; will sagen, im öffentlichen Recht zwischen den Staaten denselben historischen Übergang zu vollziehen, der in Rom im Privatrecht vollzogen wurde: Wie die Konflikte zwischen Privatleuten, so sollen auch die zwischen den Staaten nicht mit Gewalt, sondern durch gerichtlichen Schiedsspruch gelöst werden! *Pax orbis ex jure.*

Und in der Konsequenz die Umwandlung der Waffen zu Pflugscharen und der Schwerter zu Sicheln und der Kriegskosten – 200 Milliarden Dollar jährlich! – zu Wirtschaftsplänen für die zivile Entwicklung der Völker.

Ein Friede, der sich nicht auf das Gleichgewicht des Schreckens und des Todes, sondern auf das Gleichgewicht der Gerechtigkeit und der Brüderlichkeit gründet!

Einheit der Völker: Totus mundus una res publica. Das ist das grundlegende – natürliche und übernatürliche – Gesetz, das das Menschengeschlecht wesentlich ausmacht!

Ein Traum? Nein, wesensbestimmendes (natürliches und übernatürliches) Gesetz der menschlichen Gesellschaft!

Schon Seneca pflegte zu sagen: *Membra sumus magni corporis*, und das Menschengeschlecht mit einem überwölbten Gebäude zu vergleichen, in dem sich alle Steine gegenseitig Halt geben.

Die Einheit der Kirche und der Völker bildet die in gewisser Hinsicht zentrale Idee der universalen Verkündigung und „Konstruktion" Christi; sein letztes Gebet zum Vater endet mit ebendieser Bitte: *ut unum sint!* Deshalb ist die Einheit der Kirche in der Zeit (trotz allem) Verheißung und Stütze der Einheit der Völker!

Diese Vorstellung vom *Corpus* ist die zentrale Idee des paulinischen Denkens und apostolischen Handelns (1 Kor). Und heute? Was ist die UNO? Der erste Entwurf der unvermeidlichen – auch rechtlichen, wirtschaftlichen und politischen – Einheit der Völker.

Multi unum corpus sumus.

Die Verteilungsgerechtigkeit unter den Völkern: Auch im Hinblick auf die Güter besteht unter den Menschen und unter allen Völkern eine gewisse *Equalitas* (hl. Paulus): Die Menschen und die Völker sind gleich, die Erde gehört allen; sie ist in gewissem Sinne eine *Res communis omnium*.

Dieses Ideal der Gleichheit war eine wesentliche Antriebs- und Anziehungskraft der Entwicklung der Geschichte und der Zivilisation der Welt!

Sie ist die Voraussetzung und infolgedessen der eigentliche Zweck des Friedens: Die biblische Prophetie (besonders deutlich Jesaja) ist grundlegend von ihr inspiriert: *Iustitia et pax osculatae sunt*.

Und heute? Kann die riesige Kluft zwischen den reichen und den armen Ländern von Dauer sein? Muss zwischen ihnen – wenn sich der „Zorn der Armen“ (Populorum progressio n.49), wie Paul VI. gesagt hat, nicht entladen soll – nicht eine gewisse *Equalitas* erreicht werden? Muss es nicht einen weltweiten Plan geben, nach dem sich die gesamte Wirtschaft richtet?

Ein Traum? Nein, sondern unvermeidlicher Kurswechsel auf dem historischen Weg: vom Krieg zum Frieden und von der Ungerechtigkeit zur Gerechtigkeit. Dieser Kurswechsel ist das unvermeidliche „Kennzeichen“ dieses utopischen Zeitalters der Geschichte! „Entwicklung ist der neue Name für Frieden.“ (Populorum progressio n. 76)

Die Gnade, die Heiligkeit, die Kontemplation, die Freude und die Schönheit als letztes inneres Ziel der menschlichen Person und der menschlichen Gesellschaft und Zivilisation. Das heißt, in der menschlichen Person und in der menschlichen Gesellschaft und Zivilisation die Skala der Werte wiederherzustellen, die ihrer wesentlichen Bestimmung entspricht: eine Werteskala, die – unter dem Antrieb der Gnade – von den äußeren (materiellen und sichtbaren) zu den inneren (spirituellen und unsichtbaren) Dingen führt und von den inneren – über die Grenzen des Geschaffenen hinweg – emporsteigt bis zur Gottesschau (*ab exterioribus ad intima, ex intimis ad Deum*). Ein neuerliches Bekenntnis mithin zur „kontemplativen Bestimmung" – Bestimmung zu Gnade, Kontemplation, Schönheit, innerer Freude – der menschlichen Person. […]

Das neue – „utopische" – Zeitalter wird, wie Joachim von Fiore es vorausgeahnt hat, in gewissem Sinne ein Zeitalter nicht nur der Wissenschaftler, sondern auch der „Mönche und der Kinder" sein!

Sind die Völker und ihre *Leader* heute bereit – wie die Schwalben! –, diesen Übergang von der historischen Jahreszeit des Winters zu der des Frühlings zu vollziehen? Mit Josua den Jordan zu überqueren und das gelobte Land zu erreichen? In das „Zeitalter der biblischen Utopie" einzutreten?

Sind sie die neuen Bauern und – spirituell, kulturell, politisch und gesellschaftlich – für die neue Art des Anbaus „in der neuen, frühlingshaften Geschichte der Welt" qualifiziert?

[…]

Erlauben Sie mir, dass ich – trotz allem – ein historisches Glaubensbekenntnis ablege und mit Ja antworte: Im Licht dieser Antwort sehe ich so viele Elemente einer historischen Wende, die in unserer Zeit wahr werden. Und ohne einen Hauch des Heiligen Geistes könnte es diese einmütige „Erwartung neuer Dinge" (in puncto Spiritualität, Gerechtigkeit,

Frieden) nicht geben, auf die die aufmerksamsten Schriftsteller und Historiker hinweisen und die ich auf meinen jüngsten Reisen - nach Warschau, nach Moskau, nach Houston, nach Washington, nach New York - bei den neuen Generationen jeder Nation und jedes Kontinents gefunden zu haben meine! [...].

(G. La Pira, *L'alba dell'età utopica,* Ansprache auf dem Kongress des Weltbundes der Vereinten Städte, Dakar, Weihnachten 1973, in: ders., *Il sentiero di Isaia,* Florenz [Cultura Editrice] 1978, S. 583-597).

Die Welt einen

Der universale Friede des Jesaja, der utopisch erscheint, ist in Wirklichkeit die historische Realität der Welt, der die Weltgeschichte entgegenschreitet. Die Welt zu einen, sie zu einer einzigen Familie zu machen: Das ist die Bestimmung, die wir im „Vaterunser" erflehen. Es gilt, alle einigenden Kräfte wachzurütteln, die in der tiefsten Tiefe des Geistes schlummern, und die Heiligkeit, das Gebet, die Schönheit, die Freude am Erhabenen hervorsprudeln zu lassen. Dies ist das Heraufdämmern einer neuen Welt. Wir müssen auf verantwortungsvolle Weise Propheten des eschatologischen Friedens sein. Dazu braucht es den Glauben.

(G. La Pira, *Il messaggio dei francescani al mondo d'oggi,* in: *Testimoni nel mondo* [1978]21, S. 17-18).

Bibliographie

Bagnato, B., *Una „fraterna amicizia". Giorgio La Pira e il Marocco*, in: P. L. Ballini (Hg.), *Giorgio La Pira e la Francia. Temi e percorsi di ricerca da Maritain a De Gaulle*, Florenz [Giunti] 2005, S. 297–332.

Ballini, P. L. (Hg.), *Giorgio La Pira e la Francia. Temi e percorsi di ricerca da Maritain a De Gaulle*, Florenz [Giunti] 2005.

Ballini, P. L. – Conticelli, G., *La Pira, l'Europa dei popoli e il mondo: le pietre del dialogo / La Pira, communities of Europe and the world: foundation stones of dialogue*, Florenz [Polistampa] 2014.

Conticelli, G. (Hg.), *Popoli nazioni e città d'Europa. Giorgio La Pira e il futuro europeo*, Florenz [Polistampa] 2008.

Giovannoni, P. D., *A Firenze un concilio delle nazioni. Il primo Convegno per la Pace e la Civiltà Cristiana*, Florenz [Polistampa] 2007.

Martini, L. (Hg.), *Giorgio La Pira e la vocazione di Israele*, Florenz [Giunti] 2005.

Orlandi, M. G., *Costruire la terra: avventure di vita: Giorgio La Pira – Léopold Sédar Senghor*, Scandicci, FI [Anscarichae Domus] 2005.

11 | La Pira und der Dominikanerorden

Einleitung

La Piras Verhältnis zu den Dominikanern geht auf seine Jugendjahre zurück, als er in Messina mit einer Pfarrei in Kontakt kam, in der die Predigerbrüder vertreten waren, und unter dem Namen Bruder Raimondo seine Drittordensprofess ablegte; später wurde er zudem Franziskanerterziar. Seit seiner Ankunft in Florenz unterhielt er enge Beziehungen zur Gemeinschaft von San Marco und wurde 1936 eingeladen, an den gemeinsamen Gebetszeiten der Klostergemeinschaft teilzunehmen.

Im Kloster von San Marco kam er mit einem Umfeld in Berührung, in dem sich die dominikanische Spiritualität durch das gemeinschaftliche Leben, die kontemplative Erfahrung und die apostolische Präsenz im städtischen Leben ausdrückte: Herausragende Persönlichkeiten waren P. Vincenzo Chiaroni, Wissenschaftler und Experte für das Florentiner Konzil des Jahres 1439, P. Innocenzo Colosio, leitender Redakteur der Zeitschrift für Spiritualität *Vita cristiana*, P. Cipriano Ricotti, der sich während der Besatzung der nationalsozialistischen Faschisten in Florenz für den Schutz und die Rettung jüdischer Familien eingesetzt hatte und später den Ehrentitel eines „Gerechten unter den Völkern" erhielt, P. Raffaele Cai und P. Gabriele Coiro, Redakteure der Zeitschrift *Principi* (der Letztgenannte wurde 1943 gemeinsam mit La Pira vom faschistischem Regime gesucht) sowie in Santa Maria Novella der demokratisch gesinnte P. Reginaldo Santilli, der in den Kriegsjahren und danach insbesondere in der Jugendseelsorge tätig war.

In San Marco hatte La Pira – nicht zuletzt dank seiner Kontakte zu P. Mariano Cordovani, der von 1932/33 bis 1936 als Gastdozent an der Juristischen Fakultät der Universität Florenz Veranstaltungen über scholastische Philosophie und Rechtsphilosophie hielt – Gelegenheit, seine Kenntnis der Schriften des heiligen Thomas zu vertiefen, in denen er einen wesentlichen Bezugs- und Orientierungshorizont für sein eigenes Denken entdeckte. Aus Thomas schöpfte La Pira jene Grundprinzipien der anthropologischen Sichtweise und des gesellschaftlichen Lebens, die er in seiner Reaktion auf den Faschismus und in der Arbeit der Verfassunggebenden Versammlung zum Ausdruck brachte. Außerdem fand er im thomasischen Denken eine entscheidende Ressource, die ihm half, seine tiefe kontemplative Spiritualität so reifen zu lassen, dass sie offenblieb für die Begegnung ohne Grenzen und das historische Engagement.

Seine Thomas-Lektüre fußte nicht auf den zu seiner Zeit weitverbreiteten Schriften der Neoscholastik, sondern direkt auf den Texten selbst, denen er sich in aller Freiheit und auf eine durchaus persönliche Weise näherte. Er verfing sich nicht in starren und überholten Schemata, sondern wusste in der Unmittelbarkeit seines Zugangs Einsichten zu erfassen, die er mit Aufschlüssen aus anderen Quellen – etwa der Lektüre von Maurice Blondel – zu einer persönlichen, den Unruhen und Bedürfnissen seines intellektuellen Forschens und der kulturellen Wege der Moderne entsprechenden Interpretation kombinierte.

Später wird La Pira sagen, dass ihn an Thomas besonders der lineare und harmonische Charakter eines Denkens, das allgemeine Rahmungen zu bieten vermochte, und die geordnete, gegliederte Gedankenführung fasziniert hätten. Er erfasste die Dimension der gedanklichen Einheit und gleichzeitig der Ordnung, die zur architektonischen Struktur gerät. „Architektur" wird in La Piras Denken zu einem Schlüsselbegriff: „Architektur eines demokratischen Staates" lautet der Titel eines Essays, den er in den Jahren des Krieges als Vorbereitung auf die Arbeiten an der Verfassung eines neuen demokratischen Staates schrieb.

Aus Thomas schöpft er außerdem die Idee einer Richtung der Geschichte auf ihr Ende hin, die Perspektive einer Teleologie der Geschichte, die in seinem Nachdenken über die Krise seiner Zeit eine so zentrale Rolle spielen wird. Ferner übernimmt er die dialogische Methode, die seiner angeborenen Offenheit gegenüber dem anderen und der wohlwollenden Herzlichkeit entgegenkommt, mit der er auf die unterschiedlichsten Menschen aller Kulturen und Traditionen zuging. Und schließlich findet er bei Thomas eine Bestätigung seines Optimismus im Hinblick auf das Handeln Gottes in der Geschichte und eine vertiefte Beschäftigung mit der Realität der Gnade, die im Leben der Menschen und Völker am Werk ist und die er selbst mit solcher Intensität erlebte. All das brachte Thomas in dem Grundsatz zum Ausdruck, dass die Gnade die Natur nicht zerstört, sondern emporhebt und zur Vollendung führt.

Die anthropologische Sichtweise, die La Pira aus dem Studium der thomasischen Texte gewann, bildete die Wurzel einer Grundeinstellung, die sich in seiner Mitarbeit an der Verfassung und in seinem politischen Engagement als Bürgermeister niederschlug. Das Bekenntnis zur Würde jeder Person wird ergänzt durch die Auffassung von der untrennbaren Verbindung zu den verschiedenen Bereichen, in denen die Person geboren wird und heranwächst, gedeihen und sich ausdrücken kann: den verschiedenen sozialen Gefügen von der ersten Keimzelle, der Familie, bis hin zu den internationalen Beziehungen zwischen den Städten und Staaten.

Sein Nachdenken über die Person – und auch dieses Element stammt aus La Piras Beschäftigung mit der Theologie des Aquinaten – geht einher mit einer Aufmerksamkeit für die Dimensionen der sozialen und politischen Beziehungen im Rahmen einer rechtlichen Ordnung dieser Beziehungen, die nicht als zusätzliches, negatives und tendenziell suspektes Element, sondern als wesentliche und geschöpfliche Dimension des Menschseins verstanden wird. Die menschliche Entwicklung der Person kann nicht aus dem Geflecht der vielschichtigen und vielfältigen Beziehungen herausgelöst werden, aus denen sich das Leben der Stadt zusammensetzt.

La Pira griff also auf Thomas zurück, als er 1939 die Zeitschrift *Principi* ins Leben rief, die als Beilage zu der von den Dominikanern von San Marco herausgegebenen Zeitschrift für Spiritualität *Vita cristiana* erschien; er betrachtete ihn in seinen Überlegungen zur Verfassung als Leuchtturm seines Denkens; und auch später noch, „in den Jahren nach 1951" – wie er selbst bezeugt –, „erschien uns der Aquinate als der Kompass, der dem Boot der Geschichte im neuen Zeitalter der Welt die Richtung zum prophetischen Hafen der Einheit und des Friedens zu weisen vermochte".

La Piras Beziehung zu den Dominikanern findet in San Marco einen seiner Meinung nach zentralen Ort in jener Geographie der Gnade, die er aus der florentinischen Geschichte herauslas. Im Lauf der Jahrhunderte – so stellte er fest – war in Florenz eine kulturelle Lebendigkeit herangereift, die die Stadt zu einem Zentrum der Zivilisation für alle Völker machte. Und diese Blüte hatte in La Piras Augen zwei Pole: den Palazzo Vecchio, Sitz der zivilen Verwaltung, und San Marco. 1439 war Florenz der Versammlungsort des Konzils gewesen, das der Professor als ein großes Zeichen der Einheit interpretierte, obwohl die Übereinkunft zwischen Ost und West, die das Konzil gleichwohl erzielt hatte, damals nicht vollendet wurde: ein Ereignis von prophetischer Bedeutung für die gesamte Geschichte der Welt.

Zwischen diesen beiden Punkten, dem Palazzo Vecchio und dem Kloster San Marco, setzte La Pira als Spitze des Gnadendreiecks einen dritten Punkt in der Gestalt der Verkündigungsempfängerin, der *Maria Annunziata*. Das Fest Mariä Verkündigung war seit Jahrhunderten der Beginn des bürgerlichen Jahres in der Stadt Florenz und fand in San Marco insofern ein besonderes Echo, als sich im Hauptkorridor des alten Klosters das Verkündigungsfresko von Fra Angelico befindet.

Im Paradox der Randlage Nazarets erkannte er die Zukunft der Jahrtausende, und in diesem Sinne kommentierte er das Gemälde und verwies auf die blühende Wiese auf Fra Angelicos Fresko und auf das kleine Fensterchen im Hintergrund des Zimmers der Jungfrau: „Wenn die Touristen aus aller Welt hierherkommen, tragen sie eine Botschaft – nichts Touristisches! –, tragen sie eine tiefe Schönheit im Herzen: Die Welt blüht! – Und der Krieg? – Krieg wird es nie wieder geben: Die Welt blüht! Siehe, dort ist Frühling und in jenem kleinen Fensterchen liegt eine Zukunft der Jahrtausende, die sich im Einklang mit Nazaret, mit der Verkündigung an Maria, mit der Annunziata entfalten werden!“

La Pira erkannte in diesem Fresko die Spitze jenes Dreiecks, das das politische und das geistliche Zentrum von Florenz miteinander verband und zum Anlass einer Botschaft für die ganze Welt wurde, die in Florenz ein Zentrum der Schönheit und Orientierung für den Weg der gesamten Menschheit fand.

Somit bezeichnet La Pira den seligen Fra Angelico als Deuter einer Spiritualität, die auf die menschliche, irdische

Konkretheit der Dinge dieser Welt und der Personen zu blicken und gleichzeitig im Inneren dieser Geschichte die Gegenwart eines Lichts zu erkennen vermag, das verklärt und Teilhabe an Gottes eigenem Leben gewährt. Es ist ein göttliches und zugleich immanentes Licht, das das Menschliche verwandelt und verklärt. Das Weiß des seligen Fra Angelico und seine Fähigkeit, Profile von durch und durch menschlichen und gleichzeitig vom Licht der Gnade erhellten Gesichtern zu zeichnen, werden von La Pira als Hinweise auf einen Weg herausgestellt, der sich auftut, um die gesamte Menschheit aufzunehmen. In dieser Verkündigung erkannte er die Sendung der Stadt Florenz als untrennbar mit der von San Marco ausgehenden Prophezeiung verbunden: „Eine Malerei, die abstrakt zu sein scheint und doch in Wirklichkeit denkbar konkret ist, weil sie menschliche Bilder wiedergibt, in denen sich ein besonderes Licht verbirgt: das Licht Gottes, das sich in den Geschöpfen spiegelt [...] eine Lektion in Realismus, aber einem verklärten Realismus".

Damit verband La Pira den Blick auf Savonarola als Beispiel für das Streben nach einem Leben in der Einfachheit und Armut des Evangeliums. An diesem Streben hob er insbesondere die Kraft seiner Rückbesinnung auf den Kern der Frohen Botschaft hervor, die sich in einem brüderlichen und solidarischen Lebensstil ausdrücken musste. Savonarolas prophetische Sendung hallte tief in La Piras Bewusstsein wider, der sich selbst als ein Sprachrohr dieser Besinnung auf die Einfachheit des Evangeliums und auf den biblischen Horizont von Gottes Plan des Friedens und der Eintracht unter den Völkern ansah. Gleichzeitig ahnte er die einzigartige und prophetische Bedeutung der Stadt Florenz als eines Ortes, der im Lauf der Geschichte eine große Zahl herausragender heiliger Männer und Frauen hervorgebracht hatte. Diese Heiligen hatten in ihrem Leben die Werte des Evangeliums umgesetzt und die Möglichkeit verkündet, die Beziehungen zwischen den Völkern auf neue Weise, nämlich in Eintracht und Frieden und im Horizont des Evangeliums zu leben, der alle in der Brüderlichkeit und Schwesterlichkeit zu größerer Menschlichkeit ruft.

In San Marco unterstützte La Pira insbesondere einige der während des Krieges dort anwesenden Dominikaner in ihrem Bemühen, den verfolgten Florentiner Juden Beistand, Hilfe und Schutz zu bieten. Für ihn war San Marco ein Zentrum der Ökumene, wobei ihm die Bedeutung sowohl der Tatsache, dass Maxim der Grieche, ein Heiliger der russisch-orthodoxen Kirche, sich an diesem Ort aufgehalten hatte, als auch des zivilen Charakters der Begegnungen zwischen unterschiedlichen Glaubenstraditionen und Kulturen bewusst war. Das eigenständigste dominikanische Zeugnis jedoch, das er als Laiengläubiger mit seinem Leben ablegte, war sein Streben, nicht in der Weltabgeschiedenheit, sondern im konkreten historischen Einsatz für den Aufbau eines friedlichen Miteinanders ein Leben der Versenkung in das Geheimnis Gottes und des kontemplativen Hörens auf die andern und auf die Geschichte zu führen.

Zwischen 1960 und 1964 erkennt La Pira die Bedeutung des II. Vatikanischen Konzils für das Leben der Kirche. Er liest es vor dem Hintergrund des florentinischen Konzils von 1439 und veranstaltet in seiner Eigenschaft als Bürgermeister zunächst vorbereitende und später, während der Konzilssitzungen, auch begleitende Vorträge zu diesem Ereignis. 1960 lädt er Patriarchen und Oberhäupter der getrennten Ostkirchen anlässlich der Feierlichkeiten zu Ehren des heiligen Antonino Pierozzi zu einer Begegnung ein, die er als „göttlichen Sauerteig des Friedens“ versteht. Zu den vortragenden Theologen gehören die beiden Dominikaner Henri-Marie Féret (am 27. September 1962) und Yves Congar (am 20. Januar

1963). Mit Congar teilt La Pira die Sicht von der Einheit der Kirche als wesentlicher Voraussetzung für die Einheit der Völker und Nationen. In diesen Vorträgen und in La Piras einführenden Bemerkungen kristallisiert sich die florentinische These vom Frühling der Geschichte heraus. „Unter den „Zeichen der Zeit“ muss auch auf die Tätigkeit hingewiesen werden, die nämlich Florenz – *spes contra spem* – in Richtung auf die Einheit der Kirche und den Frieden unter den Nationen entfaltet hat“.

Texte

Mit Thomas v. Aquin als Lehrmeister

Wie die *Scientia Juris* (als Wissenschaft) mit den römischen Juristen des letzten Jahrhunderts der Republik ihren Anfang genommen hat, so hat die *Scientia Theologiae* (als Wissenschaft) mit Thomas von Aquin ihren Anfang genommen: Die Geschichte des theologischen Denkens vollzieht in diesem Augenblick ihren Qualitätssprung und ihre entscheidende Wende, die trotz allem und ungeachtet jedweder Begrenzung bei allen Völkern und bis ans Ende der Zeiten fortwirken wird. Das ist der methodologische Blickwinkel, der es uns (1934) ermöglicht hat, das „wissenschaftliche" Gesicht der römischen Juristen des letzten Jahrhunderts der Republik zu erkennen (*La Pira: La genesi del sistema*) und es mit dem entsprechenden wissenschaftlichen Gesicht des ersten systematischen Theologen zu vergleichen: des hl. Thomas von Aquin (vgl. die Werke Chenus)!

Zwei wesentliche, entscheidende und in gewisser Weise konvergente Momente jener „Theologie der Geschichte", die dazu bestimmt ist, den Plan Gottes in der religiösen und zivilen Geschichte der Kirche und der Welt zu verwirklichen!

Nun denn: Ist diese „wissenschaftliche" – mathematisch strukturierte, auf Grundsätze, Theoreme, Definitionen, auf die gegliederte Vereinheitlichung und die Ordnung des Denkens gestützte – Methode, die der römischen Rechtswissenschaft und der thomistischen Theologiewissenschaft ihr Gesicht gegeben hat, eine historisch überholte Methode oder im Gegenteil eine Methode, die für den Aufbau des gegenwärtigen wissenschaftlichen und technologischen Zeitalters immer wesentlicher wird und für den Aufbau des zukünftigen wissenschaftlichen und technologischen Zeitalters immer wesentlicher werden wird? [...]

Der zweite Blickwinkel, aus dem wir den hl. Thomas – von Florenz aus – in jener tragischen historischen Zeit (dem grausamsten Winter der Geschichte, wie Pius XII. gesagt hat) insbesondere zwischen 1937 (dem traurigen fernen Heraufdämmern der Rassenverfolgung und der „Endlösung" und des „totalen Kriegs") und dem Ende der weltweiten Tragödie (1943–1945) gesehen haben: der Zeit des theoretischen (und außerdem praktischen: politischen und militärischen) Widerstands gegen das teuflische nationalsozialistische und faschistische Abenteuer der Unterdrückung und des Todes in Europa und der Welt!

Wir griffen auf den hl. Thomas zurück, will sagen: Wir beriefen uns öffentlich – durch die Veröffentlichung der *Principi* (1938–1939) – auf Thomas' Philosophie, um – in radikalem Gegensatz zur hegelianischen Staatstheorie (die der Faschismus und der Nationalsozialismus sich zu eigen gemacht hatten) den substantiellen Wert und die grundlegende Autonomie der menschlichen Person zu postulieren!

Der hegelianischen Auffassung vom Staat als der einzigen „Substanz" und dem einzigen Protagonisten der Geschichte („der Eintritt Gottes in die Geschichte"), der einzigen Rechtsquelle (dem staatlichen Recht sind keine Grenzen gesetzt: Es hat mithin keinen Sinn, vom natürlichen und vom individuellen Recht zu sprechen, die in der menschlichen Natur verankert sind, usw.: Der Staat ist alles: Alles ist im Staat und vom Staat: Der Staat ist der Eintritt Gottes in die Geschichte!), hielten wir die Auffassung von der menschlichen Person entgegen, wie sie der hl. Thomas mit mathematischer Genauigkeit definiert hat: *Persona significat id quod est perfectissi-*

mum in tota natura scilicet subsistens in rationali natura (I, 29, 3): Sie existiert mithin für sich (ist Substanz): Sie hat eine eigene Autonomie: Sie hat eigene Rechte: Sie ist kein „Akzidens" (als „Welle") der staatlichen Substanz oder irgendeines anderen Kollektivs: Zwar fügt sie sich (als „Teil") geordnet in die gesamte Reihe der natürlichen und übernatürlichen Gemeinschaften (der „Alles") ein, in die sie hineingestellt ist (Familie, Stadt, Kirche, Nation, universale Gemeinschaft der Nationen); und doch wird sie niemals gänzlich von irgendeiner dieser Gemeinschaften, denen sie angehört, „absorbiert": Denn ihre letzte Bestimmung geht über all diese Gemeinschaften hinaus; ist oberhalb und jenseits dieser Gemeinschaften: und liegt in Gott. [...]

„Homo non ordinatur ad communitatem politicam secundum se totum et secundum omnia sua: ... sed totum quod homo est et quod potest et habet, ordinandum est ad Deum" (S.th. I-II 21, 4 ad 3). An dieser thomistisch-frohbotschaftlichen Front, also: dem „Sabbat" für den Menschen und nicht umgekehrt (Mk 2,27), wurde theoretisch (und praktisch und militärisch) die große Schlacht des Widerstands gegen den totalitären Staat und gegen den Rassismus (die „Endlösung" gegen die Juden), den Krieg (gegen alle Völker) und den arischen „Millenarismus" geschlagen: mit einem Wort gegen die Geschichts- und Kulturauffassung, die politischen und militärischen Begriffe der Philosophie Hegels und Hitlers.

Der hl. Thomas (und die Kirche!) war unsere uneinnehmbare philosophische und politische Festung: Von diesem Stützpunkt aus kämpften wir und konnten so den grausamsten Winter, den es in der Geschichte der Kirche, Israels und der Welt jemals gegeben hat, überstehen!

[...]

Nach dem Krieg, nach der Sintflut, als das Haus eingestürzt und die Taube des Friedens erschienen war (nach Hiroshima, 6. August 1945: Beginn des atomaren Zeitalters und mithin des „letzten Zeitalters“ der Geschichte, um es mit Günther Anders zu sagen), galt es nun das neue Verfassungshaus des italienischen Volkes zu errichten: doch welches? Auf welche „konstitutionelle, politische Philosophie“ sollten wir Katholiken uns beziehen? Auf welchem Steinfundament, auf welchem Eckstein sollten wir versuchen, das eingestürzte Haus (das auf Sand gebaut gewesen war) wiederaufzubauen? Für welche Architektur sollten wir uns entscheiden? Auf welchen Architekten uns beziehen? Uns beim Neubau an welchem Modell orientieren? Schon die früheren Ausführungen in den *Principi* (und in *Il valore della persona umana*) und das Bekanntwerden der Bücher von Maritain (vor allem *Humanisme intégral*) und von Mounier (insbesondere der auf die „intermediären Gemeinschaften“ gegründete „pluralistische“ Verfassungsentwurf) hatten uns die Lösung dieses grundlegenden konstitutionellen und politischen Problems ahnen lassen, und das Verfassungsgerüst wurde auf jenen wesentlichen Pfeilern der Gesellschaftsordnung errichtet: den ursprünglichen sozialen Größen (Familie, Kirche, Stadt, Region, Gewerkschaft, Parteien, Nation, Nationengemeinschaft), unter welchen sich die menschliche Person auf ihrem Weg hinauf zu den höchsten innersten Werten organisch einreiht und geordnet entwickelt.

Vor dem Hintergrund dieser Architektur müssen die „grundlegenden Rechtssätze“ (Art. 1–12) gesehen und gelesen werden, die von der ersten Unterkommission erarbeitet und dem System der (zivilen 13/28; ethisch-sozialen 29/34; wirtschaftlichen 35/47; politischen 48/54) Beziehungen, in die sich der erste Teil der Verfassung organisch untergliedert, als Vorbemerkung vorangestellt wurden. [...]

Man müsste mit der Analyse der anderen – handlungsorientierten – „Begegnungen“ (nach Fertigstellung der Verfassung) mit dem erhellenden und richtungweisenden Denken des Aquinaten fortfahren: sehen, wie er, ein Sauerteig gleichsam, in den nachfolgenden Phasen unseres Handelns gewirkt hat. Für jetzt soll es genügen, einen Blick auf Florenz und auf die (theoretische und praktische) Tätigkeit zu werfen, die Florenz in diesen Jahren entsprechend dem „PROPHETISCHEN SINN DER GESCHICHTE“ (Jesaja!) im Hinblick auf die (gerade in diesem neuesten, atomaren, raumfahrtlichen, demographischen Zeitalter der Geschichte) unausweichliche Einheit, Gerechtigkeit und Befriedung der Kirche und der Welt entfaltet hat.

Nun denn! Im Vorfeld stellt sich eine Frage: Besteht zwischen Florenz (seiner Kirche, seiner Zivilisation, seiner „Aktion“, seinem Ausstrahlen in die ganze Welt, in alle Strukturen der Zivilisation) und dem Aquinaten (der *Summa Theologiae*!) eine gleichsam „modellhafte“ Beziehung, sodass man mit Fug und Recht sagen kann, dass die Summe in allen Strukturen der florentinischen Zivilisation gespiegelt worden sei?

Die Antwort fällt – wie die qualifiziertesten Forschungen in allen Kulturzweigen (Spiritualität, Kunst, Gesellschaft, Politik, Geschichte usw.) von Tag zu Tag deutlicher zeigen – positiv aus: Ja, stellvertretend für alle Beweise sei hier nur angeführt, was die Analyse der *Göttlichen Komödie* und der anderen Werke Dantes ergeben hat: Sie sind gewissermaßen ein Spiegel der Summe; wie auch das malerische Schaffen von Fra Angelico ein Spiegel der Summe ist!

Dasselbe gilt für das apostolische und politische Wirken Savonarolas; und die Analyse lässt sich in gewisser Hinsicht auf alle Protagonisten und auf alle Strukturen der Weltgeschichte ausdehnen (man denke an das Florentiner Einheitskonzil von 1439 und setze es zum Lyoner Einheitskonzil von 1274 in Beziehung, an dem der Aquinate teilnehmen musste; man denke an die große intellektuelle „Auseinandersetzung" zwischen dem hl. Thomas und den Arabern).

Nun denn! In den Jahren nach 1951 (den Jahren der Friedenskongresse usw.) erschien uns der Aquinate als der Kompass, der dem Boot der Geschichte im neuen Zeitalter der Welt die Richtung zum „prophetischen" Hafen der Einheit und des Friedens zu weisen vermochte.

Das teleologische, theologische, historische, politische Denken des Aquinaten – das in der *Göttlichen Komödie*, in *De Monarchia* und im *Convivio* seinen dantesken Niederschlag gefunden hat – erschien uns seit dem Heraufdämmern der 1950er Jahre als sicherer Leitstern, sicherer Kompass des neuen, unvermeidlichen Wegs der Geschichte in den Hafen der Einheit und des Friedens! [...]

Und dieser Kompass hat uns nicht in die Irre geführt: Das wird durch mehr als 20 Jahre der Schifffahrt – durch etliche Stürme und widrige Strömungen hindurch – eindeutig bewiesen! Der hl. Thomas (und Dante) hatten Recht! Es gibt keine Alternative zur Einheit, zum Frieden und zur Gerechtigkeit unter den Völkern der ganzen Erde (auf allen Erdteilen): *Unum*!

Und wie viele Probleme wurden „prophetisch" vorausgesehen (das Schicksal Israels, die Araber, Europa usw.), wie viele Lösungen zeichneten sich ab in diesem Licht der Unvermeidlichkeit des – wenngleich noch immer nicht kurzen! – historischen Weges in den alternativlosen Hafen des universalen Friedens, der universalen Gerechtigkeit und der globalen Einheit unter den Völkern des gesamten Planeten!

Die letzte Etappe dieser Überfahrt führt – eben in Richtung auf die unvermeidliche Einheit der Welt – über den Hafen der „vereinten Städte": *die Städte vereinen, um die Nationen zu vereinen*: „Brücken" zwischen den Städten bauen, um in jedem Teil der Welt Brücken zwischen den Nationen zu schlagen und alle Kontinente *ad unum* zu verbinden!

Und es bleibt eine sozusagen noch grundlegendere Frage, die an den heiligen Thomas und seiner Summa Theologiae (den Kompass!) gestellt werden muss: Es bleibt eine Begegnung, die für die gegenwärtige und zukünftige Geschichte der Kirche, der Zivilisation und der Welt in gewisser Hinsicht noch entscheidender ist: Es handelt sich um die Begegnung zwischen dem hl. Thomas und den neuen Generationen: diesen neuen Generationen, die bei allen Völkern und in allen politischen Systemen und auf allen Erdteilen, angeschoben gleichsam durch den Impuls eines tiefen Antriebs, den neuen und gewissermaßen noch unerforschten Grenzen der Zukunft der Zivilisation und der Geschichte entgegengehen! Es handelt sich um die in gewisser Hinsicht grundlegendste aller Fragen – die eben die neuen Generationen dem hl. Thomas stellen, gewissermaßen nach der Wurzel der historischen Krise.

[…]

Der Aquinate nämlich antwortet, dass die neuen Grenzen und die neue historische Ära und Jahreszeit, der sie – gleichsam als providentielles „Gegengewicht" zu Wissenschaft und Technik, die ebendort ihren Höhepunkt erreichen – unweigerlich, „förmlich geschoben", entgegengehen, *die Grenze der kontemplativen Ära und Zivilisation* ist: will sagen, einer Ära, in der das Gesicht der neuen Weltzivilisation über „die vertikalen Werte" der Kontemplation, das heißt die Werte der Gnade, des inneren Lebens, des mystischen Lebens, der Meditation, des künstlerischen Schaffens, der Schönheit, des Gebets, der „Reinheit", der „Gottesschau", der Freude und des Friedens definiert werden wird.

Warum? Weil – so die Antwort des hl. Thomas – der letzte – ihm wesenseigene und naturgemäße – Zweck des Menschen in einem immanenten, erkenntnishaften, „kontemplativen" inneren Tun besteht, durch welches er (*mente et affectu*) *innerlich mit Gott vereint wird.*

[...]

Der Dialog zwischen dem hl. Thomas und den neuen Generationen – ihre „Begegnung“ – mündet in einen neuen, gelungenen, wesentlichen Beitrag des thomistischen Kontemplationsaxioms zur historischen Forschung und zum kulturellen, spirituellen, gesellschaftlichen und politischen Aufbau der neuen Generationen!

Die neuen Generationen in Italien, Amerika, der Sowjetunion und auf allen Kontinenten, denen wir die Substanz und den Inhalt dieses Dialogs – seine Bedeutung für den Aufbau der Zukunft! – haben darlegen können, schienen (*quasi instinctu*) zunehmend bereit, ihn anzunehmen!

Ein „Hauch“ weht über allen neuen Generationen und spornt sie an, den Jordan (das materialistische, konsumistische Zeitalter) zu überqueren, um das gelobte („kontemplative“) Land zu betreten: die Grenzen von „Utopia“ zu überqueren und in das „utopische Land des Jesaja“ einzutreten.

Hier liegt – als Perspektive! – der Friede, die Einheit und die Gerechtigkeit unter allen Völkern und erblüht mit der Kontemplation, der Gnade und der Schönheit der Weltzivilisation!

Eine Utopie? Und wenn die einzige echte Wirklichkeit der Geschichte wahr wäre?

[...]

Die Summe des hl. Thomas und Dantes „politische Texte“, in deren Kielwasser sich alle „utopischen Strömungen“ von Morus über Campanella bis hin zu Marx selbst und zu Teilhard de Chardin einreihen, erscheinen in unserer Zeit (und für die Zukunft gilt dies umso mehr) wie die Stadt auf dem Berg: immer höher gelegen und immer mehr dazu bestimmt, der Weltgeschichte den Weg in die Zukunft zu weisen!

Die fünf Leitlinien dieses Wegs zu den Grenzen der Zukunft, die auf das grundlegende Gesetz des Seins – das der Einheit und der grundlegenden biblischen Prophetie der Einheit – gegründet sind, lassen sich – in Anlehnung an die *Summa* – folgendermaßen definieren:

1) *Die Einheit des Intellekts* (logischer und systematischer Aufbau des vom Glauben erleuchteten Denkens).

2) *Die Einheit und Unauflöslichkeit der Familie* (*duo unum*), Eckstein des ganzen Menschheitsgebäudes!

3) *Einheit der Kirche* (die organisch um ein Zentrum herum aufgebaut ist: Petrus und den römischen Stuhl Petri; und – durch den Kreislauf des Wassers der Gnade – aufgebaut ist durch die Sakramente und das Zentrum der Sakramente: die Eucharistie).

Diese Einheit der Kirche ist Voraussetzung und Grundlage der Einheit der gesamten Völkerfamilie.

4) *Einheit der dreifachen Familie Abrahams*, die ihrerseits in gewisser Hinsicht Voraussetzung und Grundlage für die Einheit der Völker ist.

5) *Gegliederte Einheit* (*multitudo ordinata*) *des gesamten Menschengeschlechts*, mithin aller Völker aus allen Staaten und allen Nationen: Hier haben die Geschichte und die Zivilisation ihren unwiderstehlichen Strebepunkt: *Totus mundus est quasi una res publica* (wie Vitoria später sagen wird).

Diese „fünf Leitlinien" der Bewegung – des Seins und der Gnade – auf dem Weg der Geschichte sind zweifellos das offensichtlichste Merkmal (zunehmend offensichtlich, auch wenn bei oberflächlicher Betrachtung der gegenteilige Eindruck entstehen könnte) der gegenwärtigen Geschichte der Kirche, der Zivilisation, der Spiritualität, der Kultur und der Politik der Nationen! Der hl. Thomas und die großen Straßen der Zivilisation, die er baut und aufzeigt, sind nicht die Vergangenheit, sondern die Zukunft: Sein Sendungsauftrag tritt in der Kirche, in der Zivilisation, in der Geschichte immer deutlicher zutage, nämlich: den Jahrtausendweg der Menschen mit dem Licht Christi zu erhellen!

(G. La Pira, Ansprache zum 700. Todestag des heiligen Thomas, Abtei Fossanova, 10. April 1974 [*Omaggio al Maestro*, in: *La Badia*, Nr. 4, 5. November 1980, S. 12–24]).

Die Verkündigung des seligen Fra Angelico

Wenn man das Kloster betritt und dieses Gemälde von Fra Angelico betrachtet, wird einem sogleich bewusst, wie allumfassend der Blick war, mit dem Fra Angelico die Annunziata in der Stadt und in der Welt gesehen hat. Warum diese erstaunte Anspannung Marias gegenüber dem Engel, eine erstaunte, gesammelte, beinahe ängstliche, geheimnisvolle Anspannung? Worum geht es hier eigentlich? Es geht um Folgendes: dass sie, Maria, hört, dass sie die Gnadenvolle ist – also ein außerordentliches inneres Geheimnis –, und hört, dass sie die Mutter dessen werden wird, der bis ans Ende der Zeiten regieren wird, seiner Herrschaft wird kein Ende sein. Und das wird die Gottesmutter auch später im Gesang des Magnificat zur heiligen Elisabeth noch einmal sagen: *Von nun an preisen mich selig alle Geschlechter.* Ein Mädchen von 16 Jahren, das diese beiden gewaltigen Dinge hört: ihren inneren Reichtum voller Gnade, Schönheit, Heiligkeit, Reinheit usw., und das sich ausblickhaft bis ans Ende der Zeiten als Mutter des Erlösers sieht, fragt sich: *Worum geht es hier eigentlich?* Sie ist wie betäubt. Hier haben wir also den prophetischen Blick, den Ausblick auf alle Jahrhunderte. Dieses Bild ist mithin nicht bloß der Eingang zum Kloster von San Marco: Es ist der Eingang zur Stadt Florenz, die in der Verkündigung den Wendepunkt der Weltgeschichte erkennt. Es ist also wahrhaftig die Mitte des Denkens und malerischen Schaffens des seligen Fra Angelico. Tatsächlich ist es so – ich habe auf eigene Faust darüber nachgedacht, ich bin kein Kunstkritiker, absolut nicht, aber ich muss über die Dinge nachdenken –, dass, wenn ich mir alle Gemälde von Fra Angelico ansehe, alle Christusbilder – die Geburt, die Passion, die Kreuzigung, die Auferstehung, die Himmelfahrt, die Kirche … –, sie alle wie auf eine Mitte hin auf dieses Gemälde ausgerichtet sind. Man darf nicht vergessen, dass er auch noch andere Fresken, andere Bilder von der Annunziata gemalt hat, und der Grund ist offensichtlich: Wenn die Seele von einer zentralen Vision beherrscht ist, dann kommt der Künstler immer und immer wieder auf diese Vision zurück, ja er ist sogar hier in der Bibliothek ein weiteres Mal darauf zurückgekommen. Dort gibt es eine wunderschöne Miniatur, eine kleine, aber glänzende Perle im Werk des seligen Fra Angelico. Er ist vom Thema der Annunziata beherrscht, weil er geahnt hat – und diese Ahnung hat er dann auf allen Ebenen weiterentwickelt –, dass die Geschichte des Menschengeschlechts mit der Annunziata in Nazaret, mit *L'Annonce faite à Marie*, wie Claudel sagen würde, ihre qualitative Wende genommen hatte. Und es ist eigenartig, dass das florentinische Volk den Jahresbeginn seit jeher auf den 25. März, auf Mariä Verkündigung, gelegt hat. Während das bürgerliche Jahr überall auf der Welt am 1. Januar beginnt, begann es in Florenz am 25. März, also am Tag der Verkündigung, am Datum der Verkündigung. Und dafür gibt es also einen zugleich religiösen und zivilen Grund: Die Geschichte des florentinischen Volkes beginnt wie die Geschichte des Menschengeschlechts mit der Verkündigung. Mithin ist es ein grundlegendes Gemälde: Es stellt der künftigen Geschichte die Hoffnung des Menschengeschlechts vor Augen. Deshalb hat es mich immer bezaubert. Als sie mich zum Bürgermeister von Florenz gemacht haben, habe ich gesagt: *Hier ist Maria die Hoffnung*. Sie wurde – per Beschluss im Palazzo Vecchio, bei dem es einige wenige Nein- und tausend Ja-Stimmen gab – zur Königin der Stadt und der Welt geweiht. Daher scheint mir, dass diese Vorstellung des seligen Fra Angelico neu analysiert und an drei Ecken festgemacht werden muss: hier in San Marco – das eine der drei Seiten des im tieferen (nämlich metapolitischen, kulturellen, spirituellen und sozialen) Sinne politischen Dreiecks war –, im Palazzo Medici – dem Palast Cosimos des Alten und mithin Ort einer Weltpolitik, wie ein Amerikaner es klug ausgedrückt hat, der vom *florentinischen Imperium* sprach, das sich damals, das sagt auch Dante selbst, in alle Welt erstreckte – und im Palazzo Vecchio – also beim Volk, seinem demokratischen Ausdruck. Die geistliche und künstlerische Spitze dieses Dreiecks befindet sich hier, beim seligen Fra Angelico. [*Im Video wendet sich La Pira an dieser Stelle an einen Dominikanernovizen, A. d. R.*]

Also schau, denk einmal 550 Jahre zurück, 1423–1973. Wer kam damals hierher nach San Domenico, wer wurde Novize, genau wie du? Dieser Fra Angelico, der im Grunde ein Bauer war, aus der Bauernzivilisation von Vicchio. Er trat in dieses Kloster ein, und er war so ähnlich wie ihr, mit einer sehr großen Zahl von Brüdern. Brüdern, die ein Ziel hatten: zu den kontemplativen Anfängen und der Armut und spirituellen Größe des Dominikanerordens zurückzukehren. Er war ein Maler, ein Künstler, und er spürte, dass ein Orden dieser Art, kontemplativ auf der Grundlage des heiligen Thomas, wie für ihn geschaffen war. Er spürte, dass er eine besondere Botschaft zu übermitteln hatte – sonst wäre er nicht Dominikaner, sondern Franziskaner geworden, es gab viele Franziskaner hier in der Nähe –, und er sagte sich: *Ich will ins Kloster San Domenico gehen*, wo der selige Johannes Dominici [1355–1419] war, ein Mann von größter Spiritualität, eine der bedeutendsten Gestalten der damaligen Zeit. Und schau, was reifte in seiner Seele heran, wie verlief sein Reifungsprozess, wie entwickelte sich seine Botschaft? Was geschah wenige Jahre später – wir schreiben das Jahr 1423, wenn du einen kleinen Sprung machst, bist du im Jahr 1439, also rund

15 Jahre später –, was fand da in Florenz statt? Das Ökumenische Konzil für die Einheit der Kirche fand statt, Leute aus dem Osten und aus dem Westen waren da und der Papst. Kurzum, 1439 hat sich die Kirche gewissermaßen vereinigt und das *Te Deum* gesungen. Das war also ein gewaltiges Schauspiel für die Einheit der Kirche in der ganzen Welt. Erstens also das Konzil von Florenz. Und zweitens: die Politik der Medici, die, so falsch sie auch war – das heißt von finanziellem Eigeninteresse geleitet –, dennoch ein (vielleicht irgendwie ehrgeiziges, aber doch auch aufrichtiges) Ziel hatte, nämlich aus der Stadt ein Weltzentrum zu machen, das attraktivste Zentrum der Welt, der weltweiten Kultur. Dann drittens: Du darfst nie vergessen, dass Florenz den unstrittig größten Dichter der Welt hervorgebracht hatte und von ihm geprägt worden war: Dante, den größten aller Dichter, der seinerseits in gewisser Weise vom heiligen Thomas von Aquin beeinflusst war, dem Theologen schlechthin, einem der größten Denker des Menschengeschlechts, der mit seiner *Summa Theologiae* eine Kathedrale von unschätzbarem Wert errichtet hat. Und dieser Dante ging zu den Dominikanern von Santa Maria Novella, um sich die *Summa* erklären zu lassen und auf der Basis der *Summa* die *Göttliche Komödie* aufzubauen. Um den seligen Fra Angelico und die Botschaft seiner Malerei zu verstehen, musst du also dieses System zugrunde legen: Florenz als das Zentrum der Kirche (das ökumenische Konzil), Florenz als das gewissermaßen politische und, mit dem Florin, auch wirtschaftliche und finanzielle Zentrum der Welt (Palazzo Medici und Palazzo della Signoria) und Florenz als das gewissermaßen größte kulturelle Zentrum (Dante). In diesen Kontext also musst du den seligen Fra Angelico hineinstellen, einen authentischen, robusten, stabilen Maler. [*Im Video sieht man La Pira im Gemüsegarten des Klosters San Domenico in Fiesole, A. d. R.*] Dieses

Feld ist das Feld des Klosters San Domenico, wo der selige Fra Angelico, der Prior dieses Klosters, sozusagen alle seine Geschäfte abwickelte. Er musste ein Kloster leiten, das eine kleine Republik war; Hunderte von Brüdern, die zudem ständig in Kontakt zu San Marco standen. Ein Prior also, das heißt ein Mann mit Leitungsverantwortung, der sozusagen die Tomaten kaufen muss, der an die Klosterfamilie, an die Beziehungen zu den Bauern, den Politikern, den Leuten aus der Wirtschaft denken muss, und alle kamen sie hierher. Und er als Prior, nicht als Maler, pflegte Beziehungen – menschliche, konkrete Beziehungen – zu ihnen allen. *Wie viel kostet dieses Stück Land? Dieser Wein, der produziert worden ist, zu welchem Preis verkauft ihr ihn oder zu welchem Preis kauft ihr ihn?* Wenn ihr so wollt auch Tarifkonflikte der damaligen Zeit, sozusagen. Also ein konkreter, robuster, im guten Sinne des Wortes auch heftiger Mann. 300 Brüder zu leiten ist keine Kleinigkeit, *fragt mal die Prioren von heute!* Und eine Malerei – der Kontrast scheint merkwürdig –, die abstrakt zu sein scheint und doch in Wirklichkeit denkbar konkret ist, weil sie menschliche Bilder wiedergibt, in denen – das ist das Charakteristische daran – sich ein besonderes Licht verbirgt: das Licht des Unsichtbaren, das Licht Gottes, das sich in seinen Geschöpfen spiegelt, wie seine Gemälde in San Marco und in anderen Gegenden der Welt, wo er sie gemalt hat, beweisen. Es scheint mir überaus wichtig, diese seine Verortung als konkreter Mensch, als Mann aus dem Mugello, als Bauer und Spross einer Familie von Bauern hervorzuheben. Vergesst nie, dass er Giotto hinter sich hat, und nicht nur Giotto, sondern eine Steigerung, Masaccio. Und diese beiden, Giotto und Masaccio, stellen die beiden Vorbilder dar, auf denen er seine ganze Malerei aufgebaut hat.

Gewiss ist der selige Fra Angelico ein Mann von großer Bildung, er hat viel nachgedacht, ehe er anfing zu malen; er malt nicht einfach so, aus dem Stegreif, sondern es gibt einen Plan, [er ist] ein *Contenutista*, wie man heute sagen würde. Wo aber hat er diese Gesichter, diese Posen, diese Bögen oder auch diese Gärten gefunden? Die Antwort ist einfach: Er hat sie nicht in seiner Phantasie gefunden, sondern sie in der Wirklichkeit gesehen, mit der er ständig in Berührung war. Die Klöster damals, das Kloster San Marco besaß eine enorme Anziehungskraft. [Für] all diese so feinsinnigen, so aufmerksamen Gestalten, Männer, Frauen, Ordensschwestern, alle! Und sie hier war eine dieser Personen, die im Kloster San Marco aus- und eingingen, das ein großes kulturelles und spirituelles Zentrum war. Er nimmt sie also aus der Wirklichkeit, wirkliche Gesichter, so wirklich wie diese Bögen, diese Architektur, denn das ist die Bibliothek von Michelozzo, eine der schönsten Bibliotheken überhaupt, beinahe eine Art Musik, wie gesagt worden ist, eine architektonische Musik. Wunderschön, zart … das hier ist die Bibliothek, die nur wenige Schritte von hier entfernt ist. Kommt und seht euch die Bibliothek an und lasst euch verzaubern. Verzaubern vom seligen Fra Angelico und von der Architektur Michelozzos. Und seht, dass das die Wirklichkeit ist, eine verklärte Wirklichkeit wohlgemerkt. Wenn die Wirklichkeit erleuchtet wird, wird sie beinahe wundersam, aber es sind reale Gestalten, und wenn ihr achtgebt, dann sieht man, dass es einfach Geschöpfe sind und man sieht diese Schönheit. Mir scheint also, der selige Fra Angelico ist eine Lektion in Realismus, aber einem verklärten Realismus in zwei Farben; der Farbe der Erde und der Farbe des Himmels. Dem Blau, das beinahe schwarz ist, und dem Licht, das zu Weiß wird. Der selige Fra Angelico ist die malerische Umschrift mit Weiß. Weiß ist der Himmel, der sich durch das Licht der Gemälde auf der Erde spiegelt usw., dieses Weiß ist die Farbe von morgen. Wie es auch in Russland geschehen ist, in einer seltsamen Verbindung zu Florenz, zu San Marco, in Russland im größten Kloster in Sagorsk in der Nähe von Moskau wirkte ein ganz großer Maler, er hieß Rubljow und lebte im Kloster von Sagorsk, wie der selige Fra Angelico im Kloster San Marco lebte. Er hat dieselbe malerische Schönheit, tatsächlich ist er der größte Maler Russlands und der Welt. Ich wiederhole: Hier gibt es eine seltsame, geheimnisvolle Verbindung. Noch etwas Wichtiges: Als ich über Florenz nachdachte – und das musste ich von Berufs wegen tun, weil ein Bürgermeister von Florenz nichts taugt, wenn er das Schicksal seiner Stadt nicht kennt –, musste ich die ganze florentinische Geschichte wenigstens ab dem Jahr 1000 in einen Zusammenhang bringen: Und wer kommt gleich nach dem seligen Fra Angelico hierher, beinahe sein Zeitgenosse? Savonarola kommt, der – auch hier ist es nicht so, dass er einfach so zufällig daherkommt, einfach so zufällig für Aufruhr sorgt, um ein bisschen Unruhe zu stiften – ein ganz großer Denker ist, ein Heiliger schlussendlich, der seine Inspiration der Heiligkeit und des Denkens aus der gesamten inneren Geschichte von San Marco und Florenz schöpft. Tatsächlich stellt er sich Florenz nach dem Vorbild der Malerei Fra Angelicos als ein zweites Jerusalem vor. Es wäre interessant, das, was er, Savonarola, geschrieben hat, mit dem zu vergleichen, was er, der selige Fra Angelico, gedacht und gemalt hat. Die Gemeinsamkeiten sind beträchtlich; wenn Savonarola von der *Renovatio*, also von der Erneuerung spricht, davon, der Kirche mehr Glanz zu verleihen, der Zivilisation mehr Glanz zu verleihen, was steht ihm dann eigentlich vor Augen, welchen Blick hat er auf diese universale Reinheit? Das Geheimnis der über alle Städte der Welt ausgegossenen Gnade. Und er machte Florenz, wie er sagte, zu einem zweiten Jerusalem. Nun ist aber all das, sein – nennen wir es so – politisches Denken und Handeln in Florenz zutiefst von der Schönheit und der Reinheit und der Heiligkeit des seligen Fra Angelico beeinflusst. Wenn also die Touristen aus aller Welt hierherkommen, dann tragen sie eine Botschaft – nichts Touristisches! –, dann tragen sie eine tiefe Schönheit im Herzen: Die Welt blüht. *Aber auch, wenn Krieg herrscht?* Krieg wird es nie wieder geben! Die Welt blüht, es ist Frühling und in jenem kleinen Fensterchen liegt die Zukunft der Jahrtausende, die sich im Einklang mit Nazaret, mit der Verkündigung an Maria, mit der Annunziata entfalten werden!

(Text aus der RAI-Dokumentation *La Pira e … l'annunciazione del beato Angelico* von Anna Zanoli, RAI 1973, online zugänglich unter: https://www.youtube.com/watch?v=Www9p79oK2Q&feature=emb_).

Bibliographie

Conticelli, G. (Hg.), *Nel nome di Maria – Giorgio La Pira e la vocazione mariana di Firenze*, Florenz [Nerbini] 2015.

De Siervo, U., *I rapporti fra padre Cordovani e La Pira negli anni trenta*, in: Fondazione Giorgio La Pira, *La Pira e gli anni di „Principî"*, Florenz [Polistampa] 1993, S. 110–114.

Menozzi, D., *„Profeta di Cristo Re": una lettura di Savonarola nella cultura cattolica tra Otto e Novecento*, in: *Cristianesimo nella storia* XX(1999)3, S. 639–698.

Possenti, V., *La Pira tra storia e profezia. Con Tommaso maestro*, Genua [Marietti] 2004.

Mitarbeitende

Autoren

Alessandro Cortesi OP | Dott. (Teologia e scienze patristiche), Lehrbeauftragter für Systematische Theologie am *Istituto Superiore Scienze Religiose Toscana S. Caterina da Siena* in Florenz, Leiter des *Centro Espaces „Giorgio La Pira“ in Pistoia, Gründungsmitglied der Fondazione Giorgio La Pira in Florenz.*

Marco Pietro Giovannoni | Dott. (Storia ecclesiastica), Ordentlicher Professor für Geschichte des Christentums und der Kirchen, Generalsekretär des *Istituto Superiore Scienze Religiose Toscana S. Caterina da Siena* in Florenz.

Pietro Domenico Giovannoni | Dott. (Storia religiosa), Dozent für Geschichte des Christentums und der Kirchen am *Istituto Superiore Scienze Religiose Toscana S. Caterina da Siena* in Florenz, Gründungsmitglied der *Fondazione Giorgio La Pira* in Florenz.

Übersetzerin

Gabriele Stein | Dr. phil., Übersetzerin und Philosophin.

Reihenherausgeber

Thomas Eggensperger OP | Dr. theol., M. A., Professor für Sozialethik an der Philosophisch-Theologischen Hochschule Münster und am Campus für Theologie und Spiritualität Berlin; Geschäftsführender Direktor des Institut M.-Dominique Chenu Berlin.

Ulrich Engel OP | Dr. theol. habil., Professor für Philosophisch-theologische Grenzfragen an der Philosophisch-Theologischen Hochschule Münster und am Campus für Theologie und Spiritualität Berlin; Direktor des Institut M.-Dominique Chenu Berlin.